是写出来的

——基于专业发展的教育写作路径与方法

丁昌桂 著

江蘇鳳凰教育出版社
Phoenix Education Publishing, Ltd

图书在版编目(CIP)数据

名教师是写出来的？——基于专业发展的教育写作路径与方法/丁昌桂著. —南京:江苏凤凰教育出版社，2015.1(2020.9 重印)

ISBN 978-7-5499-4598-6

Ⅰ. ①名… Ⅱ. ①丁… Ⅲ. ①教育工作-应用文-写作 Ⅳ. ①H152.3

中国版本图书馆 CIP 数据核字(2014)第 283493 号

书　　名:名教师是写出来的？——基于专业发展的教育写作路径与方法
作　　者:丁昌桂
责任编辑:朱凌燕
装帧设计:张金风
出版发行:江苏凤凰教育出版社(南京市湖南路 1 号凤凰广场 A 楼　210009)
网　　址:http://www.1088.com.cn
新浪微博:http://e.weibo.com/jsfhjy
照　　排:南京开乐数码图文设计有限公司
印　　刷:龙口市新华林文化发展有限公司
厂　　址:山东省烟台市龙口市高新技术产业园区(通海路与石黄公路交汇处路西)
开　　本:787×1092 毫米　1/16
印　　张:15.5
字　　数:280 千字
版　　次:2015 年 1 月第 1 版
印　　次:2020 年 9 月第 2 次印刷
书　　号:ISBN 978-7-5499-4598-6
定　　价:45.00 元
邮购电话:025-83658642,025-83658688

苏教版图书若有印装错误可向承印厂调换

序

有人说，知识人有三件宝，一是头脑，二是心肠，三是技艺。头脑是说有思想，心肠是说有情怀，技艺是说有操作的本领。听昌桂兄谈教育写作，我想真正的教育写作人，是应该有这三件宝的；真正研究教育写作的人，也是具有这三件宝的。

在我看来，三件宝中，一副好心肠最重要。毕飞宇创作长篇小说《推拿》，取得了巨大成功。在谈创作体会时，毕飞宇说："对于作家来说，理解力比想象力更重要。"这句话在文学圈子里颇有争议。毕飞宇进而说，"想象力是才华，理解力是情怀。"诚如斯言！《推拿》是写一群盲人按摩师的，如果没有尊重、热爱他们的情怀，毕飞宇不可能走进他们的精神世界，更不可能抒写出他们美丽的心灵。教育，教育写作，都应当是情怀至上的。教育的本性就是爱，就是温暖一个个心灵，就是引导孩子精神的发育与成长。教育就是一个大爱的事业，对于其中优秀的一群人，只要爱之深，就会有一种叫作教育写作的表达。哪怕有时是出于功利的研究和写作，也应当甚至必然日久生情的。确如神学大师所言："研究如果不能转化成爱，还要研究干什么？"遍览当今基础教育界的名家，哪个不是充满着对教育的挚爱？无论他们的课堂，还是他们公开发表的文章，正式出版的书籍，"盈盈一水间"，都充盈着对教育的至爱！

头脑自然也很重要。决定一名教师是否超越教书匠，很重要的是看他是否具有思想。一个在教育方面，在教育写作方面，有一定建树，进而有一定影响的教师，都是"思想者"。他们对教育往往有自己系统的基本的看法，对学科往往有自己独特的理解，这些见识已经内化在他们的教育实践中，表现出一定的倾向性、稳定性，有些甚至已经上升到教育哲学的层面。他们的教育写作，其实就是一种思想的表达。以荣获首届国家基础教育教学成果奖特等奖的李吉林老师来说，她的情境教育历时35年的探索，每进一步都是基于思想跋涉的重大突破，仅在顶级教育理论权威期刊《教育研究》上就先后发表了9篇长文。可以让人想见她探索的九重境界。人们赞誉李吉林的情境教育是一座“富矿”，矿藏就是情境教育的理论建构。人们评价说，情境教育是在国际范围内教学理论的“中国声音”，这声音就是李吉林老师对课程教学的深刻洞见。教育写作的表现形式可谓丰富多彩，它们能公开发表，能滋养同行，能推进研究，能广受赞誉，凭借的一定是思想的力量。

知识人的第三件宝是操作的本领。比如一位名师，他的教学表达，他在教学表达中体现的教学技艺，也是很重要的。如果没有本领，他的情怀和思想也是表现不出来的。教育写作，怎么写是一个重要的问题，比如用什么体裁，以至具体的语言形式，都很有讲究。昌桂在论著中有丰富的阐述，让人很长学问。以我自己的体验看，实践出真知。教育写作很重要的是在自己的笔耕中，用心去写，用文字去积累，用反思去提升。我在读大三时，碰巧发过几篇文学评论的万字长文，不要说同学们有些刮目相看，向来低调的自己也有些飘飘然。有一次把一篇文稿送给一位老师看，这位老师扫了几眼，就说：“你为什么用这么多关联词？是上气不接下气吗？”老师的一席话让我终生受用，从此注意尽量少用关联词语，其结果是文章通畅了许多，课也时被同行赞有行云流水之感，更潜在的是自己的思维品质因此得以提升。当然，这方面我缺乏系统的思索，远不及昌桂兄说得头头是道。

昌桂兄谈教育写作，按照规范的表述，关于教育写作的写作，是属于“元”系列的。教育写作者拥有的这三件宝贝，昌桂兄自己就有。我之所以说以上这些话，是因为我对昌桂的了解。他曾经在基层学校和党政机关等多个岗位工作过，之后，又长期从事教育媒体的业务管理工作。虽然离开了学校，但他不忘初心，对教育的情怀，对教育写作的情怀，始终如一，这是常常令我感动的。他的思想敏锐而深刻，比如谈教育写作，我翻过他的书稿，确实大有名堂；他的本领，是在为教育写作建“学”，这么完整的体系，这么生动的表述，洋洋大观，又让人感到很是熨帖。因此，这本书对于有志于教育写作的教育人，肯定是开卷有益，一定是大有裨益！

杨九俊

2014年12月30日

（作者为江苏省教育学会会长，研究员，语文特级教师）

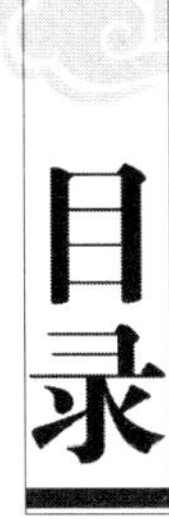

目录

引言　教师要不要写作？

教师要不要写作？当然，这里指的是教育写作。对这个问题，正、反两方素来各执一词，争论不休，且各有理由。持肯定意见者认为，教师离不开写作，它能促进教师的专业发展；反对者则认为，教师的任务是把书教好，而不是把论文写好，现在的职称评审过于强调论文，助长了不好的导向。笔者认为，对于这个问题，简单地回答“是”还是“否”，都难以得出正确的结论。教师要不要写作？回答这个问题的前提，是你准备做什么样的教师。有人将教师分为“匠师—良师—名师—大师”这么几个层次。所谓“匠师”，就是常说的教书匠。顾名思义，这样的教师就像手工作坊的师傅那样，年复一年，只会不断重复“昨天的故事”。手工作坊靠的是师徒相袭、技艺相传。我们的确还没有听说有哪个工匠有什么论文流传于世。但是，如果你想当名师哪怕是良师，那就另当别论了。所谓“良师”，就是教书育人，德艺双馨，在学生中有良好的形象与口碑的教师。至于“名师”，那就不仅需要德艺双馨，而且需要一定的名气，也就是知名度。那么，名师靠什么获得？或许有人会说，靠评啊！的确，现在好多地方的教育行政部门都在“打造”名师，实施所谓的“名师培养工程”，有的地方甚至还在通过“工程”培养教育家。最后也由教育行政部门来认定所谓的名师，这对于教师的成长当然具有一定的推动作用。但是，金杯、银杯不如群众的口碑。真正的名师，不是靠“工程”打造出来的，而是靠自己生长出来的；也不是靠教育行政部门评出来的，而是要靠社会的认可。不可忽视的是，在现代社会，教师的成长与成名，不仅需要自身的闭门修行，还要依靠各种媒介的传播。但传播的前提是你要有“声音”，这“声音”就是指教师在实践中形成的教育思想或教学主张。教育写作能够“让更多的人听到自己的声音”。通过这种传播，如果你能够声名远播，获得广泛的社会认可，想不当名师恐怕也不行。要是这种名声能够穿越时空、走向未来，那就不仅是一般的名师，甚至成为大师了。

千万不要以为，只是“名”扬天下的名师们才需要写作。其实，即便是一名良师，也是需要写作的。如前所说，良师就是德艺双馨的教师。德艺双馨需要有多种途径长时间去修炼，修炼自己的师德师能，提升作为一名教师的专业精神、专业品质与专业技能。从另一个角度说，这就是教师的专业成长。很多教师的成长实践表明，教育写作不仅能够提升自身的专业素养和专业能力，而且也是提升专业道德和专业精神的有效途径。

或许有人会说，名角一台戏，名医一把刀，名师一堂课。的确，作为名师，尤其是中小学名师，站稳讲台应当是看家本领。如果连一节课都上不好，只是述而不作，是不能成为名副其实的名师的。言而无文，行之不远。如果连几篇体现自己教学思想的文章也拿不出来，这样的名师恐怕也是名不副实。是不是可以这样说：上好一堂课，也就是站稳讲台，是名师的基础工程；而能够写好文章，提出并能传播自己的教育思想和教学主张，是名师的提升工程。对此，教育家李吉林老师也说过类似的话：“没有文章，思想就行不远。倘若你只能上课，你成不了教育家，就是100节课、1000节课也不行，一定要有理论的构建，要有著述，要形成自己独特的东西。”李吉林正是身体力行实践着自己的追求，她总结出“学、思、行、著”的专业成长四字经，让我们窥见了一个名师成长的奥秘。据统计，李吉林至今已写作论文200多篇，著述达到200多万字。其实，不仅是李吉林，你看看活跃在当今教坛上的那些如雷贯耳的名字：洪宗礼、王栋生、李镇西、程红兵、魏书生、窦桂梅、华应龙……这些名师，哪一个不是思想深刻、著述丰裕?

其实，我们根本无需将教育写作与上课对立起来。窦桂梅的课堂教学属于叫得响的，凭着上课走遍了大江南北、长城内外，她是这样认识写作与上课关系的：“小小的笔改变不了世界，却能改变我们的课堂。写可以改变你的课堂磁场，甚至改变你的生命属性。因为写作能够保持自己对课堂的清醒、对评价者的距离，自觉辨别批判的声音；可以跳出课堂本身，以一个旁观者的身份审慎地看待自己的课堂。”肖川教授更是从课堂与写作的相似性进行了比较论述。他认为，写作的四要素“主题、素材、技巧、语言”，与教学的四要素“主题、教学资源、教学设计、教学语言”是一一对应的，好课的标准其实与好文章的标准是一致的。所以他认为，一个能够写好文章的人是不可能上不好课的。

至此，对于教师要不要写作的问题，结论似乎已经逐步清晰，那就是：如果仅仅是当一名混饭吃的教书匠，的确不一定需要教育写作；相反，如果你不甘平庸，有教育追求和理想，想当一名好教师，甚至是想成为名师，就不仅要把一堂课上好，而且要进行教育反思与写作。李镇西老师曾经充满激情地说过，教育写作是教育与人生的里程碑，是一段生活的定格，是一种生命的凝固，是一份情感的珍藏，是一道理想的光芒，是一串记忆的珠贝，是一束青春的花朵……那些理想之火不灭的教师们，千万不要忘记，每天，当我们走下讲台之后，请坐到书桌前，打开电脑，开始教育写作之旅吧！

参考文献：

[1] 冯卫东.李吉林：在“学、思、研、著”中研究[J].江苏教育研究，2008(19)

[2] 窦桂梅.改变你生命的属性，回到教育的原点[M].北京：文化艺术出版社，2011

[3] 肖川.论教育写作与教学[EB/OL].http://blog.sina.com.cn/s/blog_4d3047fb0102ehf4.html

内容提要

专业发展、职业幸福，这是每一位教师的职业追求和精神向往，也是一种人生丰盈和精神舒展的姿态。

促进专业发展与职业幸福，教育写作是其中的关键因素之一。教育写作，具有内容的全面性、投入的经济性、方式的渐进性、动力的内驱性特点，是教师最广谱的一种成长拔节方式，是一条适合每一位教师的草根化发展路径。

写作怎样影响着教师的专业发展？它不仅影响他们的知识总量，而且影响其知识的结构形态。还能丰富教师的专业智慧，提升教师的专业技能，影响教师的专业习性，提升教师的思维品质，巩固教师的专业态度，培养教师的专业情感……

人非神仙，岂能免俗？就从功利性写作起步吧?！为了职称，为了考核，为了稿费……拿起笔，记下你思想的点点滴滴，或者，让指尖在键盘上起舞。只是，你从此就不要停留，坚持不懈，锲而不舍，就一定写出最好的篇章，舞出最美的姿态，通向丰富而幸福的人生。这，就是教育写作的价值向度。

第一章 价值论——教育写作为什么

第一节 教育写作的价值向度

教育写作为了什么？或者，教育写作的价值取向是什么？对此，回答不仅五花八门，有的甚至相互矛盾。比如，河南省特级教师商德远说："写作是教师职业的需要。教师同医生、科学家一样，属专业技术人员，理应具备一定的专业理论素养和写作功底。出于职业需要，教师必须要经常写写文章。"江苏省特级教师李震说："写作，是一种生命成长的方式。"但据笔者调查，多数一线教师对为什么进行教育写作并没有这样的认识高度。不少人坦陈，写作是屈于一种外在的压力，是"学校的要求""评定职称的需要"。可见，关于教育写作的目的或价值取向，人们的认识大相径庭，这是不争的事实。正因为现实中存在的认识矛盾和思想混乱，造成了不同学校、不同人群对教育写作的不同态度。有的大力提倡、积极支持教师的教育写作，有的则诟病教育写作是错误导向，会把教师引向追名逐利、脱离教学的歧途。那么，教育写作对于学校的发展和教师的成长，到底是"丹枫雨露"还是"洪水猛兽"？是该理直气壮地积极提倡，还是旗帜鲜明地加以反对？在此，我们不要简单地去进行脱离实际、没有依据的无谓争辩，而是先从下面这个具体的案例说起。

【案例 1－1】

职称评定促进了教育研究(节选)

教师的成长需要内心的觉醒,也离不开外力的催动。而职称评定条款中对教育研究成果的硬性要求,从某种程度上来说,就起到了对教师成长的唤醒、激励作用。尽管这一规定带有刚性的色彩和强制的意味,但是,任何旨在促进教师群体高目标、有意义成长的政策,都不应该放任个性、惰性的滋长。

……

我们学校的鲍老师就是为应对职称评定,走上了教育研究之路的。在开始工作的几年时间里,鲍老师凭着对教育的满腔热爱,勤奋工作,爱护学生,受到了人们的一致好评。然而,因为工作的忙碌和对教育研究的莫名畏惧,她一直不愿涉足其间。直到开始评职称的时候,她才发现自己在教育研究领域毫无建树。面对成长中的弱项,她开始反思自己的教育行走方式了。不过,对于从未想到过参与教育研究的她来说,这可不是一件容易的事。

鲍老师的可贵之处,在于她一旦洞悉了自己的发展瓶颈,就想方设法寻求突破,努力为专业成长拓展空间。她主动向有研究经验的教师请教,并决定将课堂教学作为研究的阵地,将对自身行为的反思作为专业发展的突破口。为了找到研究的路径,她开始阅读教育报刊,潜心研究别人的文章。渐渐地,她从那些不起眼的文章里嗅到了生活气息,品出了哲理意味,也悟得了一个教育人由平常变得睿智的最佳途径,就是深化对教育的研究。

用研究的眼光看教育教学,教育生活就充满了意想不到的情趣,课堂也不再枯燥乏味。为了进一步提高水平,她又主动走到网络教育论坛上与同行交流。开始的一段时间里,她像小学生一样听别人谈观点、说看法。后来,感觉骨鲠在喉时,她也忍不住加入了交流的行列。让她想不到的是,自己那些自以为稀松平常的感悟文字,竟然博得了他人的好评。同行的建议和鼓励给了她拿起笔来写文章的勇气。她陆续将自己对教育教学的思考挂到了网上。不久,就有文章被教育报刊相中,发表出来。

参与教育研究活跃了她的思维，拓宽了她的视野，而研究成果也激发了她的成长热情，奠定了她的成长自信。

……

研究获得了成绩固然可喜，可最让鲍老师欣慰、自豪的是，随着教育研究的持续深入，她发现自己的心灵敞亮了起来，对待学生的态度也发生了变化，教育热情更是与日俱增。如今，在鲍老师看来，教师参与教育研究是顺理成章的事情，先前令人生畏的教育研究之路也不再坎坷，而是开满了馥郁的鲜花。

这个案例，向我们生动、具体地解释了教师在研究与写作中成长的规律，让我们非常直观地看到了一个普通教师教育研究与反思写作的价值取向从低级到高级的不断升华过程。

第一层级：功利性的目标与价值取向。这是许多教师在研究与写作初级阶段的目标与价值取向。所谓“功利性的目标与价值取向”，是指写作目的和价值直接为了某些功利性因素。比如，为了应对上级考核，为了评优评先、评职称，为了赚稿费、拿奖金……诸如此类，都直接与功名利禄密切相关。上述案例中的鲍老师就是这样。开始时，她对教育研究和论文写作并不是自愿的，更谈不上专业自觉。相反，她甚至抱有畏惧乃至反感的态度。但个体的人面对社会组织的刚性制度毫无办法，于是很多教师像她一样，选择“应对”一下。为了应对职称评定的硬性规定，有的教师根本没有去进行真正的研究与写作，而是东拼西凑，甚至花钱买几篇文章敷衍了事。可贵的是，鲍老师没有这样做，她发现了自己的弱项之后，开始觉醒，反思自己的教育生活，并且向书本学习，与同行交流，在网上尝试写作，终于有文章被编辑相中并在报刊上发表出来。鲍老师的情况绝非个案。据笔者调查，大多数教师在研究与写作的开始阶段，并不是出于自觉的追求，更谈不上为了什么专业成长和人生幸福的目标，而是迫于外在的压力和功利的诱惑。即便是不少如今已经功成名就的教师，在研究和写作的起步阶段，他们的目的也并不崇高，他们的志向也不远大，同样也是为了应对职称评定、学校考核这些功利性因素,但这并没有影响他们今天的思想境界和专业高度。因此,我们不能因为教育写作在起步阶段的功利性价值取向,就全部否定其对推进教育和发展教师的价值与意义。按照马斯洛的需求层次理论,人们首先需要的是生命安全的需求,然后才有情感归属、尊重与被尊重以及自我实现等价值追求。当人们的安全还得不到基本的保障时,当然首先要追求那些保障安全的因素。职称评定、考核过关、经济利益等都关涉教师的职业生存。教育写作虽然来自外在的压力,但具有满足职业安全的价值,教师作为一个社会个体,他们有这样的追求不仅情有可原,而且也合情合理。当处于弱势地位的个体面对社会和组织的刚性要求时,有多少人能够我行我素?当写作与功名利禄直接挂钩时,又有多少人能够无动于衷?但是,问题是我们倡导的教育写作绝不能仅仅停留在这一阶段,而应当在起步之后将它引向更高的目标追求与价值取向。

第二层级:专业发展的目标与价值取向。教育写作的目标与价值取向超越直接的功利性,走向较高的目标和价值层次,就是为了教师这个职业的专业性价值取向。所谓"专业性价值取向",就是教育写作把专业发展作为自己的目标。教师,当然也是一种社会职业,但这个职业的特殊性在于它不单是谋生的手段,还是一个专业性很强、有重要社会担当的职业。教师职业与其他普通职业的重要区别在于:教师不仅在入职前需要进行系统的专业学习和培训,而且当真正从事了这个职业后,还需要在工作中不断学习反思,增强专业知识,提升专业能力,发展专业情意。只有这样,才能适应这项工作的要求,不断提高服务学生成长的品质与能力。教师在工作中怎样才能不断提高专业水平和能力?教育研究与写作是一条非常有效的途径。作为一名教师,一旦走上了研究反思的写作之路,就不能仅仅停留在博取功名利禄这些浅表性的、功利性价值取向的层面,而应当向专业发展这一更高的价值层次出发。案例中的鲍老师就是这样。尽管开始时她和其他许许多多教师一样,也只是被动应对,但是,她一旦觉醒,发现了自己的弱项,就主动补救,并一发而不可收。她"想方设法寻求突破,努力为专业发展拓展空间。她主动向有研究经验的教师请教,向报刊学习",渐渐地,"她的教育生活就充满了意想不到的情趣，课堂教学也不再枯燥乏味……参与教育研究活跃了她的思维，拓宽了她的视野，而研究成果也激发了她的成长热情，奠定了她的成长自信”。以上这些文字告诉我们，鲍老师虽然从追求职称评定的功利性价值开始，但她没有就此止步，而是继续前行，不断向教育写作的价值高处攀援。随着时间的推移，她的专业知识、专业态度和专业情感都发生了深刻的变化，“改变的不仅是课堂，还有她对学生的态度”。其实，这就是教育价值观尤其是学生观、教学观的变化。到了这个阶段，她收获的远不止简单可见的功利价值，还有专业发展的成就感，特别是自己自信与快乐的态度，以及对教师这一职业的认同感。实际生活中，许多教师正是像鲍老师这样，起了步、不停步。坚持不懈的研究与写作激发了他们的职业情感，唤醒了他们沉睡的灵魂，改变了他们的职业行走方式，提升了他们的职业追求境界。如果是这样的话，我们可以判断：他的教育写作已经进入了目标与价值追求的新的阶段——为了专业发展。

第三层级：幸福人生的目标与价值取向。职业，不是人生的目的，而是生命存在的一种方式。因此，教育写作追求专业发展不应当是它的终极价值。教育写作更高层次的目标与价值取向应当是教师的生命成长与人生幸福。人生的意义绝不是为了职业，而是为了生命的幸福与尊严。从这个意义上来观察，职业生存、专业发展都不是终极目标，只是追求人生幸福的手段与过程。比如鲍老师，当她感觉到研究与写作不再是外在的压力，而是一种内在的需要；不再是物质的压迫，而是一种生命的赋权，是一种精神成长的方式时，她的精神世界就开始变化，“心灵敞亮了起来”，“她的研究与写作的道路不再坎坷，而是开满了馥郁的鲜花”。这些文字也表明，鲍老师的教育研究与写作的目标与价值取向进入了一个更高的层次，达到了职业发展与幸福人生的双重价值追求和谐统一的境界。作为一个生命个体，教师不仅需要依靠职业获得一定的物质生存基础，而且需要精神的成长丰满自己的生命厚度，升华自己的生命价值。这才是教师自然生命与精神生命的全部内容与意义。教育写作当然可以追求功利性价值，但是，功利只能给人带来短暂的快乐而不是生命的幸福；教育写作当然应当追求专业成长的价值，但专业成长还不是生命存在的全部意义;当我们意识到教育写作不仅是专业成长的手段,更是一种生命成长的方式,就会去享受这个过程,追求这个过程。写作,不仅可以使人们获取生存所必须的物质利益,同时,还能够唤醒生命的潜能,激发生命的激情,触发生命的灵感,实现生命意义与价值的超越与升华。如果我们仅仅把教育写作的目标与价值取向定位在教师专业成长,那么,写作这一充满精神意义的创造性活动就会沦为一种工具,一种背离终极目标的工具,而失去了它作为生命成长的本体价值。倘若教育写作失去了对精神成长和生命意义的追求,而只是一种职业的工具,那写作必然是一件痛苦的事,就会离生命幸福越来越远。现在的教师并不是一个轻松的职业,来自社会对优质教育的需求和家长对教师角色的期待,来自上级的工作要求及同行竞争的压力,还有年复一年、日复一日单调重复的工作,都会让教师感到力不从心、精神疲惫,产生职业倦怠。若还要求教师进行自己并不情愿的写作,当然会反感并痛苦。有人说,人的基本生存活动不外乎两种:内化提升自己的生存价值,外化实证自己的生存价值。幸福是在内、外化的审美过程中得以实现的。写作就是内化与外化相结合的手段和途径,它可以让我们枯燥单调的教育生活变得生动丰富和充满创造。写作,也许不能改变我们的生命长度,但可以改变我们的生命宽度,让我们的精神变得丰盈和充实;写作,可以彰显教师职业的价值存在,强化社会对教师职业的价值认知和认可,让教师的生命获得尊严和赞美。

由此可见,教育写作最高层次的目标追求,不是外在的功利,也不是脱离生命意义的专业发展,而是实现教师的专业价值与生命价值的统一。写作让教师拥有积极的职业生活体验和幸福生命体验,并在追求专业发展的过程中获得一种灵魂的满足。以幸福人生为中心的价值取向,其特点是关注事物的内在特征,关注实践的内在利益,追求实践的合理性,实现人的目的与工具的统一,彰显人的价值和意义,促进人性的不断完善。

梁漱溟曾经说过,人类面临有三大问题,顺序错不得:首先要解决人和物之间的问题,接下来要解决人和人之间的问题,最后一定要解决人和自己内心之间的问题。借用这段话来解释教育写作的目标与价值取向也是非常合适的。在教育写作的初级阶段,价值取向是功利性的,就是解决人与物的问题——这一阶段关注的是写作能够获取的外在利益,如名声、地位、财富、权势等。如果教育写作仅仅停留在这个层面,结果就是人沦为工具,人作为目的的存在价值被遮蔽。在教育写作的中级阶段,是为了专业发展,这看起来是"解决人与职业的问题",其实也是解决人和人的问题。因为所谓专业水平如何,归根结底是如何处理教与学、师与生的关系问题。教育写作的第三阶段,是为了追求人生幸福,这是解决人的内心问题。这个阶段的写作,更加关注人的内心感受与体验,关注能否通过写作获得内心的幸福与安详。总之,教育写作的目标与价值取向是一个"功利中心"向"职业中心",再到"人本中心"的提升过程,是一个由低级到高级、由物质到精神、由外在到内心的转化过程,也是"工具性价值"向"本体性价值"发展的过程。这就是我们理解的教育写作的价值向度。

至此,我们也可以清楚为什么人们对教育写作的意义与价值存有那么多争议,因为人们看到的常常不是写作的多元、多层次的价值取向,而是处于某一阶段的价值取向。这自然有点盲人摸象的味道,因此会得出不同的结论。为此,我们应当而且也必须端正对教育写作的态度:不要因为承认起步阶段的功利性就忽视了写作目标与价值取向的层次提升,也不要用教育写作的终极目标与价值取向要求刚刚迈入写作门槛的人们。这样,有可能吓跑一批刚刚起步的教师。应当倡导的是:鼓励从低起点的功利性追求起步,但绝不能因此停步,而应向着更高的目标与价值取向迈进,达到把职业价值与人生价值和谐统一的美妙境界。

第二节　教师专业发展因素与关键

一、什么是教师的专业发展

所谓"教师的专业发展",就是教师作为专业人员,通过不断学习、实践和反思,从新手教师不断迈向成熟教师乃至专家型教师的过程。这个过程既是教师专业素质由低到高不断提升的过程,也是作为个体的教师不断成长、走向教师职业标准的过程。教师的素质提升不仅是专业知识、专业技能和专业智慧不断发展的过程,也是专业情感、专业态度和价值观不断养成的过程。

教师是不是一个专业性的职业?经过这么多年来的讨论,现在对此已经没有太多的疑义。尽管学者们关于"专业"的定义来自不同的角度,但至少在以下这些方面基本形成共识:教师作为一个专业性职业,在入职之前需要经过长时间的系统学习与培训;入职之后,为了提高服务学生成长的能力与品质,仍需在实践中继续学习反思与提升。而且,像其他专业性职业一样,我国教师职业的门槛越来越高,已经形成了系统的知识结构和职业标准。具体而言,教师入职之前需要经过系统的教师教育,学习从事这个职业所必须的专业知识,还得通过国家组织的考试才能获得从事教师职业的任职资格。获得教师资格,只是从事教师这一职业的基本条件。即便经过层层选拔获得职业岗位之后,仍然不能算是一个称职的教师。真正胜任这一工作,还需要经过漫长的实践与探索,这就是教师的专业发展。按照霍伊尔的功能主义标准,专业性职业不同于一般的谋生手段,而是承当了重大的社会职能的职业,因此需要较高的社会伦理水准。所以,教师不仅需要突出的知识水平,作为教书育人的特殊职业,还需要较高的职业理想和职业伦理。也就是说,教师的专业发展不但是教育技术的增长,还包括师德的提升与修炼,包括对教师这个职业的价值和伦理认同,其中的重要方面是教师情感、态度、价值观的成长。

二、影响教师专业发展的因素分析

一般研究者认为,影响教师专业发展的因素主要包括专家引领、校本教研、教学反思、同伴互助、学习培训、教育写作等。当然,我们还可以列举出很多这样的相关因素。但细细分析,这些因素固然都与教师成长密切相关,但它们并不在一个逻辑层面上。如果按照主、客观的关系来分类,影响教师专业发展的因素可以分为两个部分，即外在因素与内在因素。比如，学习培训、专家引领、校本教研等，都是对教师专业发展产生影响的外在因素；教学反思、教育写作等，都属于对教师专业发展产生影响的内在因素；而同伴互助，则处于主客互动的关系状态。上述因素，无论它是属于主观还是客观的，都是影响专业发展的“实体性”因素，都会对教师的知识结构、能力素质、反思品质产生直接的作用。所以，有人又称之为“素质性”要素。但是，还有一些影响教师发展的因素，虽然不像上述这些具体的行为措施，能“实实在在”地看得见、摸得着，但却是至关重要的，这就是“情意性”因素。比如理想、情感、愿望、信念、态度以及坚持的意志品质等。这些属于意志情感等范畴的因素又被称为“意向性”因素。这些因素虽不能直接作用于教师的专业素质和专业能力，却是教师专业发展的前提和根本，是教师专业发展的源泉和动力。“实体性”因素是解决“能不能”的问题，而“情意性”因素是解决“想不想”的问题。海伦·凯勒说过，一个想飞的人怎么会甘于在地上爬行呢？所以，教师的专业发展只有解决了职业理想信念这些“想不想”的问题，“能不能”的“实体性”因素才会真正发挥作用。

三、抓住影响专业发展的“五个关键”

关于影响教师专业发展的因素，以上我们从逻辑和学理层面进行了一些分析。在教师专业发展的过程中，真正起到关键作用的是哪些因素？这就是关键事件、关键人物、关键时期、关键书籍、关键路径。现在，我们就从这样的维度来解读影响教师专业发展的关键要素。

（一）关键事件

美国学者沃克在前人研究成果的基础上，明确提出了“关键事件”的概念，专门用来考察教师生活中所经历的各种事件对教师发展的影响。此后，“关键事件”研究作为研究教师专业发展的一个重要领域得到了长足发展。在校本教研中，“关键事件”成为促进教师专业发展、改进教学的重要途径。在之后的相关研究中，帕特里克认为，“关键事件”就是指“个人生活中的重要事件”，教师要围绕该事件作出某种关键性的决策。它促使教师对可能导致教师特定发展方向的某种特定行为作出选择。“关键事件”之所以对教师的专业发展产生重大影响,集中体现在它的影响力上。当然,我们这里所说的“关键事件”,是指在教师发展成长过程中产生重要影响的事件。这些事件或者带给教师成功的喜悦,或者留给教师难忘的遗憾和尴尬的记忆。正是这些事件,对教师的发展产生了重要的影响:或者影响了教师发展方向的选择,或者给教师发展提供了重要的发展动力,或者让教师收获了关于教师职业价值的独特理解。参加赛课脱颖而出、论文大赛获奖或者论文发表等事件,往往能带给教师成功的高峰情感体验,带给教师幸福的瞬间和甜蜜的回忆,传递的是积极发展的正能量。这方面的案例非常之多。而从失败的遗憾或尴尬的事件中进行反思,在反思中寻找改进的机遇与对策,这样的“关键事件”也是常见的。特级教师薛法根讲过这样一件事。在江、浙、沪“两省一市”教育整体改革研讨会上,学校推荐他执教其中一堂作文课,内容是:景物描写——织女塑像。当时,他精心设计教案,反复试教推敲,自以为万事俱备。出乎意外的是,正式开课的那一天,平时生动活泼的学生一反常态,把薛老师晾在了讲台上。课上砸了! 面对这堂糟透了的公开课,老校长严肃地对他说:“记住:你是在什么课上跌倒的,你就必须在什么课上站起来!”正是这节失败的作文课,促使他首先开始了“素描作文教学”的研究,接着进行“课内素描作文、课外循环日记”双轨运行作文教学研究,又探索起“五三三式”作文教学新模式。从这个“关键事件”起步,他一步步打开了自己作文教学的“窗口”,获得了持续的成长,并成为一名在全国有较大影响的著名特级教师。薛法根的成长有很多因素,但无可否认这个“关键事件”在他成长中的重要作用。

(二)关键人物

所谓“关键人物”,就是在教师专业发展中产生重要影响的人物。这些人物,或者在思想上领先,或者在业务上领军,他们的思想引领或业务指导对教师的人生方向或业务发展产生了至关重要的影响。比如年轻的特级教师周益民,就曾经用诗一般的语言记录了李吉林老师对他的成长的影响。

【案例 1-2】

她帮助我走向了“我”

童年，“遇到”李老师

“人的童年提出了他整个一生的问题，要找到问题的答案却需要等到成年。我带着这个谜走过了30年而没有思考过它一次，今天我知道，在我开始出发时，一切都已决定。”一个偶然的机会，当我读到米夏埃尔·兰德曼的这句话时，心里有一种豁然的开朗。我立刻想起安徒生文学奖获得者、苏联著名儿童文学家和教育家米哈尔科夫的散文名著《一切从童年开始》。回首张望，我猛然发现，童年其实已经孕育了今天的“我”。

大概从小学三年级起，爱读书的念头就像沟边的野草，在我的心中疯长。身边可供选择的读物实在有限，于是逮着什么读什么，只要有字就行。

我相信冥冥之中存在着某种缘分。一个平凡得没有任何特征的日子，随手翻阅一本杂志，我在密密麻麻的文字中随意穿行，一篇同龄人的习作吸引了我，《校园里的花》。作文不长，一会儿就看完了。最后是指导老师的名字：南通师范第二附属小学特级教师李吉林。特级教师？我第一次看到这样的称谓，心中立时充满了神圣与敬意。好羡慕习作的小主人，不难想象他该享受着怎样的幸福与快乐。南通？那是一个并不遥远的城市。李吉林，是大哥哥老师，叔叔老师，还是爷爷老师？

《小王子》中说：仪式“就是使某一天不同于其他日子，某一钟点不同于其他时间”。那一天，那一刻，就是我生命里的一个“仪式”，我与李老师，与特级教师“相遇”。

世界上最黏的胶水

初中毕业，我进入江苏省南通师范学校学习。

开学第一天，我就听到老师们在讲述那个熟悉的名字。原来，自己已经来到了她（我终于知道是“她”）的身边。我心底的一角即刻苏醒，童年的记忆开始复活。梦想和现实有时竟只一步之遥。

成为李吉林那样的老师，成了我埋在心底的秘密。我不由分说地喜欢上了即将从事的职业。后来,就像追问"我从哪里来,要到哪里去"一样,我曾经追问自己,我为什么要做教师?李老师对我的影响究竟意味着什么?

日本幼儿故事《竹笋的故事》中说,春雨过后,竹笋就在地下游戏。一棵小竹笋感到有种神奇的力量在吸引它。它听到一个很远的声音在召唤,于是拼命往那个声音的方向钻。原来,篱笆墙外,有个人在吹笛子,是悦耳的笛声吸引了它。后来,它长成了一棵健壮的竹子。最后,它被做成一根能发出悦耳声音的笛子。

我们每个人其实都在寻找一个真实的自我。竹笋孩子听到自己心灵的召唤,最后做了一根能发出悦耳声音的笛子,它已找到最积极、最真实的自我。李老师于我而言,正是那悦耳的笛声,我在这笛声召唤下,找到了真实的自我,从此踏上教师之旅。我,走向了"我"。

我的心中充满着对教师职业的憧憬和热爱,我为未来的职业生涯积极准备着。

能够听一听李老师的课该多好!一天,学校给我们发放了李老师的新著《情境教学实验与研究》,这本书系统阐释了情境教学的理论与实践框架,让人爱不释手。我贪婪地阅读着,想象并复原一个个动人的教学场景,未来生活虚无却又真实地向我走来。

毕业分配时"双向选择"考核,现场拿到课文《我爱故乡的杨梅》,我回忆刚阅读完的《情境教学实验与研究》一书的理论,根据课文内容,依葫芦画瓢即兴设计了几个所谓的"语表情境""音乐情境""想象情境",竟然获得评委好评。我被海门市实验小学录用。

纷杂外衣传递的爱

有一年,一场高规格的情境教育学术研讨活动在南通师范第二附属小学举行。时值深秋,已很有些凉意。下午是一场简短的汇报演出。中间我有事外出,正看到一群小舞蹈队员在隔间候场。她们已全都换好单薄的演出服,一个个搓着手,不时蹦跳着,以抵御外面的凉意。当时的场地还没有空调设施。这时,李老师走了过来。见这情景,她一下瞪大了眼,对身旁的带队老师大声说:"这怎么行?快,快让孩子穿上衣服!"老师解释:"马上要上场了。""孩子的身体要紧，穿着外套跳！"李老师的语气不容置疑。接下来，与会代表们看到了这样的场景：孩子们里边穿着统一的漂亮演出服，外面却罩着各色外套，有红色毛线衣，有紫色夹克，也有天蓝的毛背心。这些着装纷杂的孩子们灿烂地笑着，舞动着内心的喜悦。代表们都被打动了，报告厅里响起热烈的掌声。

"爱"，这个以前缥渺的字眼，是李老师，用她不经意中的一个无心举动，给我上了最为真实的一课。在我眼里，那群身着纷杂外套的孩子们跳出了世间最美的舞姿。我也终于明白，为什么李老师数十年矢志不移，潜心情境教育的研究，在别人颐养天年之际，她又站在了新的起点。这些，都缘自她内心深处对儿童的热爱与理解。

字里行间的铅笔线

有一回，我承担了省里一个重要活动的教学研究课任务。尽管已经有了多次公开教学的经历，心里还是难免紧张。为上好那堂课，我苦思冥想了好长时间，阅读了不少资料，终于拿出了教学设计，但总感到底气不足、把握不大。这时，我想到了李老师，鼓起勇气给她打了电话，没想到李老师爽快地答应了。

按照约定的时间，我准时来到李老师的办公室。李老师正忙碌，见我到了，微笑着招呼我坐下。我递上教案，心想，就修改一下，时间应该不会太久。

李老师接过教案，浏览了一下，就放在一边，随手打开教材，翻到了课文。看来，她早就做好了准备。

"我们先读读教材吧。"她又随手拿出一支铅笔，一字一句读起了课文。读几句，停一停，跟我讨论一下，谈她的理解，一边随手圈画。就这样，一句一句，一段一段，甚至不放过一个标点。一个个普通的文字逐渐变得鲜活灵动起来。我压根没想到李老师会这样跟青年教师备课。原以为她直接看看教案，提几点意见就完了。

再看面前的课文，字里行间，留下了密密的各种不同的圈画符号。在我的备课经历中，哪曾有过这样细致的课文研读！此时，李老师似乎已经进入了情境,她轻声启发着我:“这是一个夜晚,是什么季节?外面是如何地黑?我们来到了一间小小的屋子……主人公出现了……”真是奇妙,随着李老师的描述,我真的进入了课文展现的情境,原先感觉隔阂的内容立时变得可亲起来。我真正领悟了,所谓“情境”,其实是课文所固有的。

经过这一番“进出”课文,李老师这才重新拿起我的教案,跟我探讨起具体的教学方式。

走出李老师的办公室,已经小半天时间过去了。李老师其实不只是在帮助我备一堂课,她是在身体力行地告诉我,面对课文,面对教学,面对孩子,我们该是一种怎样的姿态。从那以后,课文中那些字里行间的铅笔线总在悄悄提醒着我。

做一名长大的儿童

2003年,教师节来临之际,《人民教育》刊登了李老师的散文《我,长大的儿童》。文章犹如一首优美的儿童教育诗,浓缩着李老师成长的足迹,充盈着她“爱会产生智慧,爱与智慧改变人生”的育人情怀。我们都被她永远的童心与永恒的爱心深深打动。那天,我接到一位外地朋友的电话,她激动地告诉我阅读李老师文章的体会,让我一定转达对李老师的敬意。

李老师说:“生活在儿童的世界里的幸福感,无与伦比。”“我爱儿童,一辈子爱。如今我已不是儿童,但喜似儿童,我只不过是个长大的儿童。我多么喜欢自己永远像儿童!”

正是有一颗童心,她才会带着孩子们去濠河边看月亮,去长江边看日出,去寻找“秋天的田野”,让孩子们捋起袖子露出胳膊和丝瓜比粗细……正因为有如儿童般探究的欲望,她一直为儿童精神世界的完满建构而孜孜以求。她的论著都是她用火热的心,用心地实践、潜心地思索写就的。

我也开始在小学里读我的大学,开始努力去发现我们工作的逻辑起点:儿童,开始从课程的角度反思当下语文教学所存在的问题,开始探索母语教学的民族根性问题。这期间,每一次遇到李老师,或者李老师遇到熟悉我的人,她都会关切地询问我的工作、生活情况。

在李老师心中,我还是个儿童,是个长大的儿童。

李老师，“如今我已不是儿童，但喜似儿童，我只不过是个长大的儿童。我多么喜欢自己永远像儿童”！

虽然，这个案例有点长，但我们读起来一点儿也不费劲，如今已是特级教师的周益民语言流畅而清新，流淌着他对李吉林老师的敬佩和依恋。其实，不只是李吉林之于周益民，好多好多名教师都曾用他们的人格魅力和专业精神团聚了一批年轻的教师，在年轻教师的成长中留下许多佳话：毕唐书之于李希贵、周德藩之于蔡林森、张兴华之于张齐华、许新海之于祝禧……后者当年都曾有过青涩的年代，如今都已经享誉教坛。所幸的是，他们在专业成长的过程中，都曾与生命中的贵人相遇——或者提携过他们，助推他们登高望远；或者影响过他们，给他们指引前进的方向；或者激励过他们，给了他们激情和力量。

此外，还有一类“关键人物”，这就是竞争对手。毋庸讳言，职场合作与竞争都是一种客观存在，有同伴互助也有同伴相争。面对这样的状况，弱者会在竞争中放弃机会，而强者则能从中激发热情和勇气，勇往直前，不敢有所懈怠。从与对手的过招中获得生存和发展智慧，也是一种智慧。可见，“关键人物”不仅是指直接帮助你的人，有时也包括你的竞争对手，是他激发了你的斗志，让你抖擞起精神，只是这种情况不便与他人说道罢了。

（三）关键时期

所谓“关键时期”，就是教师职业生涯中最要紧的“那几步”。时期，也是时机，抓住了，可能顺势而上，不仅可以超越自己，甚至可以超越他人；错过了，就可能失去了最佳发展期，造成专业发展原地踏步、停滞不前，留下终身遗憾。纽曼等学者把教师职业生涯分为生存阶段、适应阶段、成熟阶段三个时期，休伯曼等学者则将之分为入职期、稳定期、实验和重估期、平静和保守期、职业退出期等五个时期。还有人将教师的职业生涯分为七个时期。根据笔者的调查，一个教师的教育生涯长达 30 年左右，不管你把它分为几个时期，但真正属于关键时期的只有两个阶段：一个是刚刚入职的那三五年，即职业生涯的起步阶段，这是生存关键期。这个时期的特点是：刚刚由学生变成教师,也就是变成社会人。在这一特殊时期,教师面临着能否站稳讲台的考验与挑战。将学到的知识转化为实际的工作能力,成功地将学生这一角色向多种社会角色转型,是这一时期的主要任务。抓住这一发展的关键期,开好头、起好步,就可能为今后一生的职业发展奠定基础;但如果弄不好,不能形成一个好的职业起点和习惯,也可能影响终身的职业发展。另一个是入职后的15～20年。一般说来,这一时期已经进入职业发展的成熟期,也将面临职业发展的高原期。人到中年,已经站稳了讲台,成为教育教学的骨干,但年复一年的重复性劳动,也可能让教师面临激情不再的职业倦怠。沉重的工作负担加上人到中年,还有家庭负担的拖累,很容易使教师产生心理疲惫感。据调查,不少教师到了这一阶段,专业发展已经到达高原状态,他们不再有进取的强烈愿望,职业水平有可能终身停止在这一阶段。高原期也是职业成长的危机与契机,因此也是一个很关键的时期。如果能够将自己的发展从"高原模式"调整到"发展模式",坚持自己的理想,重拾过去的激情,深入进行学习反思与研究写作,就可能走出"高原"、形成"高峰",由优秀教师成长为卓越教师。

(四)关键书籍

所谓"关键书籍",就是在教师专业发展过程中可能产生重要甚至终身影响的书籍。火红的年代,读着《钢铁是怎样炼成的》《青春之歌》走上革命道路的志士仁人曾经传为革命佳话,怀揣《共产党宣言》走向井冈山、延安的革命者也演绎了许多红色故事。教师也会有这样的类似经历吗?回答是肯定的。教师作为知识密集型职业,读书应当成为日常生活的一部分。但实践表明,终身受用的书籍可能也就那么几本。它们或者让教师从中获得了深刻的人生启示,或者对教师的价值观、教育观、学生观产生重要影响,或者为教师的学术研究奠定了思想的根基和理论框架。总之,被称为"关键书籍"的,一定是影响教师生命成长和价值选择的书籍,它们是教师思想的根基、力量的源泉、智慧的宝库。它们对教师产生的影响刻骨铭心,甚至可能成为教师专业成长中难以忘却的记忆。比如,著名特级教师于永正就多次说过苏霍姆林斯基的书籍,特别是《给教师的建议》对他产生的终身影响。

著名特级教师徐斌也曾不止一次地说过，邵瑞珍的《学与教的心理学》对他追寻的无痕数学教学风格的巨大影响。走进徐斌老师的课堂，我们会发现他教学设计的精妙之处——融进儿童学习心理，站在学生的心理起点和认知起点组织教学。所以，课堂上才那么游刃有余，如春风化雨一般……这都来自他对儿童学习心理的深刻洞察和精准把握。原来，这是《学与教的心理学》给他的思想滋养。这本书伴随着徐斌老师走过了20多年。第一次接触是1990年。为了给参赛、说课寻找理论支撑，他在学校图书室发现了这本《学与教的心理学》，于是兴冲冲抄下几段文字，作为说课的理论，初步尝到了甜头。1995年，他参加了特级教师张兴华主持的课题《小学数学学习心理研究》，再次接触这本书。因为经常要汇报读书心得，宣讲读书体会，于是，他得以细细研读这本书，而且还结合课题研究，运用心理学的原理，反思教学实践，与共同写作过一本书。2000年，被评为特级教师后，为了更好地梳理自己的教学特色，寻找契合自己的教学方向，他又翻出这本给了太多启迪的著作，再次重新细细研读，而且以读书笔记的方式，运用结构图表进行系统整理，深度把握学与教的原理精髓。可见，这部书对徐斌老师的影响是多么的深刻和长远。从徐斌老师的读书故事我们可以看到，“关键书籍”是需要带着问题反复研读的，这样才可以直抵人心，而且影响到终身。

（五）关键路径

通往教师专业发展目标的路径很多，但是，总有几条属于至关重要的，这就是“关键路径”。教师专业发展是有规律可循的，如都需要从读书、反思、写作中悟道，这是成长的普遍性。但教师的专业发展又是非常个性化的，什么样的方式最适合自己，又是因人而异的。比如，有人是通过赛课走向前台，有人通过研究增加底蕴。据笔者调查，反思性写作则属于“关键路径”。首先，教育写作是反思的工具与支点。专业发展需要反思，但反思不能凭空进行，必须依靠一定的工具，而写作就是这样一种工具。其次，教育写作是反思的支点，带有撬动专业成长的作用。写作，不仅可以拉动学习，还可以推动研究，是带有综合性的发展工具。因此，我们认为，教育写作在专业发展中具有支点的意义。教育写作不仅是记录反思成果的工具，更是教育反思的重要平台。因为教育写作能使教师把镜头对准自己的教育生活,反思教育教学中的兴奋点、遗憾点、闪光点,一方面,从中发现成功的经验,并赋予其教育的价值;另一方面,更重要的是发现其中的遗憾与不足,找出其中的原因,并将矫正的措施付诸实践。再次,教育写作会带给教师成功的高峰体验,让教师期待"让成功再来一次"的美好感觉。这种欲望成为教师发展的动力之一。有人这样比较"讲"与"写"的意义与差异:说出来是银,写出来是金。的确,对于教师的反思来说,通过写作可以促使其更加地深刻与系统。因为,写作可以让更多的人听到自己的声音,从而得到更多人的关注,获得更多的精神滋养。

以上几个"关键",从本质上看,都属于专业发展中客观的外在因素,但是这些因素往往对内在因素产生作用,进而对教师产生巨大而长久的影响。而且,"关键人物""关键事件""关键时期"等都可能与教育写作产生交集。比如,教育写作可以激发探索的持久动力,可以创造高峰体验的"关键事件";教育写作还能够帮助教师突围,走出发展的瓶颈期,成就一番新的业绩……所以,我们的学校应当千方百计地为教师的专业发展制造"关键",想方设法地帮助教师打通那些制约发展的"关节"。而教师自己,也应当审时度势,善于抓住这些"关键"而不要错过"关键",为专业发展把握方向,寻找机遇和动力。

第三节　教育写作怎样影响专业发展

"文字算不得什么,但我内心知道,这些文字还在改变着我,一天天,一月月,我的意志就这样磨砺着,我的思想就这样磨砺着,'非人磨墨墨磨人啊',……这些文字照亮了我的人生。"这是江苏吴江的知名校长张菊荣在他的文章《从这里到那里》中叙述教育写作对他影响的一段话。他的体会是,教育写作深刻地影响着教师的思想和意志。细细分析,我们发现,教育写作对教师的影响是全方位、多角度的。

第一，影响教师的知识总量与结构形态。窦桂梅说“写作是另一种阅读”。不少教师都有这样的认识，教育写作是一个不断学习的过程，也是一个不断认知的过程。在这个过程中，自己的知识不仅可以得到整理，而且可以获得更新。写作是通过思维进行的认知活动。当你把经验、故事提炼成思想观点并付诸文字时，你的认知活动就深化了。同时，对个体的知识系统来说，这既是知识内化的过程，也是知识的建构与重组的过程，还是隐性知识变成显性知识的过程。对于教育写作中的知识建构，马克斯·范梅南曾有过这样的解释：“写作，其实就是对教育现象的一种解释，当这种解释上升到反思阶段，形成具有一般性指导作用的价值取向并指导教师的行动时，便成了实践性知识。”概而言之，教育写作改变了教师述而不作的定势，让教师从传统的知识搬运工变成了知识的生产者，从感性的实践者变为理性的思考者。

第二，丰富教师的专业智慧，提升教师的专业技能，使教师能够专业地思考和处理问题。教师的实践智慧和专业技能需要在实践中淬炼，更需要在反思中提升。江苏常州的特级教师杨文娟说，写作“使自己从感性到理性，从实践智慧迈向理论智慧”。著名特级教师孙双金说，写作改变了他的思维品质，使他怡情养性、静下心来。特级教师管建刚认为，不停地写作，使他更新了教育教学观念，提升了教学能力和技术，也提高了教学效能。

第三，影响教师的专业习性。习性养成来自长期的坚持。教育写作是基于教育生活中问题的观察、思考与表达，通过仔细观察、勤奋思考，渐渐地，洞察力和敏感度增强了。教育写作需要向懒惰宣战，需要坚持的品质与意志。这就是张菊荣所说的，写作是“非人磨墨墨磨人”。正是在长期的坚持中养成了教师的专业习性。特级教师李建成认为，教育写作给自己带来的变化关键在习惯养成方面——因为有了写作，所以养成了阅读习惯、探究习惯。特级教师沈茂德说，写作是自我修炼的过程、性格锤炼的过程。写作可以使自己获得动力与信心。“教育写作带来的是对校园生活的眷念，对朴素教育故事的关注，对教育案例的深度解剖，从而以真正的教育工作者的眼睛去看学生、看自己、看学校,才能总是满怀教育理想,满腔热情地寻觅着教育未知和教育规律。”

第四,教育写作对教师最根本的影响是专业情感与态度。专业情感与态度的核心,是建立在教师职业价值认知基础上的热爱。教师们普遍认为,通过写作,能感受到教师这个职业的乐趣,更加热爱教师这个职业;同时,也带来了教育思想观念的变化,对教师这个职业的价值和工作特点有了更加深刻的认识。特级教师戴林东说:“教育写作给我带来的首先是教育思想的变化。在教育写作过程中,我逐步形成了个性化、主体性的教育教学思想。其次是教育情感的变化。可以说,离开教育写作的教师情感,只能是感性化、浅表化的流动,而在教育写作基础上产生的教育情感则是理智的、深厚的、持久的,是深入人心的激荡。最后是教育行为的变化。教育写作是思想的披沥、情感的体验,必然导致教育行为的更新。教育写作造就的人格修养,必然促进教师迈出有力的教育教学实践的步伐。”特级教师冯卫东则用诗性的语言陈述了教育写作带给他的改变:“教育写作使自己模糊的思绪变成清晰的思想,用余秋雨先生的话来说,不断地表达是对灵魂的不断重组。我觉得写作使自己走向了丰富和深刻,使自己的内心世界变得较为单纯,也多姿多彩。没有写作,我就是一个凡夫俗子;有了写作,我成了一个对教育有所作为、有所贡献的人。教育写作是我向教育世界进行抒情和对话的极好通途。”

第四节　教育写作影响专业发展的特点

教育写作对教师的影响是全面而深刻的,并具有其他方式无法比拟的特点和优点。综合起来,主要体现在以下几个方面:

一、对象的普适性

从参与对象的角度观察,教育写作具有相容和普适的特点。不论年龄,不论学科，不论岗位，没有谁来限制你，不需要公关与周旋，只要想进行研究与反思，拿起手中的笔，你都有这个权利，谁也不能剥夺。但不是所有与教师专业发展相关的活动都具有这样的特性。因为资源稀缺的缘故，不少活动具有鲜明的排他性。也就是说，这类活动一旦有人参与了，其他人就失去了继续参与的权利和机会。比如学术活动，可能就会有名额或者其他条件的限制；比如赛课，不仅名额有限，还会有年龄、学科等条件的限制。即便没有这些限制，也不可能所有人都去参加赛课或者学术活动。但教育写作是非排他的，学校里每一个员工都有写作的权利，都可以结合工作开展反思与写作活动。管建刚曾经非常生动地描述过上课与写作在专业成长中的差别："上课，想出人头地，大多要参加比赛。偌大的活动，轮到学校，名额不过一个。你有没有资格去，还真是个问题。教书没几年，对不起，学校哪敢把那么重要的机会扔给没经验的你。后面排队的人多着呢，也摆不平啊。最有干劲、最有精神头的那几年，看着雾样的渺茫，几年无望的期盼，兴起的热望只好自燃成灰。或许几经努力，你得到了赛课机会。'课'这玩意，好或者不好，还得看你抽到的班，还得看评课的人，还得看临场发挥。人，总有喜好。评委有喜好，正常。你喜欢骨感美女，评委大人偏喜欢丰腴美人，好容易逮住的机会，打了个水漂，下次学校有了机会，会不会再给你？给了你，后面的人咋办，会不会跟你急？我们天天都要进教室上课，然而，你要从课堂教学上杀出一条路来，那路委实太窄了，一不留神挤了下去，爬上来、再上路的机会太少了。教育写作，没有名额的限制，官方的色彩也少。你的文章，A 编辑不欣赏，B 编辑说不定喜欢；A 杂志不发表，B 报纸说不定发表了。"管建刚老师的这段话，在江苏如东县的马塘小学得到了证明。几十年来，地处江苏如东偏僻乡镇的马塘小学坚持科研和写作，从 1997 年起，全校实现了 3 个"百分百"：即百分百教师参与课题研究，百分百教师有文章发表，百分百教师有论文获奖。学校形成了一个勇于实践、善于反思、勤于笔耕的"集团化"教师研究群体。一所乡镇小学，先后培养出 3 位省特级教师、3 位省劳动模范、3 位全国优秀教师，为各级教育管理岗位输送了 30 多位优秀行政管理人才，被业界称为"马小现象"。如果不是靠这种全员参与的研究与写作,马塘小学就不可能走得这么远。

二、内容的全面性

初看起来,教育写作提升的只是作者的写作能力,其实不然。教育写作对教师专业发展的影响是全面的、综合的。肖川教授认为,教师教育写作的意义主要有六个方面:第一,如果没有写作的需要和习惯,你只会泛泛浏览;如果有写作的需要和习惯,你会非常用心地读别人的作品,带着研究性和批判性来读。第二,促使我们深化对事情的认识。第三,梳理思绪,使我们对事情的表达和理解井井有条、层次分明。第四,提高我们口头语言表达的质量。写作使我们的口头表达明练、准确和规范。第五,提升我们生活的态度。有写作的习惯,就会去捕捉生活中有价值的事实和现象。第六,带给我们成就感。一个人的幸福取决于他内心的充实和丰富。充实是指物质和精神上的富有。精神上的富有就是有成就感。生命会因成长而美丽,生活会因创作更丰盈。当你把所思所想用文字记录下来,此时此刻的你就会有成就感。的确,很多来自一线的作者也有这样的体会,长期的教育写作,不仅可以提升教学能力,而且可以培养良好的职业习惯,不断丰富教育智慧,还能够培养对职业的认同感,甚至可以消除职业倦怠,恢复工作的激情和活力。

三、方式的渐进性

从影响的方式上来说,教育写作对于教师专业发展的影响不是突发的,而是入夜的春雨,润物无声。不能指望写作了一两篇文章,专业水平就立刻发生巨变。因为教育写作对教师的影响和变化要经过日积月累、长期的坚持。正像有位教师所说的那样,只有经过长久的努力,才能发生细微的变化;但一旦发生变化,就一定是深刻的。追寻那些成功教师的发展轨迹,我们发现,在教育写作的开始阶段,往往是逮到什么写什么,文章零散、不成体系且无重点。这一阶段往往会关注教材和教法,研究教学设计,写作选材的目光聚焦在自己的生存发展方面。随着时间的推移和反思研究的深入,会将目光聚焦在某些自己感兴趣的问题上,甚至能结合课题研究开展写作,这就进入了专题化思考与写作的阶段。通过这种研究和写作,教师的思想观念会产生微妙的变化。渐渐地,教师的写作题材又会发生转变,往往由关注自身转变为关注学生，关注学科教学为了什么，关注怎样的教育教学才能够促进学生的身心发展。这表明其教育观念、教育哲学已经发生质的飞跃。总之，教育写作对教师专业发展的影响方式是渐进的，是不易觉察的，但长期坚持又是一定存在的。

四、动力的内驱性

专业成长的力量来自两方面：一方面是外在的压力，如学校的要求、行政的导向、社会的期待等等；另一方面，教师专业发展更重要的力量应当来自内心的渴望，来自对这个职业的思想和感情认同，以及建立在职业认同基础上的责任担当，这就是内驱力。教育写作一旦与职业理想和追求联系起来，与爱好、情感联系起来，教师就会产生内心的渴求，这种渴求就成为一种源源不绝的力量。也许，有些教师写作的最初动力来自外在的压力与要求，但是，一旦感受到写作带来的成功体验，就点燃了自己的职业自信，写作就从被动的行为变成自主的行为。特级教师林宣龙在《读者·思者·行者》中讲道，1984 年上半年，在当年第 4 期《教学月刊》上看到自己投寄的第一篇教学经验《抓主线，扣中心，析特点》变成铅字，捧着散发着油墨清香的杂志，心中立刻荡漾起难以言喻的自豪……这次小小的成功，给他很大的鼓舞，从此，他便自信地开始了数十年一以贯之的教育研究的行走旅程。

五、投入的经济性

从经济学的角度来考察，教育写作是一项投入少、产出多的项目。如果要搞一场赛课，投入的各种成本是很高的，人力、物力、财力、场地……而教育写作，无需要多少条件，几乎没有投入，过去有了笔和纸就够了，现在更加便捷，键盘上敲打，轻点鼠标，发送电子邮件，连邮资都不要了。发了文章，还有稿费，真正实现了较好的投入产出比。也许有人说，个人的时间和精力的投入也是投入，但这总比消耗在酒桌、牌桌上有意义吧！即便这也算是投入，它也不像其他活动那样兴师动众。教育写作是一种非常个人化的行为，因此，即便是时间精力的投入，也是自己当家做主、独立完成的。

六、成长的个人性

在专业成长的诸多方式中，有的属于与专家的对话，比如学术讲座、研读专著等;有的属于与同伴的对话,比如校本教研、说课上课等;而教育写作则属于与自己的对话。有人认为,读书是外视,写作则属于内省——是与自己思想和灵魂的对话,是生命个体的自我教育。正是这种基于教育教学经验的个人反思与对话,才能够触动内心;真正触动了内心,才可能引发内心的深刻改变。

参考文献:

[1] 张肇丰.从实践到文本[M].上海:华东师范大学出版社,2011

[2] 刘光银.职称评定促进了教育研究[J].江苏教育研究,2010(11C)

[3] 周益民.她帮助我走向了“我”[J].江苏教育,2012(4)

[4] 徐斌.三读《学与教的心理学》[J].江苏教育(小学教学),2011(6)

[5] 丁昌桂.教育写作与教师专业发展[J].教育研究与评论(中学教育教学),2013(5)

[6] 曹爱东.坚定不移走科研兴师之路[J].江苏教育科研,2010(11C)

[7] 林宣龙.读者·思者·行者[J].江苏教育研究,2010(11C)

内容提要

“教育十写作”就是教育写作？是，也不是。有人把教育写作等同于教育随笔，有人把教育写作的内容扩大至教育新闻甚至教育文学。尽管这也是“教育十写作”，但这不是窄化就是泛化，都不是我们所说的教育写作。

基于教师专业发展视界下的教育写作，应当是直面教育生活与现场，应当把镜头聚焦师生的心灵。研究的品质、反思的素质、实践的特质，是教育写作的本质属性。把教育写作泛化为写文学作品，或者窄化为写随笔，或“俗化”为写教案，就会把教育写作引入歧途。那样的写作，年复一年，恐怕写出的还是一个教书匠，却写不出一个名教师。当然，能写出一个作家也好。

具有研究品质的教育写作，是一个比讲台更大的舞台，能够让我们换一种方式行走，摆脱教育生活的简单与重复，体验生命的价值和意义，获得幸福和温暖的职业体验。它能够发出自己的声音，也能让更多人听到自己的声音，使教师在反思与坚持中，从平庸走向卓越。

第二章　本质论——教育写作是什么

第一节　专业发展视域下教育写作的特点

一、不是所有的教育写作都能够促进教师的专业发展

这些年，"教育写作"成了个热词，原因在于它与教师专业发展发生了热切的联系。讨论教育写作，一般都是在专业发展的视域下进行的。但遗憾的是，至今还没有发现学界对这个概念的完整定义。有人从字面意义上解释，所谓教育写作就是"教育＋写作"。他们认为，教育写作就是以教育为内容的写作。这种观点乍看似乎有理，但细究下去就会发现其中的谬误。各种媒体上关于教育内容的写作俯拾即是，有的是新闻报道，有的是教育资讯，有的是教育政策或文件的解读，这些虽然都是关于教育的内容，但显然，它们不是教师专业发展视域下讨论的教育写作。当然，也有人是用描述的方式，给教育写作进行了界定："说的都是教育的事儿，谈的都是教育的话儿，唱的都是教育的曲儿，即使是图片也是教育者的影儿。"形象化描述也许有助于人们理解教育写作"长什么模样"，但描述性定义又是难以周延的。试想，作家们也有很多在说着教育话儿、唱着教育曲儿，难道那些教育小说、散文、诗歌戏剧也是教育写作吗？答案显然是否定的。当然，也有人从外延的角度给教育写作划过"圈儿"，比如钱仓水先生的《教师职业文体写作及范式》一书，将教师的职业写作分为教学文体、班务文体、日常文体、研读文体、申报文体。不要说教案、教学计划了，甚至把日记、启事、条据、柬帖、契约、经济合同、民事诉状都列入了教师职

业写作文体的范畴。我们认为,这显然是泛化了教育写作的外延。尽管这些体裁有的教师也会涉猎,但它却不是教师职业应有的写作范围,而是教师作为一个社会人所涉及的生活应用类文章。这些与教师专业发展没有丝毫的关系,更不能将这样的写作称为教育写作。当然,与钱仓水先生泛化教师的写作不同的是,有人又走向了另一个极端,把教育写作等同于科研论文写作,或者窄化为教育随笔写作,这也是难以让人接受的。

总之,无论是"诗化"还是"俗化",也无论是泛化还是窄化,都没有能够真正界定教育写作的内涵与外延。我们认为,教师专业发展视域下的教育写作,是指中小学教师以教育教学工作反思为主要内容的研究性写作。这里面至少有三层意蕴:第一,它的作者主要是中小学教师。第二,它的内容为教育教学工作的研究与反思。第三,它是一种研究性写作,是参与探究并表达研究成果的。从表达方式的角度分析,教育写作包含三方面的体裁:一类是叙述性体裁,即采用叙述为主体的表达方式,包括教育叙事、教育故事、教育案例等。通过故事、案例的叙述和记录,解释或揭示蕴含在其中的教育价值与意义。一类是论述类体裁,即以议论和论证为主要表达方式,如教育论文、教育研究报告等。这类文章主要是通过概念判断推理的逻辑方式来阐述理论,发现或者解释教育现象背后的规律。还有一类,就是介于上述两类文体之间的"杂交品种"。比如教育随笔、教育感悟、教育札记等等。从表达上来说,它们常常以叙事或者案例开头,继而进行深入的学理解剖或揭示;或者夹叙夹议,可先叙后议,可先议后叙,但都是叙为议而生、议因叙而立。它们是以一种生动具体的方式说明或证明教育的原理或思想,尽管其中有很多的叙事成分,但总体上仍属于学理研究的范畴。

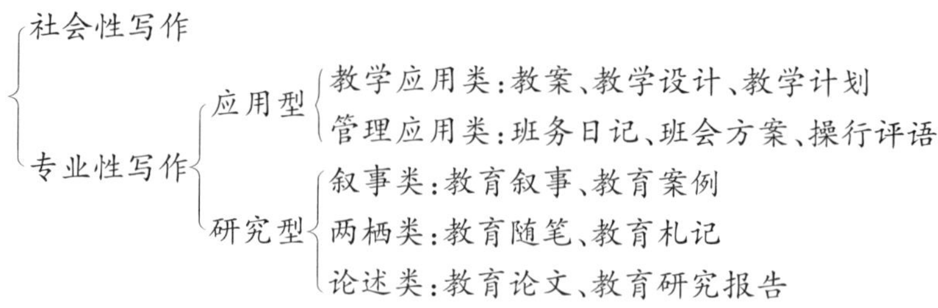

图 2—1

从图2—1可以看出，作为教师职业性的写作包括应用型与研究型两类，而只有研究型写作才是与教师专业发展密切相关的写作。

二、教育写作的特点分析

以下，我们对教师专业发展视域下的教育写作特点进行一些讨论。

首先，如上所说，从写作主体来看，作者的职业身份是中小学教师而不是其他写作人群。应当承认，以教育为内容进行写作不是教师的专利，教育管理的官员、教育研究的学者，甚至其他关注、关心教育的社会人士，都可以以教育为内容进行写作。写作，是客观世界在作者大脑中的反映，作者的身份不同，所处的社会角色不同，写作目的不同，都会通过他们的文章反映出来，都会对文章内容和形式产生一定的制约和影响。同样是关于教育的写作，由于站位的不同，所看到的风景也大不一样。管理者不会直接“身入”具体微观的教育教学工作之中，而是身处其外（即便是偶尔的深入课堂，那也是一个旁观者）。因此，他们的文章会侧重从行政管理的角度对教育进行思考、解释与指导。专业教育研究者也是这样，多数时候他们是不直接参与教育教学的，而是以专业研究者的身份对教育进行冷静、客观的审视与研究（即便是短暂的参与，比如到中小学校听课、调研、做课题研究，也与普通中小学校的教师参与教育活动的目的有鲜明区别）。而中小学教师就不同了，他们既是教育写作的主体，也是教育实践即教育教学的实践主体。如果说其他人是基于教育、关于教育的写作的话，那中小学教师的写作不但是基于教育、关于教育，而且是参与教育的写作。他们既是作者，是见证人，同时也是教育故事的主体和写作素材的有机构成。尤其是教育叙事、教学反思等体裁，就是以自我陈述、自我对话、自我反思、自我成长为特征的，是叙述自己的亲身经历、亲自实践，要具体描述教育故事案例发生的具体情境，不仅带有“自传”的色彩，还具有很鲜活的现场感。因此，在行文当中，他们不容易做到像专业研究者那样不动声色、冷眼旁观，而常常掩饰不住自己身处其中的感情色彩。这样的文章有一个鲜明的特点：材料真实、故事鲜活、具体生动，但常常缺少理性与理论，所得结论往往难以走出具体情境的局限性，不易反复再现或验证推广。

其次，教育写作具有研究的品质。什么是研究？不同的立场会有不同的解释，但有一点是相通的，研究就是要有所发现。发掘真相、发现真理是一切研究共同的本质，教育研究也不例外。当然，教师的教育研究也许不都是发现新的真理，但新的做法、新的经验、新的解释，对于写作者来说，都是在原来基础上的发现，都可以归入教师研究的范畴。如此，就不难解释，为什么教师的应用型写作不应被列入本书讨论的范畴之内了——像教案编写、教学计划、操行评语、班务日记等文体，虽然是教师的职业必须，是教师日常工作离不开的文字方式，但它们更多的是一种约定俗成的程式化表达，是一种用于日常工作的记录、表达或沟通方式，这些文字（有的连文章都算不上）需要的是规范的思维和规范的体式，发现和创造不是它们的根本属性与特征。而教育写作就不同了，教育论文、研究报告自不待说，即便是教育叙事和教育案例，虽然看起来也是记录和叙事的样式，但其实也是教师进行反思的平台和工具。因为记录和叙述不是这些文章的要旨，要旨是探索蕴含在这些叙事案例中的原因和深藏其中的教育原理，挖掘和诠释它们的价值和意义。这样的写作过程就是研究的过程，文章就是研究成果的呈现方式。叶澜教授所说的写一辈子教案写不出一个名师，写三年反思或许能够写出一个名师，其含义就是指只有研究型写作才具备促进专业成长的功能。

也许，有人会认为，写作不能等同于研究，它只是研究成果的表达方式。这样的说法并不全对。其实，研究是有多种方式的，实证性研究是研究，质性研究、行动研究也是研究。对于人文科学的教育学来说，“搞科研，主要的工作形式之一就是写文章”。马克斯·范梅南也认为，写作即研究，即思想与行动的调和。当然，我们也不能泛化教育研究的范围，只有那些经过系统规划、深刻反思之后的文章才具备研究的品质。而且，即便是当下流行的行动研究与生活体验研究，也应当“遵循教育科研的基本方法和规范，达到客观性、公共性、解释性等基本要求。所谓客观性，就是要以事实为依据，客观公正地表达事实和行为。公共性，则要求教师在写作过程中，尽量使用教育理论界公认的基本术语、概念，不随意制造术语或概念。解释性，就是要求所表达的观点、理论能够合理地解释教育现状和现象”。郭元祥教授的这段话还是很有指导意义的。的确,当下,对于中小学教师的研究与写作来说,需要强调按照这样的要求来写作,才能促使教师克服身处其中而带来的视野局限,不断提升教育研究的水平和教育写作的品质。

从写作的目的来看,中小学教师的教育写作与专业的教育理论工作者也是有差异的,他们的研究与写作不是为了发现和创造自己的理论体系,而是为了提高工作效能,提升自身的专业能力与水平,丰富自己的教育生活,提升自己的幸福感。教师即研究者,这个定义相对于"传道授业解惑"的传统定位当然已经有了明显进步,但还是不完整的。教师不仅是研究者,还是反思的实践者。如果仅仅是研究者,教师与专业的教育理论工作者又有什么区别?专业理论工作者的研究与写作是为了理论的发现与创新,是为了发现或验证自己的教育理论,丰富自己的研究成果,或者通过研究成果指导实践工作者。如果说中小学教师的写作是为了教育的写作,理论研究者似乎更多的是为了教育学的写作。中小学教师的研究与写作,不是为了指导别人,也不是为了创新理论,他们更多的是观察自己所处的生活,挖掘教育教学生活中的那些故事与细节、幸福与烦恼,解释其背后的原理与价值。这是在实践中的反思与感悟,通过这种发自内心的感悟,教师能提高自己的专业素养和专业能力。不过,这还不是教育写作意义的全部,教育写作还是对自己生命的馈赠,是让自己的职业生命更丰富,更有品质感。

总之,专业发展视域下的教师写作以解释实践世界为主,以创新发现为辅;以研究自己为主,以研究他人为辅;以实践智慧为主,以理论探讨为辅。这就是教育写作的基本特点。

第二节 在比较中把握教育写作的本质属性

这里有3篇相同题材的文章,都是关于"先学后教,当堂训练"的:一篇是《人民教育》记者赖配根写的新闻报道,一篇是南京师范大学李如密教授等写的教育论文,还有一篇是“先学后教,当堂训练”教学模式的首创者、江苏省洋思中学原校长蔡林森写的介绍。研读这几篇内容相同但话语方式有别的文章,对我们理性把握不同体裁的特点,尤其是弄清楚教育写作的本质属性,大有裨益。

为了说明问题的方便,现将这几篇文章的片段呈现如下:

【案例 2-1】

“这是永威的一节普通课。八年级数学。执教的是年轻的刘晓书老师。

上午 8 点,上课铃响过,准时开始。

没有任何的“热身”,直接进入主题。“同学们,今天我们一起来学习教材第 15 章的‘同底数幂的乘法’。”刘老师边说边板书课题。

“请看本节课的学习目标——”多媒体出示:“1. 理解同底数幂的乘法性质;2. 能够准确地运用同底数幂的乘法性质进行计算。”

确认每个学生都看完之后,刘老师并没有开讲,而是请大家自学:“为了使大家更好地理解同底数幂的乘法性质,请大家按照自学指导,立即紧张地自学。”多媒体出示自学指导:“看课本第 141 页至第 142 页练习前内容,解答第 141 页‘探究’中的问题,理解同底数幂乘法的性质,思考‘例 1’是如何运用这个性质的。6 分钟后,检测大家运用这个性质的能力。”

学生全神贯注看书。刘老师轻轻地、慢慢地巡视,偶尔俯身轻声督促个别学生。

大约过了 5 分多钟,自学结束。

刘老师还是没有讲,而是要“考”大家:做课本第 142 页的 4 道“练习”——

(1) $b^5 \cdot b$;(2)$10\times10^2\times10^3$;(3)$-a^2 \cdot a^6$;(4)$y^{2n} \cdot y^{n+1}$。

2 个学生(均为“后进生”)板演,其他学生在练习本上完成。教师巡视,发现学生练习中的错误。

这是“检测”。检测学生是否理解了同底数幂的乘法性质,检测自学的效果。

果不其然，板演的一个学生暴露了问题：$-a^2 \cdot a^6 = -a^{2+6} = a^8$。

刘老师也发现下面学生这道题的答案五花八门，有的甚至是 a^4！但她什么也没有说。

所有的学生都做完了。她还是什么也不讲："同学们，我们一起来看一下黑板上板演的题。这两位同学运用同底数幂的乘法性质，正确吗？如有不正确的地方，请大家帮助他们更正。"

……

离下课还有15分钟。她立刻转入最后一个环节——当堂训练。"同学们，通过本节课的学习，你们会运用同底数幂的乘法性质吗？好，下面检测大家准确运用这个性质的情况。比一比，谁的作业得满分。"

……

没有一个人交头接耳，每个人都专心致志做自己的作业。教师轻轻走过每个学生，只看，不说。

下课铃响，所有学生都把作业本交给老师，课结束。

期待教学跌宕起伏、峰回路转、高潮迭起的人要失望了。

渴望课堂活泼热闹、激情四溢、动人心弦的人要叹气了。

这是一堂没有任何"花样"的课：多媒体只是简单地出示文字内容，教师的语言和教学行为减少到最低程度，绝大多数时间，都是学生静悄悄地看书、做练习。常见的小组讨论不见踪影，学生学习紧贴课本而没有任何其他"探险"。没有热闹，没有激动。课堂似乎平静如水。

……

同样是关于"先学后教，当堂训练"这个内容，蔡林森是这样叙述的：

【案例2－2】

"先学后教，当堂训练"是一种教学模式，是一种课堂教学结构，也是一种教学法。它包括三个主要环节:(1)“先学”,即学生看书(读书)、检测。(2)“后教”,即学生更正、学生讨论、最后教师点拨。(3)“当堂训练”,即当堂完成作业。在这三个主要环节之前,有三个辅助环节(1分钟左右):板书课题、出示目标、自学指导。辅助环节就像高速公路的“引桥”,主要环节好比高速公路,“先学后教,当堂训练”教学法给了教师具体的操作方法,让中小学各学科教师灵活运用。“先学后教,当堂训练”一般操作方法如下:

1. 辅助环节,1分钟左右(板书课题、出示目标、自学指导)。
2. 先学,15分钟左右(读书看书、检测练习或提问)。
3. 后教,10分钟左右(学生更正,师生讨论)。
4. 当堂训练,20分钟左右(完成作业)。

……

也是关于这个教学模式的内容,李如密等的呈现就更加不同了:

【案例2-3】

长久以来,我们对教学有一个基本假设:即以为学生在学校教育情境中所获得的经验(包括知识、技能、情感、态度等)在很大程度上是教师“教”出来的。基于这样的假设,便会得出“先教后学”的学习观和教学观。……“先学后教”认定教学首先是学生的事,要赋予学习者学习的权力和责任,让学生成为学习活动的真正主体和主人。转变那种外在性、被动性、依赖性的学习状态,把学习变成人的主体性、能动性、独立性不断张扬、发展、提升的过程。这是学习观的根本变革。

……

“先学后教”的基本意蕴在于通过改变教学中的师生关系,使学生成为教学的主体,教师转变为指导者和辅助者,教学顺序改变为学生先学而教师后教,以保证教学在学生自主学习的基础上更具针对性。

有趣的是，3 篇文章都是关于“先学后教，当堂训练”这一教学模式的，但因为文章篇幅太长的缘故，我们都节选了其中的片段。其实，篇幅的长短、文字的多少，只是它们外在的区别，最根本的是通过这 3 个例子，我们可以探讨相同题材、不同体裁文章的思维方式和表达方式之间的联系与区别。比较它们之间的这种“同”与“不同”，不仅可以获得非常有益的写作启示，而且，对于学会正确地掌握和恰当地运用合适的思维方式来认识和反映教育生活，也有不少的启迪。

教育写作，是以微观的教育生活作为认识和把握的对象，而且，尤以微观世界的问题为切入重点。人们通常这样认为，生活的边界就是写作的边界，似乎全部的教育生活都是教育写作应当认识和把握的内容。相对于教育生活与教育写作的整体关系而言，这种说法也许言之有理。但这里我们讨论的不是这种整体性关系，而是中小学教师作为作者的教育写作。如果用这种视角来观照，结论就不是这样了。教育虽然也是一个行业，但它是个社会性很强、涉及面很广的行业。宏观如千家万户，微观如课堂细节，都与教育有关，都是教育生活的有机构成。但教育写作从来没有、也不可能把这样宏观的内容作为取材的对象，而更偏重于把镜头对准学校、课堂、学生和自己，也就是说，教育写作不会像哲学那样以整体世界为认识和反映的对象，而是对具体的、微观的教育世界的认识和把握。这里有关“先学后教”教学模式的研究，显然属于认识和把握教育的微观世界。或许有人会认为，这 3 篇文章都是反映了微观教育世界的，作者也并非都是教师啊。应当承认，这样的看法不无道理，但要注意，教育写作更适合反映微观的教育世界，一般不以宏观的教育作为写作对象。而新闻写作则不然，教育记者不只是反映微观的世界，同样可以而且往往反映宏观的教育世界。比如，《人民教育》《中国教育报》就有不少是全景式反映党和政府如何重视发展教育、人民群众怎样支持和参与教育的宏大叙事的报道；在学者们，特别是官方研究机构的学者们教育研究的文章中，也有不少是以宏观的教育作为研究和认识对象的。而教师的教育写作，基本都属于微观教育生活的范畴，即便是同样刊发在《人民教育》《中国教育报》这样的全国性教育媒体上的教师的反思与研究作品,也都是以身边的微观教育为题材。

进一步分析你会发现,即使同样反映微观的教育世界,教育写作与新闻写作也有不同的视角与切入方式。简而言之,新闻的视角是反映变化,而论文的视角是反映问题并解释问题。这就是说,即便同样是反映微观的教育世界,新闻是用事实反映世界的变化,表现对教育规律的认识和理解。一切新闻作品,无论内容、形式有什么不同,都是在报道事实,用事实及时反映变化着的客观社会现实生活。还是以赖配根的那篇文章为例,它的开头是这样写的:

2006 年,河南省沁阳市永威学校(以下简称“永威”)正迅速“沉沦”。

学校管理松散,教师上课满堂灌,教学质量急剧下降,有的学科期末考试全班竟然没有一个学生及格!

学生厌学,有能力的家长想方设法把孩子转走。学校前途堪忧。

……

不到 3 年,永威判若“两人”:学生(绝大部分是三流生源)成绩稳居当地一流,甚至有的学生转读永威时两科成绩之和只有半百,一年后却考上了重点高中;学校面貌焕然一新,原来满地纸屑变为窗明几净,课间操由稀稀拉拉变为沁阳的一道风景线(5000 多人做得整整齐齐)。曾经转到别的学校的学生恳求父母把自己转回永威,各地家长纷纷把孩子送来,小学部急剧扩张,初中部新生比 3 年前翻了一番,高中部生源越来越好。永威成了河南省的品牌学校!到永威取经的人络绎不绝。

这就是典型的新闻切入视角:变化!不到 3 年,学校前后发生的巨大变化。对比手法的描写,把这种前后落差表现得生动而富有张力。

如上所述,与新闻报道不同的是,带有研究性质的教育写作反映和把握世界是以问题作为自己的视角的。作者会从微观教育世界中的问题出发,以自己以往经历的实践为基础,在现实与理想的落差中寻找和提炼适合自己研究和表达的问题,达到对教育规律的把握和认识。比如,蔡林森就是看到了现实的学校课堂上教师满堂灌、教学效率低下等情况,才产生了探索和解决这一问题的想法,摸索出了“先学后教,当堂训练”这一教学模式,回答了现实中的问题。

教育写作为什么偏重于微观的教育世界？答案很简单，因为写作是生活的反映，教师熟悉的生活自然是学校、课堂、讲台这些教育的微观场景，这是他们生活的主要圈子，当然也是他们写作灵感生长的土壤，还是他们反思与写作的源头。教师的写作是基于实践、为了改进的写作，不同于文学写作的目的，也有别于新闻写作的宗旨。寻找日常工作中的问题进行反思，加以研究，并把它们表达出来，这是他们写作的出发点和归宿。

第二，基于逻辑思维的理论与科学话语是教育写作反映生活的主要方式。不同文体是用不同的方式来掌握和反映世界的。别林斯基说过，“人们只看到艺术和科学不是同一件东西，都不知道它们之间的差别根本不在内容，而在处理一定内容时所用的方法。哲学家用三段论说话，诗人则用形象和图画说话，然而他们说的是同一件事，一个是证明，一个是显示”。这里，别林斯基虽然没有论及新闻是用什么方式反映世界，但这段论述还是给我们思考这个问题提供了方向与工具。什么是新闻？新闻是关于客观事实的报道。也就是说，新闻是反映客观事物的变化的。而时间、地点、人物、事情的经过和结果，就是构成变化了的事物的基本要素，这些要素被称为新闻的五要素。如果没有这五个要素的新闻，就是信息残缺不全和写作不规范。新闻作品中的通讯类文章，不仅要求真实地反映客观事物的变化，而且要求生动地反映这种变化。因此，细节、现场和人物描写就成了通讯类作品常用的表现手法。比如，赖配根在反映“先学后教，当堂训练”这个教学模式时，文章不是概括地进行叙述，而是不厌其详地展示了刘晓书老师的一节数学课的全部过程。这当中有学生的表现，有教师的表情，让读者有如身在课堂的感觉。可见，教育新闻是通过形象的方式，客观、直接地反映教育生活的。也许有人会产生疑问，新闻重视故事现场与细节，这不是与文学的反映方式一样吗？对！仅仅从表达手法看来的确有相似之处。但是，真实是新闻的生命，新闻反映的是客观事实，是真实发生的事情；而文学的反映，则是虚构的反映，它反映的是作家心中想象的故事人物和场景。一个反映的是客观真实，一个反映的是心理真实，这是它们的本质区别。

与新闻作品直接、形象地反映完全不同,教育写作尤其是教育论文在反映教育生活时,带有间接性、概括性、抽象性的特点。比如蔡林森的文章就是这样。

这篇文章也是完整地反映了"先学后教,当堂训练"这个过程,但是,这个反映又是概括的,并没有具体、形象地描述。看起来像是说明,但显然属于逻辑思维的方式。首先定义"先学后教,当堂训练"是一种教学模式,是一种课堂教学结构,也是一种教学法。然后分别解释"先学""后教""当堂训练"的含义。最后再介绍"先学后教,当堂训练"的操作方式及流程。尽管蔡林森的文章看起来不那么"理论",但是这样的结构方式完全是"理论"思维的方式:从概念的内涵到外延,是什么、为什么、怎么样,这不是理论思维的方式又是什么?

至于李如密等人的文章就更加简略而概括了,"'先学后教,当堂训练'的基本意蕴在于通过改变教学中的师生关系,使学生成为教学的主体,教师转变为指导者和辅助者,教学顺序改变为学生先学而教师后教,以保证教学在学生自主学习的基础上更具针对性"。在阐释了"先学后教,当堂训练"的意蕴后,文章马上转入对这一教学模式的学理分析和价值透视以及实践反思等内容的阐述,完全没有形象展示和实践现场,更没有生动的人物对话和细节故事。综合与分析,抽象与概括,作者在整篇文章中正是使用这些理论的思维方式,对"先学后教,当堂训练"这一来自实践探索的教学模式进行了深入系统的理论思考,指出其价值,同时也分析了其实践中存在的问题。这种逻辑思维的理论话语方式正是教育写作尤其是教育论文反映和把握世界的主流方式。它与新闻类作品反映世界的方式形成了鲜明的对照。

表面看起来,蔡林森和李如密等都是用理论的话语方式进行论述,但细细揣摩还是能够发现他们的区别:前者是第一人称,偏重于经验的话语,较少理论色彩;而后者则是典型的理论话语,学院派风格,是站在第三者的立场上进行解读和解剖的。如果结合全文完整阅读,这一特点就可以理解得更加透彻。

无论是蔡林森还是李如密等,他们的文章与赖配根的新闻作品之间的区别是明显的，就是他们的文章是用逻辑的方式，侧重于思辨和说理，来表达自己对事物的理解与认识，目的是揭示规律，讲述自己的发现；而赖配根的文章则侧重于陈述事实的变化情况，通过现场细节构成案例，表达自己对事物的认识，目的在弘扬典型、彰显先进。

也许有人会认为，教育叙事、教育案例不都有形象的现场与故事吗？的确，教育写作中有些文体也讲究形象性，也会有故事甚至细节和现场，但教育写作反映这些故事与现场，不是为了“把自己从这些形象和感觉中所得到的愉悦和热诚传达与他人”（雪莱语），而是要借助这些故事和案例，进行深入的挖掘和解剖，揭示其中蕴含的教育价值和意义，探寻教育的本质与规律。从思维的角度看，它是一种归纳式推理方式。比如，蔡林森在他的文章中也讲了故事，讲他的“先学后教，当堂训练”这个想法来源于自己教育儿女的启发，讲了在洋思和永威学校的推广过程。但是，这些故事不是要告诉人们什么有价值的新闻，也不是借此抒发个人对生活的理解和感受，而是想通过这些故事，解释“先学后教，当堂训练”这个教学模式萌发和不断完善、推广的过程，目的是说明这个模式的科学高效，是符合教育规律的。这实际上就是个论证的过程，这些故事和案例、细节与场景，不过是充当了论据的角色，为文章的归纳推理提供了前提。这显然属于逻辑思维的呈现方式。

第三，教育写作具有鲜明的专业性特征。

无论是教育论文还是教育叙事、案例、随笔等其他文体，均带有明显的专业性特征。这里的专业性，指文章的教育属性与专业品质。教育写作的专业性首先来自教育这个行业的专业性。教育是一个具有很强专业性的行业，作为社会系统的一个子系统，教育是以“立德树人”作为根本宗旨的。立德树人是一项非常复杂的工作，具有独特的运行规律与特点。因而，作为认识和反映这个行业特点与规律的教育写作，必然要打上这个行业的专业性烙印。但教育写作的专业性不只是体现在它所反映的对象即客体的专业性，更体现为写作主体的专业性。作为写作主体的作者必须具备一定的专业知识和专业能力，其专业立场、专业知识、专业眼光，才是教育写作中最根本的专业性构成。写作主体只有具备了系统的专业知识与技能，持有教育的专业立场与眼光,才能洞察教育现象发生的来龙与去脉,才能够发现教育现象背后的原因与本质,才能够专业地而不是外行地进行解释与处理。这就像医生能够凭借自己的专业知识和眼光,看到病状背后的原因,并给以针对性的治疗;而普通人最多是从生活经验的角度作出判断,并不能看到病状的本质和规律,更无法进行专业的解决。

同样是面对"先学后教,当堂训练"这种现象,李如密、蔡林森和赖配根的认识和解读的专业性程度显然是不相同的。

【案例 2-4】

1. 运用"先学后教,当堂训练"教学法能够唤醒每个学生的自我改变、主动发展的意识,能够解放每个学生内在的求知欲、学习力量,真正能够极大地调动学生学习的积极性,同学们成了学习的主人,都有了责任感,都能像竞赛那样紧张地看书、练习、更正、讨论,最后又像竞赛那样当堂完成作业。这样,课堂上有动(有序地更正、讨论)有静(静下心来,埋下头来静悄悄地看书、思考、当堂完成作业),静中有动(紧张地动脑、学习),学习效率就特别高。如果从上课至下课,教室里没有静,都在动,看起来热热闹闹,其实学生并没有动脑,学习效果就谈不上。

2. 运用这种教学法,能够及时、准确地反馈信息,当堂发现问题、解决问题。即学生读书后,进行检测,暴露出问题,然后通过后教(学生更正、讨论,教师有针对性地精讲),当堂解决学生自学中暴露的问题。如果课上只顾展示所谓的成果(从上课至下课,净让学生读课前准备好的讲稿),就根本不能在课上发现问题、解决问题,这才是课堂教学的最大问题。

3. 学生当堂完成作业,达到"堂堂清"。如果不能当堂达标,学习任务还要拖到课外去完成,学习效果就必然大打折扣。

4. "先学后教,当堂训练"教学法使学生在课堂上学会学习,这是提高质量的法宝。

5. 能够"培尖""补差":"优生"通过自己看书、练习,做对检测题,完成学习任务后，就当小老师，帮助别人学习，就会对知识进一步理解，融会贯通，灵活运用，真正地培了“尖”；同时，“差生”的问题也能当堂解决，当堂达标，真正地补了“差”。这样，教学面向全体，能让每个学生学得好，确保教育均衡发展，实现教育公平。

上述蔡林森关于“先学后教，当堂训练”教学模式的解读虽然没有那么多专业的名词术语，也没有什么理论色彩，明显带有经验的痕迹，但他的解释显然也是专业的。唤醒学生的发展意识、及时准确地反馈教学信息、当堂达成学习目标、让学生学会学习……他从5个方面分析这种教学模式的价值意义，每一个方面都指向教学与学生，可以看出，他依据分析的理论框架是以学生为中心的学习观和学生观。李如密等人的文章则带有鲜明的学院派特点，用他们自己的话说，“对一种教学模式进行学理分析，可以基于教学模式自身的结构要素，即理论基础、目标取向、操作程序、支持系统和评价体系。对‘先学后教，当堂训练’的教学模式进行学理分析，可以此展开”。文章非常明白地告诉我们，他们依据分析的理论框架是什么。不仅如此，在学理分析结束之后，又从价值存在和实践反思这两个角度对这个模式进行了系统而深入的分析与解读。在所谓“价值透视”部分，又从“对本土教学理论的积极贡献”“对课堂学习观和教学观的深刻变革”“对传统班级授课制的扬弃”“对师生关系的重新定位”“对课堂教学效能的有力提升”等维度进行分析与解释，具有很强的系统性和专业性，有一套完整的概念系统和专业语汇，体现了学院派作者思维的缜密、系统与深入，展示了专业理论工作者深厚的理论素养和专业眼光。

赖配根的新闻作品在重现了这堂课之后，同样花了不少笔墨来进行解释，这三个部分的小标题分别是：“课堂头1分钟里的玄机”“不让每个大脑偷懒”“给孩子主动求知、自我发展的自由”。我们无需再费更多的篇幅来引用三个部分的具体内容，仅仅从这三个标题就可以看出其与上面两篇文章的区别：专业化和大众化。作为一位知名的专业媒体的记者，不能说他的解释不能自圆其说，但就专业性而言，自然是逊色的。从小标题就可看出，三个部分缺少内在的逻辑联系，而且是日常化、生活化的语言，缺少学界共同认可的专业品质与韵味。缺少专业性，这不是赖配根的错，而恰恰是新闻作品区别于理论文章的地方。

教育写作的专业性构成最终要通过语言系统呈现出来，否则，无论是客体的专业性还是主体的专业性，都无法呈现到读者面前。因此，教育写作还应当有一套专业的话语系统，通过这套业界形成共识的话语系统来进行分析与表达。由于长期的积淀，任何一个具备专业性的成熟行业，都有一定的系统知识构成和业内认同的话语系统。教育行业也不例外。长期学科发展中形成的行业共同认定的学理、原理、公理以及概念、术语，是认识和反映教育生活的理论材料。教育写作如果不能运用这套语言系统来反映事物，表达作者的认识，就难以准确把握教育生活的本质。这套话语系统并非大众的，而是小众的，只能为这个圈子内的人们所共同理解和把握。这就是术业有专攻、专业有门槛的道理。蔡林森和李如密等的文章都运用了这样的话语系统和分析方法，这才构成了他们文章的专业性特征。

相反，新闻写作与专业性则是格格不入的。新闻是面向大众的传播，要能为大多数人无障碍地接收，不仅需要采用大众都能听得懂的语言，而且要使用大众普遍接受的方式去反映。因此，新闻语言的要求之一是明白晓畅，如果遇到比较专业的名词术语或者数字图表，必须“翻译”成大众化的语言。这才符合传播的要求。即便是像教育传媒这样的专业媒体，它的受众也有一定的范围，并非通常意义上的大众。但是，它仍然应当尽力做到小众中的大众，让这个专业人群中的多数人能够接受并理解。这就是赖配根的文章中很多地方尽可能使用“普通话”的原因。

总之，对同样的内容，不同话语方式的例文分析，让我们理解了教育写作的专业性，也对新闻写作的大众性有了一定的认识。

第四，写作主体与客体一体化、研究者与被研究者一体化是教育写作的又一特质。

多数情况下，教育写作中教师是作者，属于写作的主体，但同时也是写作的客体。因为教师写作大多是讲述自己的教育故事与案例、实践与感悟、经验与教训，从这个角度看，作者就是教育写作的对象与素材。这样的写作常常采用第一人称进行自我叙述、自我反思、自我对话、自我提升。作者既是故事的主人也是写作的主体。正因为多数情况下，作者是教育实践活动的亲身经历者，他们的文章带有很强的现场感和自传性，因而说服力强，且读起来有亲切感和感染力。但是，在写作过程中也要把握好“出”与“入”的关系。所谓“入”，“我”在其中；所谓“出”，“我”在其外。“我”在其中是实践的亲身经历者，但进入写作状态时，“我”就必须以一个研究者的角度客观观察和反思，不能因为自己身入其中的感情因素影响结论的客观性和科学性。因为直接的自我叙述，常常带有自我感知、感悟的成分。带着感情说话，如果把握不好“度”，一不小心就会陷入误区，得出的结论就缺少普遍性与公共性。这种身在其中的特点还容易让反思流于表面，最多属于技术性反思的层面，难以进入到批判性反思的境界。如果你阅读了《“先学后教”岂要“学案支撑”》这篇完整的文章，就不难发现，蔡林森在阐述这个教学模式时，那种略带自豪甚至有些自恋的感情色彩。整篇文章就是不厌其详地阐述这一模式的优势和价值，而对这种模式的局限性却视而不见。甚至，对于别人的质疑还会抱有抗争的态度。人们常说距离产生美，其实距离也产生“真”。这个“真”就是真理。如果我们站在“局外”，不带任何感情色彩地进行观察研究与写作，就会对客观现象看得更真实，就会更符合实际，从而得出正确的判断。比如李如密等的文章就是这样，他以一个学者的身份，站在“局外”对这一模式进行了学理分析，充分肯定了这一原创性中国教育模式的价值，同时，也指出在实践中容易出现的误区和不足：模式运行中的“僵化”与“异化”、“教”的游离与“学”的低效、“智能”的窄化与“情意”的剥落、“先学”与“后教”的断裂与错位、教学文本的“衍生”与教科书的“弃用”。尽管这些语言是典型的理论话语，但其中蕴含了非常客观冷静的深入解剖，显示了站在第三方立场上的学者的科学态度和求真的品质。这样的研究结论不仅比自我叙述更冷静，而且更加客观公正，能带给读者新的理解视角。

第三节　教育写作的意义分析

一、促进有意义的阅读

“写作是阅读下的蛋。”“写作，是另一种阅读。”“写，是我们最好的阅读指南。”这些，是一些名师对于写作与阅读关系的理解与概括。有人说，学习主要有四个途径：向书本学习，向实践学习，向他人学习，向自我学习。阅读，是教师学习的重要途径。朱永新教授称阅读是“站在巨人的肩膀上起舞”。阅读有多种方式，如休闲型阅读、积累性阅读等等。休闲性阅读是没有具体明确目标的阅读。下班回家，工作之余，把自己的身体埋在沙发里，书籍报刊，随便翻翻，求的是思想的放松与精神的呼吸，是一种积极的精神休息。积累性阅读是一种长线阅读，没有近期的具体目标和任务，为的是给明天的人生做准备——学生在校期间的阅读就可归入这一类。而为了写作的阅读则与上述所说皆有不同。首先，它是一种定向的专题阅读，也是有明确目的的高效率阅读。为了写作的阅读，绝不会海阔天空、漫无边际，而是有明确的阅读边界。文章的选题就是阅读的方向与指南。特级教师常作印这样叙述过自己为了写作的阅读过程，“写作的过程就是学习的过程，常常是自己准备把思考形成文字时，才发现脑子里储备的某一方面的素材很少，于是停下来，狂搜与主题相关的书籍和资料。先是在网上一阵搜索，继而在书柜里一阵翻阅，更多的是跑往市区各大书店。然后再有重点地反复研读。只有大脑感到充盈时，才觉得写出来的文字有‘专业’的分量和思想的芳香”。其次，为了写作的阅读是解决问题的应用性阅读。“读别人的书，想自己的事。这样的阅读可以借用别人的理论和智慧思考自己的问题，时常有惊喜的发现。”这种阅读具有很强的方向感和针对性。阅读带有明确的目的，就是为了对自己开展的研究与写作的选题有帮助，是为了自身的实践和经验找到解释的理论武器。正如管建刚所说，“写”而后“读”，它针对的是自己所困惑的和所需要的，从而节省出大量的时间。从这个意义上说，“写”给了我们的“读”最好的指南。

二、促进教师研究走向日常化、生活化

教育的理论和实践都表明，教师从单纯的知识传播者转变为研究者，是教师专业发展的重要表征。但是，教师的研究又不同于专业研究者的研究。他们的研究应当带有日常性、草根性，以及与工作融为一体的特征。真正的教育研究与写作不是要等到研究结束之时才来考虑如何表达成果，而是在研究开始时就要同时进行写作材料的积累。从这个意义上说，研究的开题也应当是写作活动的开始。不要以为凡是教育研究都是像专业的研究者那样进行繁琐的课题申报与立项，都要开题、结题、专家论证。这样的研究普通教师是“玩不起”的。其实，从自身的教育教学问题出发的教育写作就是一种研究，这种研究不仅是对实践的反思，而且还会思考针对问题的对策，并进行新的实践验证。教师系统思考后的日常写作不仅仅是研究成果的表达，其写作构思的过程也是一种研究的过程。李镇西曾经说过，他至今还没有过正式立项的课题研究，但是谁又能说李镇西的研究不是真研究呢？他的《爱心与教育》就是一篇篇当代中学生的成长规律的实践研究。如果都要求研究像今天这样有过所谓的上级批准，要经历开题、结题的完整过程，恐怕连苏霍姆林斯基也不能算是开展了真研究。

三、提升教师的专业智慧

肖川教授认为，教育写作可以提高我们口头语言表达的质量，使我们的口头表达明练、准确和规范。张文质教授说，写作能够提高我们的职业敏感。无论是教育理论工作者还是一线的实践工作者，很多人都深刻阐述了教育写作对专业能力提升的意义。教师的专业能力提升归根结底是专业智慧的生长。教师专业发展的最佳状态就是拥有了教育智慧。有人说，教育的名字叫智慧。但没有智慧的教师哪有智慧的教育？缺少智慧型教师，怎能培养出智慧型学生？“教育智慧是教师专业成长的最高境界。教育智慧是教师教育理念、知识学养、情感与价值观、教育机智、教学风格等多方面素质的综合体现。”智慧型教师是怎样炼成的？教育写作就是教育智慧生成的

重要途径。智慧来源于书本。书本是前人知识的荟萃和智慧的结晶。向书本学习就是借鉴前人的知识智慧,用以提升自己对教育问题的理性思考,提高对教育规律的认识与把握能力。而写作引导读书学习——这是上文已经论述过的道理。智慧还来源于实践。教师个人经验的提炼与升华是实践智慧生成的重要途径。基于教育教学的实践智慧怎样提升?教育写作就是一条非常重要的渠道。简单盲目的实践是不能提升专业智慧的,实践只有经过自我反思、自我思辨、自我诘问才能上升到价值与意义的高度,才可能上升到知识与智慧的层面,才能够进一步指导新一轮的实践。教育智慧还包括情感智慧。写作让我们产生对教育的迷恋,提升我们的职业情感,让我们热爱学生,热爱教育生活,对教育生活充满热情与期待,使自己的职业生涯幸福、丰满起来。这不仅为情感智慧的提升奠定了基础,而且为教育智慧的生成提供了动力的源泉。

四、丰富教师的幸福人生

我们倡导教育写作,但教育写作不是目的;我们需要专业成长,但专业成长也不是人生的终极目标。教育写作和专业成长都不过是教师生命成长的方式与过程。不少教师在工作一段时间后便没有了当初的干劲和热情,缺少工作的成就感和生活的幸福感。不可否认,工作简单重复,生活平淡如水,职业容易倦怠,大多数教师在职业生涯中都可能遭遇这种状态。怎样在工作中创造幸福并体验幸福?把工作当作自己幸福的生命旅程!幸福不在天上,就在你的身边,幸福不是上帝赐予的,要靠自己去创造和寻找。用这样的眼光去观察我们周边的生活,就会发现很多幸福的细节。因此,拿起你手中的笔,记录你身边的教育故事,描述你经历的教育现场,观察你身边的教育细节,也就是开始你的教育研究与反思写作之旅,幸福就能生根发芽。管建刚说:“把烦恼化为幸福的最好办法是写作。”江苏东台的周国华老师这样叙述他的写作感受:“教育写作,让我获得了物质实惠,更获得了无穷无尽的精神愉悦。每天上班,我都似鱼儿回到了水里一样幸福。”肖川说:“对教师而言,写作并非是纯粹的创作,而是一种教育生活方式。具有写作爱好的教师,总是睁大思考的眼睛,观察身边的事件、人物;具有写作兴致的教师,总是拥有一个理性的头脑，理智地审视自我的生存状态；具有写作冲动的教师，总是保持一种敏锐的目光，悉心地体察身边的冲突和矛盾，凝集点滴心灵感悟，汇成思想的洪流。”

总之，写作能使我们摆脱教育生活的简单与重复，换一种方式行走，从而体验生命的价值和意义，获得幸福和温暖的职业体验。

五、厚实教育的文化积累

人类的文化发展，需要薪火相传，更需要不断创新。继承与创新的统一构成了文化发展的主旋律。教育，是人类“最文化”的社会行为。教育写作，不仅重视记录和演绎教育这一“最文化”的活动，其本身也是一种思想文化交流活动。写作，让思想插上翅膀，飞到更高更远的地方。写作，改变了教师课堂布道的人际传播方式，借助于现代传媒手段，扩大了传播时空，“让更多的人听到自己的声音”，实现了思想文化交流的效益倍增。写作，还延续了文化传播的时间，让文字穿越岁月的历史。文化传播是必须有所凭借的，文字、声音、图像、器物都是文化传播的媒介与手段，但教育写作的存在方式——文本文件，是最便捷、最重要的文化传播方式。教育写作，不仅是教师个人的思想成果表达，也属于这个时代的集体文化行为。无数作者教育写作的总和，构成了我们这个时代集体的教育文化记忆，也表征了这个时代的教育水平与实践状态。今天是昨天的文化成果，明天是今天的文化继续。教育写作就是将教师在实践中的经验物质化，把隐性的知识显性化，把个人的经验重组重构，转化为可以让更多的人共享的系统性、公共性知识，并以文本形式得以保存。这些以文本形式保存的教育写作成果就像是涓涓细流，终将汇入人类文化的大海，成为人类宝贵的精神文化财富。这就是教育写作的社会文化意义。

写作，是一个比讲台更大的舞台，是平庸教师与卓越教师的分水岭。“教育写作是一把‘梳子’，能够为你梳理困惑，指点迷津；教育写作是一盏‘明灯’，能够激发你的教育理想和追求，照亮你的前程，指引着你奋勇向前；教育写作是一杯‘牛奶’，能够补充你的大脑，增强你的营养，提升你的专业素养和内涵；教育写作是一支‘兴奋剂’，能够让你时刻享受成功的喜悦，让你斗志昂扬、信心十足;教育写作是一首诗,能够让你的心灵得到安宁,让你的教育生活变得多姿多彩。教师只有过上教育写作的生活,才算得上是幸福完整的教育生活。"这位教师的形象化表达能够带给我们不少启示。在一线工作的教师们,拿起你们手中的笔,开始你的写作之旅吧,这是你迈向卓越的开始,也是你走向幸福人生的开始!

参考文献:

[1] 王运涛. 教育写作可有效促进教师专业发展[EB/OL]. http://www. chinavalue. net/Bi. 2/Article/2008—2—29/101416. html.

[2] 魏书生. 教师修养文萃[M]. 南京:江苏教育出版社,2010

[3] 赖配根. 解放学习力[J]. 人民教育,2009(21)

[4] 蔡林森."先学后教"岂要"学案支撑"[J]. 人民教育,2013(11)

[5] 李如密等. 先学后教:学理分析、价值透视与实践反思[J]. 课程·教材·教法,2013(3)

[6] 薛法根. 改变[J]. 江苏教育研究,2013(4B)

[7] 田慧生. 时代呼唤教育智慧及智慧型教师[C]//课堂教学叙事研究. 北京:教育科学出版社,2009

[8] 郭元祥. 教师的写作[C]//教师的 20 项修炼. 上海:华东师范大学出版社,2008

教育写作写什么？亮点、重点、难点、热点还是冰点？

我们的回答是：写问题！问题应是教育写作的出发点。

问题，就是矛盾。什么是教育的问题和矛盾？教育的问题在哪里？教育理想与现实的距离，教育理论与实践的落差，教育理念与行为的冲突，这些矛盾与问题各式各样，各种性质，各种形态，缠绕在我们身边，束缚了我们的手脚，阻碍了我们的前进。明明有这么多问题，但我们有的却视而不见，总找不到写作的题目和题材。西谚说，心中有锤子，眼中才会有钉子。“没有一双发现的眼睛，即便是大象在你身边也发现不了；具备了发现的眼睛，哪怕蚂蚁也能被发现。”要发现问题，必须拥有自己的精神关注点，这样才能够张弦以待。当然，作为一线教师，我们不是万能的，因此，应当选择我们可写、能写的小问题、真问题、“我”问题，开始研究和写作。

不但要发现问题，还要学会解释问题。解释，就是专业的判断与智慧。不但要解释问题，还要设法解决问题，因为教师不但要做研究者，还要做反思的实践者。这样的教育写作才是意义所在。

从一定意义上说，工作就是要把有问题变成没问题，而写作却要把没问题变成有问题！

所以，教育写作还得学会：把问题的“口子”撕开，让教育的价值流淌出来！

第三章　问题论——教育写作写什么(上)

第一节　写作的起点:从问题出发

研究是要从问题出发的,这已是学界的共识。爱因斯坦的名言“提出一个问题比解决一个问题更重要”大家都非常熟悉了。“解决问题可能只需要一个计算或者实验,而提出一个问题不仅需要创新的思维和勇气,还有可能开辟一个新的研究领域。”的确,问题是研究的灵魂,它指示了研究的方向和目标,打开了通向知识的窗口和前沿,推动着研究的深入发展。从问题出发,探索未知,回答问题,是科学研究的本质属性。“写作即研究,即思考与行动的调和。”马克斯·范梅南的见解已获得许多人的共鸣。教育写作,无论是什么样的文体,课题报告、教育论文、案例解说、教育叙事……都是在以自己的方式进行教书育人规律的研究与探索,都具有某些研究的属性。或者是实证研究的成果表达,或者是行动研究的经验总结,或者是理论研究的思想物化,或者是生活体验研究的感性诉说。但无论怎样的形式,都是教育研究的一个环节与方式。从本质上来说,教育生活就是师生相互作用,不断发现问题与挑战并不断求解问题、回应挑战的一系列过程。我们所说的教育写作,与这个过程应当是同步共振的过程,因此,同样是以问题为起点和方向。

其次,从问题出发,这是教育写作的内在要求。教育写作是教师职业生活的有机构成,它不是为了抒发个人的灵性,也非装点教师职业门面的花环，而是为了有效提升专业水平，巩固专业精神，提升专业智慧。教师怎样才能有效提升工作能力和智慧，涵养自己的专业精神？众所周知的答案是：反思。反思自己的教育教学生活，分析其中的成败得失——最核心、最有成效的不是反思自己的成绩而沾沾自喜，而是反思问题，进而改进问题。所以，基于问题的反思才更有价值和意义。反思不是凭空进行，需要平台和工具。写作，就是教师进行反思与研究的最好平台和工具。教师在写作中把焦点对准自己工作中的问题，进行的反思、研究与写作，才能使自己的教育工作更自觉、更理性、更有效能。马克斯·范梅南说，写作，其实是对教育现象的一种解释，当这种解释上升到反思阶段，形成具有一般性指导作用的价值取向并指导教师的行动时，便成了实践性知识。可见，教育写作，还可以让教师从简单的知识传播者向知识生产者转变。通过写作可以使个人的缄默知识转化为可与他人进行交流的显性的公共知识。这不仅能扩大教师的知识储备，内化教师的知识结构，深化教师的知识管理，而且可以显著提升教师的专业水平和能力，使教师在教育教学活动中更加自信，更加游刃有余，更加精神振奋。当教育写作成为自己的一种爱好和兴趣，成为教师生活的一种方式和态度，职业倦怠早已烟消云散。因此，正面说来，教育写作还能唤醒教育生命，化解教育倦怠，让处于职业低潮的教师抖擞精神，意气奋发，重新上路。

第三，从教育写作的实践来看，提倡从问题出发具有很强的现实针对性。在当下的现实生活中，不少人对教育写作的认识存在误区。他们认为，提倡教师写作这是偏离了方向，晋升职称、名师评定要求论文，是把教师引向了不在教学和课堂上下功夫的歪门邪道。之所以产生这样的看法，一部分是因为认识的偏颇，同时也与当下部分教师的写作走向了偏离工作、脱离实际不无关系。当下的教师写作除了急功近利之外，还存在方法论的问题。写作从资料出发，从网络出发，从模仿出发。这种脱离实践的写作无非是抄抄摘摘，用电脑制造一堆文字垃圾。除了满足功利性的需求之外，对于教师的专业提升的确没有多少价值与意义。但这种状况并不是教育写作的错，而是教育写作偏离了方向。马克思说过，哲学家以各种方式解释世界，而重要的是改变世界。这对于教师的研究来说，同样适用。“解释世界”是教育理论工作者的事情，用实践“改造世界”是一线教师的事情。当然，如果能够在解释世界的基础上改变世界，教育实践就会更加自觉和合规律性。以这样的思想为指导，我们就应当为教育写作拨正航向，旗帜鲜明地提倡写作要从问题出发，从实践出发。这样，才能让教育写作回到正确的轨道，找到回家的路。

第二节 教育的问题是什么

问题，是个多义词，《现代汉语词典》所说的“需要研究讨论并加以解决的矛盾、疑难”应当是我们的正确选项。因此，有学者在此基础上深化下去，把教育问题界定为“反映到人们大脑中的、需要探明和解决的教育实际矛盾和理论疑难”。陈桂生等学者还进一步对问题进行分类，“一个是疑题；一个是‘成问题’，就是难题。前者是所谓的所疑之题，常常表现为理论性的，需要解释；后者更像是实践中存在的问题，需要解决问题。”这样的解释带有外延上分类的特点，当然比《现代汉语词典》的解释深化了一步，但是仍然显得有些笼统，并不能回答关于“问题”的有关问题。比如，问题是客观的还是主观的？教育的问题有什么个性特点？是什么表现形态？如此等等。

对比起来，人们对什么是科学的问题，显然比什么是教育的问题研究深入多了。有人说，科学问题，是认知主体对认知对象已知状态和未知内容之间差距矛盾的主观反映。其主观表现为疑问句形式。“科学问题是基于某种已经完成了的科学知识的基础上，为解决应该而有可能知的未知而提出的任务。”“在最广泛的意义上，我们可以把‘问题’定义为，某个给定的智能活动过程的当前状态与智能主体所要求的目标状态之间的差距。”这些论述尽管表述不尽相同，但其基本要义还是可以把握的。至少它包含了这两层意思：第一，问题，是一种任务。也就是说，一旦发现了问题，就是研究主体向自己或者他人提出了一个需要研究或解疑释难的课题或任务。第二,问题,既是客观的,也是主观的,是认知主体对认知对象已知状态和未知内容之间差距的认识和反映,是主观和客观关系的统一。这就告诉我们,承载问题的现象虽然是客观的,但能否观察到这个现象并提出问题,还取决于研究主体的知识背景、学力水平以及观察发现的能力。

那么,什么是教育的问题?从本质上来说,就是教育的理想与现实的矛盾。有学者认为:从实践论上看,人们的实践是一种有目的的活动,教育实践也不例外。在教育实践中,人们总是面对着两种状态:一是实践主体面对的现实的教育状态;二是实践主体希望达到的理想的教育状态。这一教育的现实状态与理想状态之间的差异就构成了教育问题。比如,教师要传授某种知识,他就面临一个问题。在这里,理想状态是学生学会这种知识,而现实状态则是学生对这种知识的无知。这种会与不会之间的差异就形成了一个问题。从这种意义上说,在教育实践中,人们总是面对着一个又一个的问题。倘若实践结果与预先期待相符,教育的现实状态转化为理想状态,则意味着教育问题的解决。上例中,如果学生掌握了要学的知识,达成了教学目标,也就意味着教学某种知识的活动顺利完成,这一问题得到了解决。但是,假若实践结果未能达到目标,究其原因,无非是这几种状况——或者由于主体提出的目标违背了教育规律(如教育目标过高,不符合学生身心发展的规律),或者由于调节行动的方法脱离了教育的实际条件(如缺乏传授某种知识的实验仪器),或者二者兼备。从认识论上看,教育问题表现为在教育已知与教育未知之间存在着不容忽视的差距,在教育现实与教育目标之间存在着障碍,在教育理论与教育实践之间存在着冲突,在教育理论与教育理论之间存在着矛盾。通常地讲,在思想本身已经适应的稳定而习惯的经验范围内,罕见产生问题。在社会转型、教育改革中,教育思想(理论)和教育事实、教育标准和教育实际、教育思想和教育思想之间都可能出现差异,从而涌现出大量的教育问题。不过,教育理论与教育实践的冲突,教育标准和教育实际之间的落差,教育理论与教育理论之间的对立只是形成问题的必要条件,而非充分条件。倘若研究主体意识不到这种冲突与对立,或不能在思维上把握这种冲突与对立,问题仍然不能清晰、明确地呈现出来。只有当教育研究的主体认识到这种问题,并且用语言表达出来(包含口头的与书面的表达),这时,问题就由一个内在的、私人性的问题转变为一个外在的、公共性的问题,才能为他人所认知、了解与评价。

在我们看来,这是关于教育问题的最明晰而具体的论述。的确,教育的许多问题都可以用这个理论的框架来解释和说明,但不难看出,这个框架还是脱胎于关于科学的问题的定义,是自然科学中关于问题的基本精神的衍生。实际上,人文社会科学中很多问题都具有自身的特殊性,这是自然科学的问题概念所不能涵盖和解释的。比如,关于"苹果为什么落地"的正确答案是唯一的,也不需要再去论证和解释;这是一个自然科学的问题。但假如是关于这个落地的苹果如何分配,问题答案就不是唯一的了。假如在极端饥饿的情况下,面对老人、小孩和家中的中年人,该如何合理分配这个苹果?这是个分配原则,也是个价值选择。怎样分配才可能避免价值冲突并合乎人道主义的精神?这之中的答案就不是唯一的。自然科学的问题是求真,就是要寻求自然界运行的内在规律,这是科学性的问题。而人文科学中的问题的求解,不仅要求真,而且要求善求美——就是不仅要追求科学性,而且要追求人文性,力求做到科学与人文的和谐统一。一个苹果怎样分配最合理、最有价值、最和谐,不同的人就会有不同的回答。也就是说,人文科学的问题答案有可能不止一个,这就给什么是教育的问题留下了广阔的论述与解答的空间,需要我们去进一步研究和探讨。

作为人文科学领域的教育问题,具有理论和实践的双重属性,有的回答是帮助人们解决"知"的问题,有的是帮助人们解决"行"的问题。有些问题属于教育的理想状态与现实状态的冲突,有的则是教育的价值选择与冲突。比如过去我们讲知识改变命运,现在进入了知识经济时代,面对现实世界海量的知识,我们就要研究在有限的时间内,学生学习什么样的知识最有价值,这就是价值冲突。又如,关于两个优秀学生的个案研究,关于不同优秀教师风格与特点的研究,都不是教育的现实状态与理想状态的矛盾与冲突,而是一种差异的表现。因此,我们认为,教育的问题是多样化的,至少表现为差异、差别、差距等几种。从问题的属性上来看,有的属于知识性问题,解决的途径是探究;有的属于应用性问题,解决的途径是在实践中寻找对策;有的问题属于理解性问题,解决的途径是学理的诠释;有的问题属于价值性问题,解决的途径是作出判断和选择。这样思考和分析关于教育的问题,思路就要开阔一些,而且也更符合教育的实际。

当然,我们也不能将问题泛化。不少教师容易将论题的范围当作问题,其实这是不正确的。比如关于"差生"问题。在调查中,很多教师都谈到"差生"的问题困扰着他们,但是,严格说来,这只是一个论题范围,而不是一个具体的问题。如果我们沿着这个论题范围深入思考和追问:"差生"形成到底有哪些原因?"差生"出现的家庭原因有哪些?学校原因有哪些?怎样帮助"差生"走出自卑的阴影?如何鼓励"差生"树立信心?怎样防止进步了的"差生"出现反复回潮?……诸如此类的追问,就是一个个非常具体实际的问题。对这样的问题,就可以根据自己的情况进行研究与写作。也就是说,对于那些论题的范围,进行深入的分解和剖析,多问几个为什么、是什么、怎么样,这样就可以将论题范围化解为具体的研究和写作的问题了。

有学者认为,从语言形式上来看,问题是以疑问句的形式来呈现的。这当然不错。比如上述关于"差生"的问题就是这样,但是,不等于文章标题中没有出现疑问句就能够断定文章中没有提出问题。比如,小组合作学习:怎样调动每一个孩子的学习积极性?这是用疑问句表达的问题。但是,如果我们改成:小组合作学习:关键在调动每一个孩子的学习积极性。这是一个陈述句,但它是以判断的方式提出了问题,而且比单纯的疑问句语气更强。再如,建立小组活动规则,调动每一个孩子学习积极性的重要举措。这样的句式也不是疑问句,但是它不仅提出了问题,而且已经回答了怎样调动学习积极性这个问题:建立小组活动规则。回答问题就是建立在已经提出问题这个前提之下的。所以,是不是提出了问题,是否疑问句只是一种标志,关键还是要看有没有疑问点,这就要将问题放在一定的时代背景或者教育场景中来考察,看看这个问题是否的确反映了现实中的疑难矛盾或差异。

以上,我们从什么是问题开始讨论,进而分析了作为人文科学领域里教育问题的特点。我们知道，并不是所有教育的问题都是值得教师进行研究和写作的问题。什么样的问题最值得也最适合教师的写作？我们认为，有两个衡量的基点：一是要有研究价值，二是要力所能及。所谓有研究价值，我们下一节会进行专题讨论。要力所能及，这也是教育写作中应当考虑的。作为一线教师，即便是选择了有价值的问题，但是，不是自己能够解决的问题，最好不要好高骛远，否则，必将事倍功半。

第三节　怎样的问题值得写

从问题出发，这是教育写作的起点和方向。有人将教育问题分为知识性问题、理解性问题、应用性问题、分析性问题、评价性问题等等，但不是所有的问题都适合研究与写作，因此，这就得分清什么样的问题最有价值。从某个角度来说，一篇文章的价值含量取决于所提问题的价值大小。选择了富有价值含量的问题，才可能继续挖掘这个选题内在的价值，丰富问题的内涵，进行有意义的反思与写作。怎样辨析问题的价值含量？我们拟从以下几对关系入手。

一、真问题和假问题

毫无疑问，研究和写作真问题是有价值的。相反，如果提出的问题是假问题，不仅没有价值，而且会浪费资源，白白耗费我们的精力与时间。事实上，现在的论文满天飞，很多文章没有提出问题，也有很多看起来是提出问题了，但提的不是真问题，而是假问题。真问题来源于实践，尤其是自身的实践。相反，假问题大多来自想当然，来自主观臆断。真问题与假问题的区别在哪里？有人是这样界定的："任何一个真问题必须满足两个条件：第一，逻辑上能自洽。第二，实践中能举证。凡是满足这两个条件的就是真问题，缺少任何一个条件则是假问题。所谓逻辑上能自洽，就是指能成一家之言，也就是我们通常所说的言之成理、持之有据。这是很高的标准，它要求立论要公允，材料要翔实，理论不能有破绽，逻辑不能有错误。而所谓实践中能举证，就是说在生活中可以找到例证，是一个有意义的问题，而不是天方夜谭，不是谎言谬见。”有些教师缺少对实践的反思和敏感发现，于是就常常跟风写作，特别是喜欢选择一些专家已经论述了若干遍的形成共识的问题加以论述。从形式上看，文章也提出问题了，其实是没问题，这样的问题也是一种假问题。比如，《因材施教，数学课堂的应然选择》《语文教师应当培养学生的写作能力》等文章中的选题就是假问题，因材施教是一个形成共识的教育原则，语文培养学生的写作能力是语文的应有之义，把这些拿来做论题，尽管也按照提出问题、分析问题、解决问题的思路来架构文章，但这是毫无意义的事情，我们把这类文章提出的问题也称为假问题。

二、新问题和老问题

教育研究与写作，当然是选择新问题的意义更大。既然是新问题，你首先发现并捕捉住了，并以之为题进行写作，你就是筚路蓝缕的开山鼻祖，具有奠基作用。这样的文章，媒体和读者都会有新鲜感。而且，新问题还相对容易出成果。什么是新问题？我认为，新问题主要有两类：一类是在新的形势、背景下出现的问题与挑战。比如，2008年国家统一在义务教育阶段学校实行了绩效工资。这一新的工资制度一下子给教育带来了很多矛盾和挑战：学校实行了统一的工资标准，校长再也没有经济手段来进行学校管理了，学校怎样调动教师的工作积极性？学校教师结构性过剩，有的教师课时很多，有的教师课时很少，现在工资总额都是按照学校教师总数下拨的，怎么调节？如此等等。这些问题都是以前所没有的，急需在实践中探索并作出回答。当时如果以这些具体的学校管理难题为选题进行写作，价值与意义都很重要，而且对实践也有启发、指导作用。另一类是一些早已客观存在的问题，只是限于多种原因，过去没有被发现而现在发现了，这同样是新问题。张肇丰认为，所谓新，首先是指文章提出了新观点。但是，不少教师不是提出新的观点，而是在原来的基础上发现了佐证问题的新材料，体现教育理论的新方法，同样有所创新，文章也是有价值的。

我们认为，文章的价值含量并不完全取决于问题的新旧。相反，即便问题是新的，但文章蜻蜓点水、浅尝辄止，并没有深刻的解释或者解决的办法，意义也不大。如果你对一些老的问题，特别是疑难杂症，有新的深刻见解，或者探索出了新的有效办法，同样具有重要意义。比如，教师备课中要备教材、备教法、备学生应当是老而又老的话题了，有一篇文章《备学生新论》，就是写的这个老话题，但是文章很系统，观点也很新鲜，发表后还被中国人民大学报刊复印资料全文转载。对于一线教师的研究和写作来说，更加提倡关注那些日常的问题，这些问题即便是老问题，但对于你来说是没有解决的问题，你思考了、实践了，并且拿出了有效的办法，你就进步了。你研究的是个老问题，对繁荣学术也许没有太多价值，但对于你自己是个新问题，反思写作有利于自身的专业成长，这就是教育写作的重要价值之一。因为一线教师的研究与写作主要不是为了生产新知识、创造新文化，而是一种基于工作改进和效能提高的研究与写作，是为了专业发展和生涯提升的写作。这样的写作恰恰需要对那些工作中的常见问题加以反思和研究，从而找到解决的办法，有效地提升教育智慧。而且，教育写作属于人文社会科学研究，许多问题的答案并不是唯一的。教育写作和研究的创造性特点和个性化风格，决定了有些老问题尽管被研究了很多遍，还是可以从新的角度进行探索研究与写作，得出新的结论。这一点与自然科学的问题探索存在鲜明的差异。

三、大问题和小问题

所谓大问题，就是那些涉及面比较广、关涉教育的中观甚至是宏观层面的问题，教师必须学会关注这些大问题，因为关注大问题就是关注目标、关注远方，这样才不会迷失方向。而且，抛开写作水平不论，单就论题的客观价值而言，毫无疑问，大问题肯定大于小问题。比如，一篇如何推进区域教育均衡的文章选题肯定比如何管理好一个班级甚至办好一所学校的选题更有价值，因为前者可以在更大范围内办好每一所学校，这对推进教育事业的发展显然更有效。但是，研究大问题的文章不是每个人都能写好的，特别是一些刚刚学习写作的教师，他们的功力一般还不足以驾驭一篇重大选题的文章，但偏偏喜欢把大的选题作为自己的文章选题，动辄试论素质教育、创新人才培养等等,他们往往把应该由教育部长思考的问题拿来作为自己的文章选题,文章题目非常吓人,但内容却非常单薄。有人是用一本书的题目来写一篇文章,这样的文章往往蜻蜓点水、难以深入,不符合教师研究和写作的实际。对于大多数教师来说,提倡选择那些小问题进行深入的研究与写作。有人用"力所能及、社会所需、条件所能"作为科研课题选题的标准,我觉得这也完全适用于教师写作的选题标准。比如,学生的学习能力培养问题是个常见的选题,但是《怎样培养学生的学习能力》这样的题目就太大了;相反,如果我们具体到研究学生某一方面的能力培养,如《怎样培养学生的预习能力》,文章就非常具体。鲁迅先生早就说过,选材要严,开掘要深。这个原则其实也是非常适合论文的选题和写作的。这方面好多学校和作者都积累了很好的经验。比如,浙江杭州的长寿桥小学有一个"锥子研究法",就是研究与写作的课题要小,像锥子那样对准一个地方,深入钻下去。这样的方法论是很有实用价值的。当然,如果遇上自己感兴趣的选题,虽然比较大,但是有决心深入持久地研究并将写作进行到底,也未尝不可。最好的办法就是对这个大的选题进行一些长远的规划。运用分解的办法,将大选题分解成小选题,让这些小选题构成系列,一个一个地研究和写作。比如上述的学生学习能力培养问题,虽然比较大,如果运用分析法,接着对问题多问几个为什么,如:什么是学生的学习能力?学习能力表现在哪些方面?我们班级的学生学习能力如何?他们之间有哪些不平衡?为什会出现这种不平衡?培养学生的学习能力有哪些途径?不同的学习能力怎样通过不同的方法和途径来培养?男、女生的学习能力各有什么特点与弱点?怎样发挥特点、克服弱点?如此等等。将这个庞大的问题拆分成若干小问题,一个一个问题进行研究与写作,这样,不仅可能形成系列文章,而且写作者可以成为这个方面的专家。比如,有位教师写过一篇文章《把耳朵叫醒——小学生英语倾听习惯培养》,这其实也是一篇学生学习能力培养方面的选题,但是作者没有笼统地论述学习能力,而是从学会倾听入手,进行分析和研究。文章首先从课堂上出现的问题入手:第一,为了追求课堂的氛围,用大量的游戏歌曲充塞低年级课堂,导致没有合适的倾听环境氛围。第二,学生初学英语,不是不想听,而是不会听,缺少倾听的技巧。第三,没有明确的倾听目的。第四,没有倾听的习惯。接着,作者针对这方面的问题,提出自己的意见:“优化倾听指导,感受倾听魅力”“掌握倾听技巧,提高倾听兴趣”“完善评价机制,愉悦倾听体验。”每一项对策中都有适合学生年龄特点的具体的措施。这样一篇关于学生“听”的能力培养的文章,其实也属于学习能力培养的范畴,但它比起那些大而空的“试论学生学习能力培养”之类的文章显然更有价值,能给读者更多启发。

四、热问题与冷问题

应和着时代的潮流,教育领域的热点问题也是一波接着一波。比如,一会儿素质教育,一会儿创新教育,一会儿强化基础,一会培养能力,一会儿精细化管理,一会儿文化管理,一会儿教育优质均衡,一会儿教育现代化,一会儿文化语文,一会儿生活数学……这些热点从教育的宏观到中观、微观,在不同的时期,几乎每一领域都会卷起一波教育的热点问题。作为媒体,当然也会不断跟踪这些热点问题,通过设置媒体议程,开展各种征文、论坛等方式为这些热点推波助澜。这样就很容易在教育界甚至在社会上形成一定的舆论漩涡,我们的研究与写作者也会不由自主地卷入其中,参与一些热点的讨论,通过写作发表一些自己的见解。与此同时,现在的社会热点和时尚潮流也会渗透进我们的研究和写作领域,裹挟着一些教师将文章的内容和题目时尚化、潮流化。热点问题往往反映了一定时期社会的兴奋点,有的甚至反映了教育发展的趋势和潮流,我们当然不能视而不见——区别热点的性质,适当参与其中的讨论不无意义。但是,教师毕竟不是从事舆论工作的,如果研究和写作没有自己的专业领域,而是随大流、跟风走,不仅容易失去自己工作的根底,也不容易出成果。因此,我们认为,教师写作不能盲目跟风,应当有自己的主张和定力,抓住一些教育教学的基本问题、核心问题,扎下根去,深入进行思考和研究,写作自己的实践经验和理性思考,才能够真正出成果、出文章。好多教师的成长经历就告诉我们这样的道理。比如江苏南通的李庾兰老师,从教几十年来,抓住教学中师生关系这一对基本矛盾,创造性提出了“读读议议”的基本教学方法,进行深入的研究与写作,取得了业界高度认可的成果。再如李吉林老师,在情境教育上做深做透,形成了自己的理论系统和实践操作模式,她的数百万字的著述始终贯穿着这一主题。

五、"个"问题和"群"问题

所谓"个"问题,是指基于教师个人的感受经验和知识背景提出的问题,这类问题往往带有个别性特征,是问题的特殊性。所谓"群"问题,是基于群体性经验和知识背景提出的问题。一般说来,群体性问题涵盖面比较广,具有一般性、普遍性的特征。由此可见,把带有普遍性、群体性的问题作为写作的选题,其意义自然大于个别性问题。因为解释或解决个别性问题只是满足了个别人的需要,而解决或解释了群体性问题则是消除了一批人的困惑,或者帮助一批人找到了对策。但是,"个"问题与"群"问题又是不能截然分开的,按照辩证法的原理,一般寓于个别之中,普遍性总是通过特殊性来体现的。如果我们提出的个别性问题能够体现一般性特征,这个个别性问题就具有了群体性属性,反映了大家的共同诉求,能够引发集体共鸣,也就是"个"问题具备了典型意义,它的价值必然会大大提升。可见,个别性问题与群体性问题只是相对而言,而且在一定条件下是可以转化的。对教师写作,我们应当提倡解释和回答属于"我"的个别性问题,因为这样的问题蕴含了"我"自己的经验,无论是快乐还是痛苦、成功与失败,都是来自教学一线的,尤其是以作者亲身经历为题材写成的叙事、案例、随笔,用感性的方式回答理性的问题,揭示了教育生活的原理或意义,带着生活的露珠,具有泥土、草根的特质。这样的文章正是广大读者期待的,也是教育专业媒体欢迎的。我们认为,最有价值的问题就是那些从自己亲历的个别问题出发,但又是具有普遍性的问题,代表了一群人的疑问和困惑。反思写作这样的问题,既有生动鲜活的特点,又带有普遍性意义。

六、理论问题和实践问题

有些问题属于理论问题,侧重于阐述学理和规则,建构自己的话语体系,进行理论创新。有些问题属于实践问题,侧重于对策与办法。即便是学理阐述,也是建立在实践案例的基础之上,是对实践意义与价值的解释与上升。理论和实践问题都很重要,二者都具有各自的独特价值和不可替代性,本无法衡量其价值的高低。但适合的才是最好的。作为一线教师,理论研究不是我们写作的任务与优势,我们的优势在于:教师之于实践的关系,犹如鱼水关系,我们成天接触鲜活的教育生活,我们每天面临实践困惑与挑战。所以,我们要更多地把目光转向关注实践,反思与研究实践,体现教育写作的实践关怀倾向,而不宜把重点放在那些我们不擅长的理论研究与写作方面。否则,无异于用我们的短处与专业理论工作者的长处竞争。通过对实践问题的反思与写作,用反思叙事等个性化的方式和文本,表达自己对教育的理解和感悟,避免了概念化倾向,这就回到了教育的生活世界和教育现场,让教师的写作有了生命的光泽。这样的教育写作也更具泥土和草根味道,更有实践意义与指导价值。当然,这不是说一线教师的写作就不需要理论,而是不需要力不能及的理论研究,需要的是与实践相结合,能够解释和指导实践的接到地气的教育理论,而不需要把本来大家都懂的说成大家都不懂的所谓理论。

第四节　可写的问题哪里寻

有些教科书总是脱离教育生活与现场情境,讲述教育写作选材、选题的方法与技巧,这种做法常常是纸上谈兵,让人不得要领。其实,对于教育写作来说,选题的本质就是作者从所处的教育生活的现场,发现矛盾,反思价值,并把它纳入写作的视野。那么,这些问题与矛盾从哪里来呢?

一、从教育实践中观察反思而来

在教师的教育实践生活中,首先值得关注并反思追问的是学校的德育领域。立德树人的重要阵地就是学校的德育生活。教师写作时应当首先把目光投向这一领域,学会用理性的目光从这个流动的、零散的学校生活中观察和发现那些存在的矛盾和问题。比如,据笔者调查,当下学校与家庭沟通的不顺畅是一个普遍的矛盾，有很多棘手的问题。有些教师在与家长，特别是“差生”家长的沟通中，角色发生了错位。有的成了告状者，不是积极设法沟通，而是在家长面前数落学生的不是；有的成了诉苦者，痛心疾首地对家长诉苦，为了教育他的孩子，真是操尽了心，想尽了一切办法，但毫无实效；有的成了声讨者，毫不客气地质问家长，孩子的教育你们负了什么责任？如此这般的家校沟通出现问题，该怎样调整？有的教师不是自我反思，而是一味地埋怨家长。这样的情况在学校可谓司空见惯。江苏省吴江汾湖开发区实验小学的查春晓老师敏锐地发现这之中的问题价值，写成了《家访工作中教师角色浅析》，指出，“家访，是为了沟通，为了了解，为了更好地帮助学生成长。教师家访中角色的不到位或者错位，会直接影响家访的效果，因此，家访工作中教师一定要有正确的角色定位”。查老师认为：第一，教师应当是学校文化的外交官。第二，家庭教育的咨询师。第三，家校误解的调理人。第四，个性生命的研究员。文章用作者的亲身经历，说明了教师应当充当的角色，有新意，也有实践价值。其实，学校德育生活领域中的矛盾和问题很多，德育的方式、德育的途径、德育的队伍、德育的效能等等，只要你带着研究的眼光去观察，处处都是写作的素材。

教学生活是学校生活的核心领域，教师一年四季在这里耕云播雨，学生成年累月在这里摸爬滚打。原生态的教学生活每一个环节都充满了变数，也充满了诱惑。教师应当睁大眼睛，热情观察身边的教学生活，从中发现有价值的问题。教材分析与组合，教学目标的设定与实施，教师的教学行为，学生的学习过程，学生的学习评价……还有目标与路径、预设与生成、教学与评价……所有这些环节，都值得我们去观察、去反思、去追问。当然，贯穿整个教学活动始终的是教师的教与学生的学之间的矛盾和挑战。分析学生理想的学习状态与现实状态的距离，研究教师该通过怎样的措施才能缩短这种距离，引导学生走向自主学习的境界。抓住这个主要矛盾，从教师自身的教学行为的成败得失开始，从学生的学习能力提高开始，可以发现许许多多有价值的问题。

管理工作是教师教育生活的重要领域，从学校的管理生活入手，同样可以获得很多有价值的选题。管理,不仅是校长和中层管理者的责任,学校每一个教师都负有教书育人的神圣职责。学校管理生活的领域是非常广阔的,从学生管理到教师管理,从思想管理到课程教学管理,从学校管理到家校沟通,从年级组管理到教研组管理……这些领域中,现实与理想之间都有差距,都有值得改进和完善的地方,这给我们留下了思考和追问的广阔空间,留下了写作选题、选材的富矿。从自身的角度出发,放眼我们的管理领域,追问我们的管理理念,反思我们的管理行为,其中的成功与失败、欣喜与纠结、亮点与黑点……都是我们提出问题的着眼点和开掘点,都可以提出有价值、有意义的问题用以写作。

二、从学习阅读中思考辨析而来

阅读是学习的主要渠道,也是发现问题的重要途径。现代教师可供阅读的范围非常广阔,从书刊杂志到网上阅读,从固定空间到移动终端。当然,我们这里指的是有目标的专业阅读,而不是休闲性阅读。专业阅读就是带着问题与他人的对话,"是读他人的书,想自己的事",不仅分享他人的思考成果与智慧,而且可以从中获得专业的思想与工具。用思想交换思想,智慧可以增殖。

请看下面这篇文章:

【案例3-1】

追寻教育生活的意义(节选)

偶尔读到一篇题为《西西弗的神话》的哲学散文,作者是法国文学家、哲学家加缪。主人公西西弗因为泄露天神的秘密而被宙斯惩罚。他每天要将一块巨石,从平地推往山顶。几经艰难,当石头到达山巅时,转瞬间便不受控制滚回山脚。于是,只好从头来过。一次又一次,周而复始。阅读的目光就此驻足:踏上教师岗位转眼间就将近20年,20年来,我不断地接受新的班级,于是点点滴滴,从"平地"做起,好不容易推至山巅——教至孩子们毕业,孩子们梳理着渐渐丰满的羽翼,展翅便飞走了。无论你曾经多么悉心呵护,转眼间便不见踪影或了无痕迹。周而复始,我难道也是西西弗!

如果西西弗根本没有自我意识,不懂得反思他这样的生活到底有何意义,而以为一切皆理所当然,那么推及本身并没有什么荒谬不荒谬。但问题是,西西弗有意识。意识使故事平添了悲剧的色彩。而清明的心智更使西西弗平添了内心的痛苦。作为教师,我有自我意识,我在乎自己的生活,我希望我的教育生活、我的人生过得有意义。苏格拉底说过,没有经过反省的人生,是不值得活的。我如何反省自己的教育人生从而追寻教育生活的意义呢?

西西弗的问题,多少是每个人的问题。一旦意识到这一点,那么,我们每个人经历的都是推石上山的过程。但陷入其中,也就陷入了虚无主义的怪圈,一切的价值意义均无从谈起。因此,要谈教育生活的意义,必须清醒地认识到,人生本无意义,人只是宇宙万物中渺小的一份子,但人最强大的一面是有自我意识。存在主义哲学认为,人生的意义在于可以自我选择和主宰!意义是人赋予的,只要人令自己相信一己的生活有意义,意义问题就可以解决。

如何选择和主宰自我的教育生活呢?

首先,要学会接纳教育生活的不完美。

……

其次,要以认真的态度对待不完美。

……

最后,积极从教育生活中寻找幸福。

……

《西西弗的神话》是一篇名著,作者借叙述西西弗受到缪斯惩罚而永远搬石上山的故事,解释了人类的一种宿命:你不喜欢,但也离不开。这对于教师有何启示?作者在读后表达了他独特的感受:教师也就是那个西西弗。如果仅此就有点肤浅了。在此基础上,作者又提出了三个观点:接纳生活的不完美,以认真的生活态度对待不完美,积极从教育生活中寻找幸福。

这样的读书得来的选题都是读后感性质,即借助一个故事,发散联想,迁移到教育生活中来，寻找与自己的工作生活的相关性，表达对教育教学或人生哲理的领悟。

从阅读思考中提出问题的另一种方式，是受到作品中思想观点的启发，能够触类旁通地将这种思想借鉴、移植到其他学科或领域。实际上，这种阅读的最大收获就是获得了可以迁移的认识和分析工具。高子阳老师的文章《三幅世界名画与文本的创造性解读》一文就是一个非常典型的借鉴移植的案例。他借用人们欣赏名画的角度，来说明文本的创造性阅读的方法，很有特点。请看：

【案例3－2】

三幅世界名画与文本的创造性解读（节选）

一、《清明上河图》的研究发现与文本“药性”解读

《清明上河图》这幅名画家喻户晓。据说，张择端画完后，就把作品呈给宋徽宗赵佶，赵佶是这幅画的第一位读者。皇帝赵佶读到了北宋的繁荣，认为张择端是在歌颂皇帝之功德，非常高兴，立即用他特有的“瘦金体”题写了“清明上河图”，并加盖了双龙小印章。张择端真在歌功颂德？研究发现，“《清明上河图》画上共有各色人物1643人，动物208只。看似包罗万象的《清明上河图》上，少了两种最常见的动物——马和羊。”为什么呢？马匹，是必不可少的交通工具，军队更不能少；羊皮则要制作营帐、军服。画中缺少这两种动物，其实是告诉皇帝重文轻武的危害，告诉皇帝北宋即将面临北方虎视眈眈的游牧民族的侵袭，北宋军队不可能战胜对方。皇帝赵佶在位25年（1101～1125年），而北宋是在1127年结束的。国亡后，赵佶被俘受折磨而死，终年54岁。

汉代刘向说：“书犹药也，善读之可以医愚。”张择端的《清明上河图》是药，但这剂药没有被皇帝发现，北宋之病因此没有得到及时根治，国家亡了。事实上，每一篇文章、每一部书都是药，能治疗人间各式病种，而教师应该有“药”的思索，应该研究并找到作者到底给予读者什么“药”。

比如,多个版本有的课文《我不是最弱小的》。苏霍姆林斯基为什么创作这篇文章?只为了介绍“我不是最弱小的,我要帮助比我更弱小的”?而研读这篇课文你会发现,“一家四口出行,居然只带一件雨衣!”我根本不相信“那么小的孩子,有把雨衣给蔷薇花的智慧!”我觉得这是作者创作此篇文章的秘密,是学生需要的真“药”。

为了这个问题,我阅读了苏霍姆林斯基的多部著作,最后在《育人三部曲》的《大自然——健康的源泉》一文中找到了托利亚、萨沙。托利亚、萨沙等好多孩子在第二次世界大战后,因悲惨遭遇,心灵蒙受了创伤,他们患上了战争病,情绪抑郁,对生活态度冷漠,变得拘谨、胆怯、优柔寡断,有着病态的腼腆。这些孩子要成为正常人,怎么办?苏霍姆林斯基因此创作了《家长教育学》等一系列文章,鼓励家长把孩子带到大自然中,让孩子多在自然的、新鲜的空气中逗留,通过体验感受战争就像一场暴风雨,明白既然活下来就要快乐地活下去。一家四口只带了一件雨衣,其实是让孩子去经受“在野外遇上了温暖的暴雨”的洗礼,理解人在暴风雨中,没有任何遮挡也能活下去,而雨总是要停的,阳光出来后一切都还是美好的。为什么要保护蔷薇花?当时的苏联,因为战争,粮食、蔬菜非常匮乏,苏霍姆林斯基建议家长们储备用野蔷薇、刺花李及其他富有维生素的果实做的果酱供过冬用。如此,我们就理解了文中家长的行为表现,因为他们在等待暴风雨来临,等待时机教育孩子为了冬天的果酱必须保护更弱小的花儿。

《我不是最弱小的》的教学不是表面的“学会关注弱小者”,而是引导学生发现人的一生会遇到很多事情,要学会一种独特的生存方式,走出困境。而保护弱小既为了自己,也为了更多的人。

可以这么说,我们所教的课文,都存在这种“药”“药方”,我们应该想办法找到并呈现在学生面前,或者与学生一起努力找到。

……

以上引用的只是文章的第一部分,文章的第二部分为“《梵·高的椅子》与文本‘哲思与表达方式’的发现”,第三部分为“雪莉·艾利斯读《夜游者》

的'20 个问题法'与文本深入解读”。文章巧妙地借用三个不同时代、不同国度的人们如何欣赏三幅世界名画的方法，移植到日常语文教学的文本解读中，提出了努力找到文本的“药性”即作者真实的写作意图，发现文本所表达的哲思以及多角度解读文本的方法。这篇角度新异的文章完全是学习借鉴、移花接木的成果。

阅读中生长出问题还有一种途径，就是看到相同或相近的内容中蕴含的矛盾或差异，通过对比分析辨异，旗帜鲜明地提出自己的观点。这不仅是一种有效的读书方法，而且是一种很好的选题方法。高鹏老师告诉我们，他尤其喜欢对不同时期、不同作者关于同一论题的著述进行比较，从中发掘自己感兴趣的研究论题。比如，他身边有 3 本作者不同、出版时间不同的《心理学》，阅读后就发现这些心理学家关于青少年“闭锁心理”的看法不一，由此就激发他查阅了大量资料，深入研究关于“闭锁心理”这一问题，最后写成了《正确看待青少年的“闭锁心理”》一文，发表后引起很大的反响。这就是从读书过程中发现问题，提出自己观点的典型案例。

三、从学术交流中碰撞启发而来

现在，随着教育研究的广泛深入开展，学校内部以及校际之间甚至更大范围内的学术交流活动都给普通教师提供了参与的机会。学术交流活动（这里指广义的）是各路高人荟萃之地，或者提供鲜活的案例，或者提供思想的盛宴。这是经验汇聚的高地，更是思想碰擦出火花的地方。因此，这里也是产生问题与选题的高发地带。如果在活动中善于捕捉灵光一闪的问题，再深化研究和思考，也是可以捕捉到有意义的选题的。特级教师吴勇就多次谈到他在学术交流活动中生长问题和课题的实例。吴勇是“童化作文”的实践探索者，“2008 年 5 月，南通市教科研中心举办'童化作文'主题教学研讨活动，会上，有一位代表向我提问：提倡童化作文教学，是否意味着放弃教材中的习作内容，另起炉灶？我知道他的疑惑是有根据的，在我校提供的八节观摩课中，只有一节是教材上的。习作教材是一份不可或缺的教学资源，与'童化作文'之间应当相互补充、相得益彰，这又为'童化作文'下一步研究打开了另一扇窗。于是儿童生活与习作教材融合的'儿童写作课程'呼之欲出，并且蓬蓬勃勃地在实践中拉开序幕。一年后，《主题单元：行走在课程视野中的习作教学——‘童化作文’课程的建构》获得了江苏省‘师陶杯’教科研论文一等奖，并且在《语文教学通讯》发表。”

学术活动带来的信息是非常丰盛的，如果我们好好留心，认真主动把握那稍纵即逝的机会，充分利用好这一富矿，就一定能够发现许多矛盾，也就是很多选题。比如，苏州吴江汾湖开发区实验小学曾经邀请一位数学特级教师来学校教研组开展活动：观摩课堂、引领评课、回答疑问、主题报告。活动自然也是丰富多彩的，一般情况下，思想的交流也就随着专家的离开而烟消云散了。但他们在活动结束之后，引导教师追随余波，进行反思消化，开设专题论坛，从这个已经结束的活动中衍生出 7 个话题，成就了 7 篇研究性文章。这些文章分别是：

《装糊涂的艺术》——顾嫣宏；

《师生一对一对话的示范价值》——吴晓亮；

《在反复“磨”的过程中体验》——王芳燕；

《非数学的“多余”设计的意图》——潘琴娟；

《数学精神的培养》——吴晓芳；

《程序性很强的知识，选择怎样的教学方法》——张美娟；

《让学生经历数学化的过程》——徐建萍。

可见，成功的学术交流活动真是一场思想的盛宴，它所碰擦出的思维火花，遇上适宜的环境，就可能升华写作和研究的种子，在思想的沃土上发芽。

四、从生活体验中触类旁通而来

其实问题和选题也不一定非从自身的教育生活中挖掘。只要有一双发现的眼睛，我们周边的生活中也不乏能够解释说明教育价值的案例。

【案例 3－3】

教师要有好“木匠”的眼光

在一所普通的学校，校长别出心裁地让全校的 40 多位教师从一堆木料中找出一块有用的木头。教师们反复挑选,结果只有5人找到了有用的木头,其余皆空手而归,说是“一堆废木,没有一块有用的木头”。校长当即请来了木匠,让木匠进行挑选。木匠说:“这用得着挑吗?在我的眼里每一块木头都是有用的,平整的木头可以做椅面,较长的木头可以做椅腿,短木可以做横档,连一块小木头,还可以做加固的木钉。一句话,只要你用得恰当,所有的木头都是有用的。”

在选择木头这件事上,校长没有批评或者指责他的任何一个教师,因为教师不是木匠,选木头不是他们的专业。隔行如隔山,不足为怪。校长别出心裁的用意在于让全体教师明白:在自己的专业内,教师应当有木匠一样的眼光。

现实之中,确实存在不会选木头的教师,一谈起自己的班级、自己的学生,老是认为只有那么几个称心如意的,除了这几个学生之外,其余的这也不行、那也不是,有的甚至蠢到了极点,像是那堆没用的木头。在他的眼里,只有自己最能干,自己什么都行。

“没有教不会的学生,只有不会教的教师。”事实的确如此。1968年,心理学家罗森塔尔和雅各布森来到美国的一所小学,从一至六年级各选3个班级,对18个学生“煞有介事”地作发展预测,然后以赞扬的口吻将“有优异发展可能”的学生名单通知有关教师。名单中的学生,有的在教师意料之中,有的却不然。对此,罗森塔尔作过相应的解释:“请注意我讲的是他们的发展,而不是现在的基础。”并叮咛名单不要外传。8个月后,他们复试时发现,他们所提供的名单里的学生成绩增长比其他学生快,并且活泼开朗,求知欲旺盛,与老师的感情也特别深厚。事实上,这是一次心理学实验,所提供的名单是随机的。他们通过自己“权威性的谎言”暗示教师,将这些学生推到教师的面前,坚定教师对名单上学生的信心,调动教师独特的深情,通过眼神、笑貌、嗓音滋润着这些学生的心田,给他们以关怀,使他们更加自尊、自信、自爱、自强。这就是教育心理学上著名的罗森塔尔效应。

我只想说,每一个教师都应该有一个好木匠的眼光,因为只有这样的教师,才会真正认识到他的每一个学生都是聪明能干之人,每个学生都有自己的闪光点,才会充分调动学生的积极性,使他们潜在的聪明才智充分地发挥出来,才会把长短不齐、宽厚不一的木头做成椅面、椅腿、横档、乃至做成加固用的木钉。一句话,只有这样的教师才会使他的学生个个成材。

其实,这就是个因材施教的问题,但是,作者不是直截了当地提出话题,而是从生活中的案例出发,提出:“同样的木头,为什么有的人认为块块有用,有的人不是这样认为呢?”这看起来是个木头的利用问题,实际上这正好契合了因材施教的教育原理。作者从生活中的案例出发,提出问题并进行分析,非常生动,把一个古老的教育原理阐述得很形象也很新鲜。诸如此类的选题法也是常见常用的。比如,由导游指路联想到了教师教书的道理,于是有了《教书犹如指路》;由养花想到了育人,于是写下了《养花与育人》。生活中的触类旁通启发了作者的灵感,让作者从中领悟教育的意义,这样构思出来的文章往往还比较生动形象。

矛盾,是客观世界普遍的存在方式,也是教育世界普遍的存在方式。面对同样的世界,为什么有人能够发现问题并解决问题,有人却视而不见?关键在于是否具备一双发现的眼睛,正如有人说过,“没有一双发现的眼睛,即便是大象在你身边也发现不了;具备了发现的眼睛,哪怕蚂蚁也能被发现”。西谚说,心有了锤子,眼中就有钉子。我国知名教授杨义说过类似的话:要是我们有了精神关注点,就能张弦以待,随时发现目标,张弓射箭。当然,这种职业敏感的获得,基础是一定的知识背景和专业素养。农民发现庄稼的虫害这是他的本行,而要让他去发现计算机的病毒就是天方夜谭了。所以,要增强我们观察和发现问题的能力,还需不断学习实践,做教育的行家里手,这样才能练就一双孙悟空那样的火眼金睛。

第五节　撕开问题的“口子”

问题,是反思与写作的起点与方向。但我们也发现,有些一线教师,他们的文章材料非常扎实,这表明他们的确有来自实践的大量积累。但是,他们却不善于把自己的做法放到一定的背景下去进行考察,去评估问题的价值。问题不是孤立地存在,总是在一定背景下通过对比才能显示意义。因此,教育写作,在文章中还得学会撕开问题的"口子",让价值从中流淌出来。也就是说,要通过写作技巧,凸显现实与理想的落差、理论与实践的冲突、理念与行动的矛盾以及价值与价值的不同,让编辑和读者都能一目了然,从而加深对文章选题意义的认识与理解。从一定意义上说,工作就是要把有问题变成没问题,而写作却要把没问题变成有问题。因为工作就是解决问题,通过智慧的劳动,化解问题和矛盾,事业就前进了;而文章是交流的工具,你要让别人了解你的研究,理解你的研究的价值,就必须将问题明朗化、显性化。所谓撕开问题的"口子",就是不要让芜杂的材料遮蔽问题,把研究的问题暴露出来,解剖问题、解释问题、解决问题,才能让他人清晰可见。试看这样的对比:

这是一位作者初稿的标题和小标题:

目标设置:实现有效教学的根本所在

一、变主观为客观,让目标有理有据

二、变求全为求精,让目标"切中要害"

三、变虚化为务实,让目标与结果一致

下面则是经过修改后确定的标题与小标题:

改进教学目标设计的三个维度

变主观为客观　目标确立有依据

变求全为求精　目标确立有焦点

变务虚为务实　目标达成可检测

对比之后不难发现:初稿的标题,是一个陈述句,强调的是目标设计与有效教学之间的关系,当课改发展到今天,这已经属于常识性问题,没有多少思辨的意义。而后一个标题,重点落在了教学目标设计和落实的改进上面,前提就是建立在目标设计的"有问题"的基础上,所以用上了"改进"。目标设计和达成的问题正是当下教学中存在的普遍性矛盾,这矛盾表现为教育理论与现实的落差。修改后的标题把这种落差凸显了,无论是编辑还是读者,都会产生兴趣。而且,标题中的“三个维度”,与略加改动的小标题相呼应,无需进入正文,就可以了解文章的结构思路:从三个维度来进行改进。其实,前后文章的内容并没有太多变化,只是对标题略加修改,不仅矛盾更加明显突出,而且显示了解决问题的角度,文章的境界也不一样了。

教育写作中的问题呈现一般要放在文章导言部分,让读者一开始就知道论题的背景与意义。其常见的矛盾呈现方法有:

1. 情境再现法。就是用描写的手法,再现问题情境。这种方法一般是选择教育生活中蕴含矛盾与冲突的情境,通过叙述甚至适度描写再现出来。

比如,《十五分钟之后我该怎么办?》一文就是这样开头的:

作为一名低年级语文教师,我深知低年级语文教学看似简单实则不易。《下雨》一课是一篇贴近生活、简短有趣的课文,在我的精心备课后,现实却给了我一个沉重的打击。课堂的前 15 分钟,大部分学生注意力都比较集中,能认真听课;大约 15 分钟以后,一些学生的注意就转向其他了。最后我发现,整节课只有 15%的学生注意力是集中的……一节精心准备的课,却因为学生的注意力不集中而大打折扣。这让我不得不重视起学生课堂的注意力。

一节精心准备的课却上砸了,问题出在哪里?出在低年级学生的注意只能保持 15 分钟。怎么对待这个问题?在情境式呈现问题后,作者接着围绕这个问题进行了反思与讨论。

2. 单刀直入法。就是直截了当摆出问题,突出矛盾。理论思辨类文章常常使用这样的方法。比如,《概括力的迷失与重建》一文是这样开头的:

概括力是以概括作为基本方式,对文本、知识、学习策略进行提炼、联结和运用的能力。审视当下的阅读教学,概括力逐步成为研究的热点,但由于概括力的意义被忽视、概括的内容被简化、概括的主体被错位等原因,让“概括”无法成为一种能力、一种稳定的素养被带走,概括力教学亟需重建。

文章干净利落,没有任何多余的话,从概括力这个概念入手,直击问题核心:概括力教学亟待重建,文字非常概括简练。

3. 对比显示法。对比是凸显矛盾最常见的方法。把理论的要求与现实的状况、教育的理想与现实的落差、教育理念与行动的冲突放在一起对比，当然也可以是理念与理念、实践做法的相互对比，通过对比让问题更鲜明、矛盾更突出。比如，《课改与考试交互中的学科教学转型》一文就是这样：

当前，尽管《课程标准》和《教学要求》所倡导的理念反映了时代的要求和课改的总趋势，许多教师已深深地感到改革课堂的迫切性，也已尝试着改变传统的课堂教学模式，但是，相对于课堂教学的具体实践来说，一些先进的理念还过于抽象和概括，许多教师在教学实践中遇到了一系列具体的问题，产生了种种困惑。

接着，作者就从四个方面列举了遭遇的困惑。之后，针对这种困惑，从教学设计、教学方法、教学过程三个方面提出了具体的解决办法。

4. 故事引入法。开头引出一个完整的故事或案例，然后分析这个故事蕴含的教育价值，由此引申、分析、论证，表达自己的教育观点。比如，《回归童心》一文就是这样：

遇到朋友5岁的儿子时，他刚给爸爸“写”了一封信。这真是一封特别的信！你能说给我听听吗？我笑着看着这封画了几条长短不一的波浪的“信”。小家伙很认真指着波浪线逐一解说起来：“爸爸，我很喜欢你，我陪你一起加班！”“爸爸也喜欢我，我陪你一起玩！”“爸爸加班拿工资很辛苦！”“爸爸你很帅”……几条看似毫无章法的波浪线充盈着孩子对父亲浓浓的情意！

孩子的信虽然没有汉字，却丝毫不缺乏感受性和想象力。如果我们不是俯下身子去倾听，怎么能感受到他们独特的感知世界、表达思想的方式呢？怎么能真正走进儿童的世界呢？

一个故事，一段感悟，就是围绕成人该怎样倾听孩子，怎样拥有童心展开论述。当然，这种“故事”可以是多种多样的，可以是教育的故事，也可是隐含教育意义的生活故事。

5. 审视日常法。从人们习以为常的生活或教育现象入手，用审视的目光穿透这些日常生活的点点滴滴，挖掘其中不为常人发现的教育价值和意

义。比如,《衔接教育:一个不该出现的概念》一文就是这样开头的:

在一些校长论坛上,多听到"衔接教育"一词,大体意指对从低学段升入高一学段的学生进行的适应性教育,让学生从原有的学习生活情境中顺利过渡到新的学习和生活情境。……但仔细分析,我们就会发现,所谓的衔接教育,在教育学的角度难以经得起的概念分析;而在学校教育系统内提出衔接教育,更是对学校教育本意的违背。衔接教育,一个不该出现的概念。

衔接教育,一个耳熟能详的概念,几乎没有人怀疑过,但作者用审视的目光,从专业的视界透视这个司空见惯的概念,提出了自己的观点:衔接教育背离了学校的本分,是挑战教育的完整性,是异化的教育目标。

以上,我们只是列举和分析了一些常用的方法,除此之外,文章中经常使用的还有设计问题法、背景凸显法等等。无论使用怎样的方法,提出问题一定要与问题的背景相结合,把问题放到与之相关联的理论背景、生活背景、工作背景、时代背景下去考察,这样才能在更广阔的范围内凸显所研究的问题与背景的联系,强化选题的意义,也便于读者认识问题的价值。问题的提出一般安排在开头的引言中,思路要清楚明确,不要绕弯子,不要让无关的材料遮蔽真正的问题,这就是我们所说的:把问题"口子"撕开,让教育的价值直接流淌出来。

参考文献:

[1] 陈桂生,胡惠闵,黄向阳.关于教育研究中问题意识"问题"的对话[J].上海教育科研,2014(2)

[2] 余伟.试论"科学研究从科学问题开始"[J].南昌航空大学学报(社会科学),2001(1)

[3] 林定夷.问题与科学研究:问题学之研究[M].广州:中山大学出版社,2006

[4] 李润洲.教育问题的价值辨识与生成[J].教育学术月刊,2011(3)

[5] 劳凯声.人文社会科学研究的问题意识、学理意识和方法意识[J].北京师范大学学报(社会科学),2009(1)

［6］唐小丽.追寻教育生活的意义——读《西西弗的神话》有感［J］.江苏教育研究,2013(6B)

［7］高子阳.三幅世界名画与文本的创造性解读［J］.小学语文教学,2011(27)

［8］高鹏.一个普通教师的教科研之路［J］.江苏教育研究,2010(11C)

［9］吴勇.驶向童年的“月亮船”——我的“童化作文”求索之路［J］.江苏教育研究,2010(11C)

［10］李素英.教师要有好“木匠”的眼光［J］.青年教师,2008(8)

［11］霍庆.教书犹如指路［J］.江苏教育研究,2013(7B)

［12］杨伟慧.养花与育人［J］.江苏教育研究,2014(1)

［13］李雯.十五分钟之后我该怎么办？［J］.教育视界,2014(试2)

［14］魏斯化.概括力的迷失与重建［J］.江苏教育(小学),2014(2)

［15］陆培良.课改与考试交互中的学科教学转型——以高中思想政治课为例［J］.上海教育科研,2014(7)

［16］魏洁.回归童心［J］.江苏教育(小学),2014(2)

［17］朱治国.衔接教育:一个不该出现的概念［J］.上海教育科研,2014(5)

不知你有没有思考过这样的问题:哪里才是我的专业成长“最近发展区”? 如果还没有找到,我现在告诉你:教育之痛! 反思并写作你的教育之痛,就是你的“最近发展区”。所谓“教育之痛”,就是在工作中曾经遭遇的那些麻烦、那些困惑、那些不舒服……是它们让你留下了刻骨铭心的心灵之痛。如果能够及时把它们记录下来,并按照下面这个流程操作,一定会有不一样的收获。

概述痛点,总体回应;

描述痛状,再现情境;

分析痛状,寻找病因;

针对痛因,开具药方;

实践验证,小结提升。

按照这个流程去构思与写作,就是问题的个性化、反思的结构化、学习的专题化、研究的行动化;按照这个流程去构思与写作,缠绕你周围的许多烦恼都将化为幸福的回忆。

第四章　重点论——教育写作写什么（下）

第一节　教育之痛：最有专业发展价值的选题

什么样的教育写作最具专业发展价值？或曰：采用什么方法、写作什么样的内容能够最有效地促进教师的专业成长？我们的回答是：教育之痛！写作"我的教育之痛"能帮助教师直接进入"最近发展区"，迅速有效地促进专业成长。

关于教育写作写什么这个话题，学界存有多种说法。

1. 兴趣说。有人认为，写作要遵从自己的内心欲望，自己感兴趣的领域就是最好的写作领域。不要人为地规定教师写什么、不写什么，因为违背内心的写作是违反人性的。那样，教师即便是写作也是硬着头皮写，而这是最痛苦的。在这样的观念下，他们认为，教师写作，教育论文可以写，诗歌、散文、小说也可以写，只要他有兴趣，哪怕他写菜谱都行。乍看起来，这样的说法不无道理。的确，如果你有兴趣和才能，各种体裁和内容都可以尝试，这对丰富人生体验无疑具有积极意义。但我们在此讨论的前提是：基于专业发展的教育写作。在这样的视域下，就有个选择写什么和怎样写的问题。有的写作固然可以丰富人生体验，但是，不一定能促进教师的专业发展。写小说可能成为作家，但未必能成为好教师；写菜谱可能成为美食家，但只写菜谱肯定不会写成一个教育家。

2. 问题说。教育写作一定要从问题出发，没有问题的写作很可能是无意义的泡沫化写作。这也是笔者所持的立场。但写问题也有个写什么问题的选择。因为问题本身就是一个非常庞大而复杂的问题。从问题领域看，有宏观、中观和微观之分;从写作主体看，有教育研究者关注的问题，有教育实践工作者关注的问题，还有教育旁观者关注的问题;从问题的属性来看，有属于事实的问题，有属于价值的问题，还有属于对策的问题。而且，我们所谓的从问题出发，更多是指从矛盾的普遍性出发，这多少有些抽象的味道。可见，即便是问题，也不是每个都适合教师拿来进行写作，都具有直接促进教师专业发展的价值。比如在当下，教育的如何均衡发展是个很大的问题，如果教师去研究并写作这个问题，不仅容易感到力不从心，而且也远离了教师专业发展的"最近发展区"，写作反倒可能是"种了别人的田，荒了自己的地"。

3. 实践说。有人认为，教师写作应当扬长避短。教师的优势就是整天摸爬滚打在教育生活的第一线，亲身参与了教育教学等诸多实践活动。因此，写实践是教育写作应该倡导的方向。所以，他们特别推崇教育叙事、教育案例、教育随笔这些体裁，有人甚至开了"成功保险公司":哪个教师写十年教育随笔写不出一个名教师，你就来找我理赔。这样的说法自然看到了一线教师的写作优势。但是，前人早就说过，不经反思的生活是毫无意义的。如果仅仅是写自己的实践生活，甚至拘泥于实践的记录与重现，而不对生活的实践进行深刻的反思，不上升至理论的高度来加以审视，这样的写作往往会比较肤浅，难以走向深刻。

4. 闪光点说。也有人认为，教育写作应当抓住教育教学中那些成功的案例，比如课堂的高潮来写作。这固然也有道理。因为大凡成功的案例包括课堂教学的闪光点都属于教师的得意之作，它所以成功或"闪光"，一定是遵从了教育教学的规律、也凝聚了教师的智慧与才能。抓住这些闪光之处进行解剖，揭示背后的原因或原理，对于总结经验并与他人分享自然具有积极意义。但是，教师的教育生活不都是一个个闪光点连接起来的长长的光环，更多的是平凡、琐碎甚至烦恼、遗憾的堆积。恰恰这些没有闪光的烦恼与遗憾，往往具有深刻的教育学价值，如果解剖这些地方，寻找隐蔽在其中的教育价值,不仅可以成就独特的文章,而且对于改进工作、促进专业成长具有不可替代的价值。“教师发展的最好办法并不是审明教师应该发展到什么程度,而是批判性审视教师的实践。”这些引起我烦恼和遗憾的刺激就是我的教育之痛、心头之痛。或许有人会发问:教育写作为什么要选择心中之痛而不选择心中之快呢?这里所谓的“快”,就是上文所说的成功的闪光点。我们认为,教育之快不是不可以写,但从促进教师成长效果的角度来看,教育之痛的价值显然大于教育之快。因为教师写作的根本目的,不是为了自我欣赏、自我陶醉,而是为了反思和自省。这就是要对自己的工作持有批判的态度,不断发现自己的不完美,才能找到改进和改善的方向。关注痛、研究痛、治疗痛,这就是工作改进。正是在这个过程中,教师通过不断否定自己,又不断尝试新的实践,才找到了自己前行的方向,实现了职业素养和精神追求的不断升华。正是从这样的视角观察,我们认为,写作教育之痛比单纯的写作教育之快即闪光点更能促进教师的专业发展,更具有专业发展的价值。

总之,写作我的教育之痛,与问题说、实践说并不矛盾,是从问题出发的个性化,是反思教育的具体化,也是基于专业发展的教育写作的重中之重,是专业发展路径中的“终南捷径”。因为这是以真诚的态度和坦荡的胸襟对待“我”与实践的问题,是对“我”的实践问题的自我诘问与深刻反思,是对“我”的实践经验和对策的提炼和升华,也是从问题出发的特殊视角。正是在这一过程中,有效实现教师知识与能力的批判性建构和发展性提升。

第二节 什么是教师的教育之痛

那么,什么是教师的教育之痛呢?所谓“痛”,本指疾病引起人体不舒服的情绪体验,是身心出现非常状态时的感觉。不过,这里的教育之痛只是一种形象化的说法,比喻教育出现了非正常的状况,失去了本来应当的正常状态。比如，教育本来是为了孩子的健康成长，但现在过重的学业负担反而让孩子的身心受到伤害。又如，作为一名教师，精心准备了一堂课却上砸了。再如，学校召开家长会本来是想与家长好好沟通交流，结果却闹出了矛盾，造成了家校冲突……诸如此类的非正常教育现象，都会在教师心中兴起阵阵涟漪，引发其内心的痛苦和不安。这就是我们所说的教育之痛。当然，作为教师的专业写作，我们应当首先关注的是那些自己的教育经历中受到刺激并能够感受到的切肤之痛。就像生病之后的病痛具有疾病诊断的病理学意义一样，教育工作者在专业生活中感到的疼痛，同样具有教育学价值和意义。它可以指示我们从“痛”的现象开始，挖掘背后的原因，研拟治病的良方。从认知心理学的角度来说，如果我们在教育生活中感觉到明显的教育之痛，就是发现了问题，产生了认知冲突。当我们感觉到教育教学中出现了与原来设想的状况不相同，而感到不正常、不舒服、有麻烦而又无法解释时，就是认识主体运用现有的知识无法解释当前发生的冲突和不平衡。这种冲突和不平衡就表明矛盾处于开启状态，它是深化对事物的认识、获取新知的基础和契机。如果教师能够敏锐地感受并捕捉到这种“痛”，并进行跟踪研究和反思写作，就会在这个过程中获得成长。对于一线教师来说，当然首先要能够感受到发生在工作中的“痛”，更重要的是，还要能够运用教育的学理解释“痛”的机理，在此基础上拿出治疗“痛”的方案和对策。一个教育工作者能否敏锐发觉并诊断治疗教育之痛，是职业素养和职业使命感的综合体现，它反映了一个人是否具备深厚的学养、责任和专业能力。有人说，思想的深度决定了疼痛的程度，这是有道理的。教育之痛不是真正的生理疼痛，而是心理之痛、理念之痛、精神之痛、价值之痛。只有具备一定的思想深度，才能感受到精神价值理念的冲突，才可能出现教育之痛。工作中出现教育之痛并不可怕，它是我们改进的开始。反之，如果一个教师在工作中感受不到“痛”，那倒是一件非常可怕的事情，因为这说明他缺少了工作的热情和职业的敏感，对工作的新鲜度、亲切度和敏感度下降，失去了教育教学工作正确与错误的判断力，这才是非常可怕的事。

那么，教师在工作中到底有哪些切肤之痛呢？笔者曾就这个话题多次进行过专题调查，请教师写出困扰他们工作的烦恼与痛苦。这是江苏省苏州市一所小学部分教师在调查中陈述的内容：

学生对于词语的混淆，默写词语一直有错。

低年级写作、生字教学困难。

家长素质低下，不配合学校工作。

小组合作学习确实增加了学生参与的机会，但好动脑筋的学生机会更多，“学困生”成了听众，缺少了独立思考的机会，而直接从好学生拿来信息。

新课标倡导学生在课堂探究、合作交流中感受知识的形成过程，但在课堂上开展各项活动时，教学任务往往不能按时完成，但不开展活动又与新课标理念相悖。

为什么学生的作文无话可说呢？没有人否认学生对游戏的兴趣，也没有人否认学生的内心同样有着丰富的情感，同学、朋友、老师、家长会与他在生活中发生很多事情，为什么在作文中却体现不出来？是缺少情感？还是不善于表达？

班级中有位“学困生”，他的行为习惯、学习习惯比较差，心理还存在一些问题，这样的学生该如何引导教育？

我们倡导新课程下的自主合作、探究性的学习，但是，低年级段学生在合作探究上不容易操作，常流于形式，缺乏个性的独立思考，有的小组主要由表达好的学生一统天下，而不愿开口表达的“学困生”则袖手旁观，事不关己。对于这种情况，该如何应对？

如何在教学中使缄默的知识充分地发挥作用？

如果遇到不配合学校教育教学工作的家长该怎样应对？

如何指导学生有感情地朗读？

如何把语文课上到学生心里去？

如何教育班里的“问题学生”？

家长不配合教师的教育时该怎么办？

如何提高学生的计算能力？

如何发挥小组合作学习的作用，提高合作学习的实效性（时间没保证、讨论的问题没价值)?

好学生机会更多,“学困生”成了旁观者,两极分化严重,优、差生如何共同进步?

从上述列举可以看出,教师能够感受到的教育之痛主要表现在四个方面:一是来自教学过程的痛。主要表现为教学过程中发生的问题。比如设计好的教学方案到了课堂上行不通,大体上分为三类:传授不顺畅、管理不奏效、教学效率低。二是来自学生工作的痛。主要表现为学生教育与管理的挑战。比如说学生的两极分化、“差生”的教育管理等。三是来自家校沟通的痛。教师认为的在家校沟通中家长的不理解不配合。四是来自自身发展的痛。如何进行教育科研、如何进行专业发展等。

综观教师们陈述的这些教育之痛,可以看出几个特点:有的痛比较具体,有的痛比较抽象。有的痛是可以诊断和治疗的痛,深化下去可以进行研究与写作;有的痛只是一个话题,属于斗大的馒头,无法下口。有的痛是普遍存在的痛,有的痛则比较个别化。

不是所有的教育之痛都可以在短期内化解。即便是可以化解的痛,也未必是靠一个人的力量可以化解。我们提倡研究和写作可以化解的痛,这些痛一般有明显的“病灶”,不是抽象的概念;同时,提倡研究力所能及的痛。有些痛可以通过学校团队的力量来进行研究与化解。同时,还可以将那些有些抽象的、大面积的痛转化为具体的小痛,也就是将脱离具体情境的抽象的痛进行具体化,转化为一个个具体的事件案例与现场,转化为具体情境中的问题与毛病,即一个个具体的“病灶”,这样才便于进行诊断与治疗、反思与写作。否则,就会有无法下手的感觉。

必须说明,教育之痛不是教育之痒。痒可能只是发生在皮肤的表面,不会触及身体的深层次问题;但痛就大有不同,痛或许是生理、心理的毛病。否则,就可能是无病呻吟。因此,教育研究和写作,我们应当找到真正的刻骨铭心的痛,并且是属于教师自己的切肤之痛。对这些问题进行研究和写作,才能面对真问题,解决真问题,收获真成长。

第三节　教育之痛的写作程序

怎样写作教育之痛呢？让我们先从一篇文章看起：

【案例4-1】

放缓节奏，等待儿童的数学成长

数学学习活动是教师与学生在现实情境中围绕数学学习素材展开互动、对话的过程。“数学学习要引发学生的数学思考，充分考虑数学本身的特点，体现数学的实质”，从学生认知规律和心理特征入手，精选学习材料与情境，“从学生能否经历丰富的过程”来思量数学认知、思维的过程，“从学生能否从过程中理解数学实质”来取舍具体的学习过程。因此，笔者认为，数学学习需要放缓节奏、丰富过程、体验生成，以使师生在数学思考中形成共感与交感，促成师生的共生同长。

一、情境再现——苏教版小学数学第十二册第三单元《比例尺》教学

（一）思考与实施

本内容教材安排两课时完成。第一课时，让学生在具体的情境中理解比例尺的意义，能看懂数值比例尺、线段比例尺，会求一幅图的比例尺，并进行两种比例尺的转化。第二课时，让学生在理解比例尺的基础上，进一步体会比例尺的实际应用，解决相关的实际问题。从教材内容上分析，两个课时紧密联系、层层相扣，体现数学知识“认知—理解—应用—系统内化”的完整过程。从前期的学情分析看，学生对比例概念及实际应用掌握较好，且多数学生对比例尺有一定的直观体验，学习思维难度并不高。

基于上述思考，笔者对学习过程重新架构，力求在一课时内，通过沟通新旧知识的联系，让学生在主动体验中理解，并能解决相应的问题。

第一节课教学后，回顾教学过程及后测情况，出现了以下几个“意料之外”的问题：

1. 知识技能：比例尺的理解尚可，但图上距离、实际距离、比例尺三者关系在实际应用中明显存在思维滞后现象。

2. 数学思考：比例尺的理解，两种比例尺的互化教学约25分钟，其中交流分析的对话时间7分钟（约占35%），实际应用约15分钟，其中学生独立思考及解决问题9分钟（约占60%）。

3. 问题解决：简单的比例尺应用尚可，涉及三者关系的实际应用时层次差异显著，部分学生对问题缺乏理解。

4. 情感态度：从过程看，没有明显感受到学生在学习中的热情，他们只是在顺应教师的节奏。

（二）分析与归因

1. 重形轻质，片面追求课堂高效。这源于学情分析的思考，在教材解读中过分关注了部分学生对知识内容的理解，而忽视了对知识内容来龙去脉的追问，这样使得教师过分纠结课堂高效，走入重知识技能、忽视思维发展的误区。

2. 重结果轻过程，缺乏过程的丰富。这源于对知识的简单理解，在教学中过分关注了学生获得知识的快速与灵活，为追求“速度”而压缩体验过程，使得学生的学习过程线性化，学生无法在每个学习反思环节对内容进行自我内化。

3. 重应用轻理解，缺失知识内化中的解构。这源于对应用的简单认识，在数学思考中过分关注解决问题，而忽视了问题解决中思维的开放性、灵活性，使得学生的应用只见树木不见森林，解决问题呈现单一性、机械化。

上述三方面的归因，在于教师对教材、学习过程重组、重构的简单认识和理解，片面化处理教材，机械化推进活动过程，忽视了数学活动的过程性、体验性对学生数学学习的现实影响。因此，基于活动过程的丰富性及学生认知规律的准确定位，放缓学习节奏、丰富学习活动，有助于充分地让学生体验学习过程。放缓节奏不是简单地放慢学习节奏，而是在核心过程给予适切的“做”“想”“思”数学的时空，并在此过程中提升自我认知，形成认知信念，提高心智能力。

二、放缓节奏，丰富过程，体验生成的引导策略

（一）放缓节奏、丰富过程、体验生成的基础是“整体结构”的规划学习活动

体验过程，让每一位学生经历数学知识的产生过程、发展过程，认识结果的意义价值。采用现代企业管理的元素来分析，就是用“规划”的结构序列之力促进活动（事件）的深层次开展。

1. 内容组织结构化，帮助学生感受知识体系。

“数学知识的教学，要注重知识的‘生长点’与‘延伸点’，把每堂课教学的知识置于整体知识的体系中。”教师在组织教学内容时，通过瞻前顾后式的内容把握，充分考虑每课时学习内容与目标之间的联系，合理规划，可以帮助学生在逐步递进式学习中感受外在的学习过程，感知内在的知识整体性。以《比例尺》教学为例，比例尺的教学基础是比和比例意义的建立、应用比例的基本性质解决实际问题。比例尺是比例应用中的特殊情境，二者有共性。教学中对于比例及其基本性质的有效把握，决定了比例尺学习目标的达成。此外，准确理解比例尺本身对于比例应用也起着决定作用。因此，比例尺的教学不仅应考虑这两课时，而且需要组织单元整体结构的规划，即：借助概念间的横向联系，形成清晰的意义联系；借助比例基本性质的迁移应用，形成具体情境下比例尺的灵活应用（包括比例解、倍比解、化线段比例尺解等）。

2. 过程推进结构化，帮助学生体验先慢后快的厚积薄发。

以核心内容为课堂推进主体是新课程改革以来数学课堂呈现出的显著变化。学与教的过程需要让学生不断思考，以促成其核心能力的阶段发展。尤其要关注的是过程推进的层次，即由平行匀速走向逐层递进的非匀速。以《比例尺》两课时重建教学为例，前奏是关键，应用是核心。第一课时“比例尺概念的建立”，抓住三点展开：（1）比例尺是什么？从大量的直观体验入手帮助学生建立比例尺概念。可以提问：这些地图中A地到B地的距离

为什么都不同？这种比你是如何来理解的，请举例说一说。(2) 比例尺有哪些？从对比中引导学生建立意义联系。可以提问：比例尺还有哪些不同的形式，你能通过例子来说明吗？(3) 比例尺与原来学习的比、比例有什么联系？你能结合原来的问题，自己摸索或编制有关比例方面的实际问题吗？在上述三个核心问题的推进中，教师始终以比例尺概念及应用为核心，让每个学生经历丰富"思考"与"实践"的过程，完善认知，学习节奏相对慢些。第二课时"比例尺的应用"，教师可以加快节奏，通过学生的自主反馈及应用反思，突出学习的困难与变化，进行针对性拓展。同样，先慢后快的设计亦可应用在"解决问题的策略""找规律""图形计算"等教学中，突出"找""思""做""想"的过程，抓住规律，寻示方法，最终实现厚积薄发。

3. 应用延伸结构化，帮助学生经历由薄到厚的往返过程。

学习节奏的变化也体现在应用练习中，如果从结构视角来审视其应用的价值，让每一位学生体验应用的过程，那么抽象的数学知识就能融合在多种知识的实践活动中，通过个体(群体)"做"中反思、"用"中回顾，实现由薄到厚、由厚到薄的往返过程。例如《比例尺》教学中的实践应用，教师的视角不局限于书面的简单计算，而进一步思考与思维活动、实践活动的融合。笔者在重建中融入了两个研究活动。其一，研究平面图形放大(缩小)后边长、周长、面积的变化规律，让学生体验比例尺在应用中的变化；其二，开展校园平面图、微型零件的绘制活动，让学生结合后续"图形与位置"中关于方位的表征方式，开展实践活动，提升应用意识与能力。两个层次的研究，让学生走出做题的简单抽象，进入现实情境，放手去"做"与"思"，在活动过程中激发兴趣，实现相关数学活动经验的积累。

(二) 放缓节奏、丰富过程、体验生成的核心是获得问题解决中数学思考的过程

"学会运用数学的思维方式进行思考，增强发现和提出问题的能力、分析和解决问题的能力"是新课程实施对数学学习提出的总目标。以学生认知规律合理推进学习活动，丰富过程，定能让学生获得思考的乐趣。

1. 设置冲突点，激活思维。

小学生由于其思维发展水平及原有认知能力的局限,在面对现实问题后的整体思维活动有赖于问题情境的现实分析,并在问题个性表征基础上进行模式识别。因此,只有对数学问题进行思辨,在思维的矛盾冲突中实现新思考、展开新实践,才有可能整合并提升其多方位的思维品质。如此,放缓节奏、丰富过程、体验生成需要让学生经历现实的问题冲突,体验知识的产生、发展过程。例如苏教版小学数学第十一册《解决问题的策略——假设》教学中,笔者改变"问题呈现—指导解答—巩固应用"式的线性推进方式,而是将问题由简化繁,在多样性的方式推理中实现对"假设"原理的理解。

师:(出示问题)全班42人去公园划船,一共租用了10条船。每条大船限坐5人,每条小船限坐3人,租用大船和小船各几条?你能用什么策略来解决问题。

(学生主体活动,提供具体解决方案。)

生:可以去凑,如果全是10条大船,这样就是50人,然后大船减少,变成小船。所以答案是大船6条,小船4条。

生:我的方法差不多,可以是列表,把所有的情况都列出来,这样答案也是一样的。

生:我是从小船开始想的,如果10条全是小船,然后大船增加,小船减少,答案是大船6条,小船4条。

生:我想可以从5条大船、5条小船,从中间开始,这样是40人,只要凑一次就正确了。

师:(小结)解决问题,同学们运用一一列举的策略,但根据实际情况,在列举时可以从极端情况列举,也可以从中间列举。那如果人数是48人、38人、32人,又如何来列举呢?哪种方式更灵活、快捷?

(学生根据数据变化,体会列举方式的多样性。)

师:如果有1000条船,有4900人想全部坐上去,每条大船坐5人,每条小船坐3人,这时需要多少条大船?多少条小船呢?数据变大了,你还能解决吗?

(学生明显感到疑惑,有困难。)

师:这么大的数据不方便分析,在数学上我们一般可以从小数据入手,在解决过程中发现规律,最后应用发现的规律解决问题。我们不妨还是先解决10条船的情况。找一找其中的解决规律……

在整个过程中,笔者并没有直接给出问题,而是走了一条“弯路”,即让学生先去体验问题解决的多样性,再呈现大数据问题,利用问题冲突激起学生数学探究的兴趣,引领学生体验化归思想。丰富的问题分析与建模过程,促进了学生在明理中实现思维品质的提升和思维情感的深入,帮助学生认识到策略的数学本质。

2. 应用问题链,环环相扣。

美国著名数学家哈尔莫斯说过:“问题是数学的心脏。有了问题,思维才有方向;有了问题,思维才有动力;有了问题,思维才有创新。”梅克、斯克维在剖析问题的分类中,提出“问题连续体”的概念,即一种开放性的、连续的、序列的问题体系。有效借助问题链的意义联系及层次推进,丰富过程、体验生成,进而实现思维品质的提升。

例如苏教版小学数学第五册的实践活动《图形的分割》,教师就是通过4组连续性的问题,帮助学生在操作中感悟方法,应用规律。

(1) 操作感知——设置冲突。“你能将正方形分成面积相等的两个部分吗?”学生基于原有经验,通过对称轴很快找到了相应的直线。教师追问:“除了这4条直线,还有其他直线也能将正方形分成面积相等的两部分吗?”问题打破了学生固有思维,有效激起了认知冲突。

(2) 特征分析——探究原由。学生通过实践操作找到了一些符合条件的直线,而且这些直线都经过了正方形的中心点。教师提问:“刚才是通过剪、拼的方法找到了这些直线,那如果不剪,你也能试着分析证明‘经过中心点的直线将正方形分成面积相等的两部分吗?’”问题聚焦于图形的特征分析,即对两部分图形各对应边的观察理解,帮助学生初步体验图形证明的过程。

(3) 变化情境——规律迁移。“如果将长方形分成面积相等的两个部分，又有多少种不同的方法?”“如果是平行四边形呢?”教师变化图形，学生进行规律迁移，并进行操作验证，发现规律的普遍意义。

(4) 特例分析——反思质疑。学生基于操作与论证，找到了规律并能主动应用于其他正多边形。教师提问:“发现的规律，是不是所有的正多边形都适用，能不能找到反例?”学生发现正五边形只有5条直线。问题再一次打破固有思维，引导学生在质疑中反思，形成新思考。

正是在这4组问题链的引导中，教师不断引领学生对现象进行深入分析，逐步由对称轴走向过中心点的任意直线，层次推进，不断打开思维，丰富了学生数学思考的过程。

(三) 放缓节奏、丰富过程、体验生成的关键是借助学习过程实现学生心智的同步发展

放缓节奏，丰富过程，在意义联结中能深化对数学知识的理解、应用与创新，促进心智发展，让每一位学生在数学学习中获得发展动力。过程的丰富性、体验的实践性、应用的创造性，能有效帮助学生在具体的数学学习活动中“获得知识、应用知识、抽象推理”，形成心理和智能的提升。

1. 经历探究过程——让“知”与“思”同步。放缓节奏，让学生经历完整的问题解决过程，经历“动作思维—表象思维—探究内化”的过程，有助于学生对现实问题进行数学化表征，并在抽象中实现数学分析，建立数学模型，进而实现在数学知识理解基础上的数学思想方法的凸显;“思”与“知”的同步，有助于学生在“做”与“思”中形成并积累丰富的数学思想方法、数学基本活动经验，并为后续学习提供智能支撑。

2. 经历推理过程——让“思”与“能”同步。丰富过程，意味着学生有更为多样的情境选择，并能进行思维的聚散，思维品质提升的背后是数学能力、素养的发展。教师开放性的问题、有效的互动交流、针对性的资源分析、及时的反馈指导等，都能有效引领学生在经历数学推理中实现知、行、意的统一，实现数学素养的提升。

3. 经历体验过程——让“能”与“情”同步。体验生成让学生随着知识的产生、发展过程而心随意动。数学的探究、体验过程，必将伴随着积极的

情感体验而不断促进学生个体展开活动。可以说,情感与意志只有在丰富的、安全的情境下才有可能被激发,只有在挑战中才得以维持,并进一步作用于学习本身。经历体验并不断生成的过程,能使得每一位学生感受到数学的变幻、内容的丰富、形式的奇特。“能”与“情”的同步,将进一步提升学生应对各项研究的良好情绪。

美国学者、教师心灵导师帕克·帕尔默在《教学勇气——漫步教师心灵》一书说道:“教学需要从心灵出发去分析,不要过分关注教学技术,不要过分关注学生智力……而要关注主观、内在的情感及心灵的力量。”放缓节奏、丰富过程、体验生成是一种慢的教育,是在由慢而快的道路上的探索,让我们的数学课堂鲜活起来,放缓节奏,或许能为您解开诸多难题。

这篇文章虽然有点长,但是,却是一则反思和研究教育之痛的典型案例。从这篇文章可以看出反思性教育写作框架,这就是:

一、概述痛点,总体回应

教育之痛都是写作主体的自身经历与体验,在教育生活中,必须留心观察、用心体验、谨慎审视,才可能捕捉那些稍纵即逝的,或者长期存在但熟视无睹的引发我们内心不舒服、不愉快的“痛点”。平庸的教师往往缺少职业的敏感,对生活熟视无睹,哪怕问题成堆却视而不见;卓越的教师总是对生活秉持批判的态度,不断审视自身的工作状态,从风平浪静中发现潜流涌动。写作是生活的反映,这种反映自然要按照约定俗成的社会规范也就是文章体式。所以,写作教育之痛的文章开篇,需要概述病痛,并进行总体回应。比如这篇文章就是这样,在简要的导入之后,直接亮出文章的中心:“数学学习需要放缓节奏、丰富过程、体验生成,以使师生在数学思考中形成共感与交感,促成师生的共生同长。”虽然作者没有明确指出“病痛”及问题所在,但从这个主体判断中,我们完全可以看出,作者在这里针对的“痛点”就是数学教学中节奏太快,学生的学习跟不上的问题,文章的中心就是对这个问题的总体回答,也是针对这一病痛提出的整体治疗方案。

二、描述痛状,再现情境

发现痛点就是发现问题、发现病灶。但病灶不会是一个孤立的存在,总是与身体相联系。这就像问题也总是发生在具体的情境中,与一定的背景相联系一样。因此在写作时,我们就需要根据自己的理解,再现病痛的现场和情境。这不仅体现了对现实的尊重,更是为了提供诊断的具体案例。这篇文章的第一部分"情境再现——苏教版小学数学第十二册第三单元《比例尺》教学",就是详细讲述了作者在该内容教学中遭遇教育之痛的具体故事与发生的情境。出现了"知识与技能""数学思考""问题解决""情感态度"等诸方面"意料之外"问题。虽然文章没有展开叙述,但可以想象:自以为建立在对学情充分了解基础上设计的教学实施方案却遭遇了滑铁卢,心里肯定不爽。通常,再现问题情境就是要再现事件出现的时间、地点、经过、结果等关键要素;描述痛状要写出痛苦、焦虑、不安和挣扎,表达在特定的情境下与事件相遇时的心理感受。教育之痛是个人的独特感受,往往带有一定的感情色彩。

当然,再现问题情境并不是为了展示痛苦和不舒服,而是为了再现问题发生的背景及其联系,为透视现象、分析病因提供材料。同时,教育写作也是为了与他人分享与交流,教育之痛往往与个体的感受能力相关,同时也与环境相关联,把问题情境再现出来,有利于他人联系环境与背景作出判断与理解。这一阶段就像是去医院面对医生的问诊一样,只不过,那是医生对病人的问询,这里是发生在作者内心的自我对话。

应当承认,再现的病状即问题情境难免经过作者思想与情感的过滤,但还是要提倡尊重事实的原则,即使有所过滤,也是以不使事实变形和走样为前提。这样才可以为后续的分析和判断提供准确的基础信息。

三、分析病状,寻找痛因

如果说描述痛状还只是陈述或者再现的话,那么,分析痛因就属于理性判断与诠释了。这一阶段,是整个文章构思的关键环节和主要过程。一般程序是对发生教育之痛的具体情境进行信息的提取和分类,再运用自己的知识和理论为武器,对提取的信息进行解读和分析,寻找自己认为的应然状

态与实然的情境之间的落差,揭示其蕴含的原因与意义。在这篇文章中,作者进行了非常明确的分析与归纳:

1. 重形轻质,片面追求课堂高效。这源于学情分析的思考,在教材解读中过分关注了部分学生对知识内容的理解,而忽视了对知识内容来龙去脉的追问,这样使得教师过分纠结课堂高效,走入重知识技能、忽视思维发展的误区。

2. 重结果轻过程,缺乏过程的丰富。这源于对知识的简单理解,在教学中过分关注了学生获得知识的快速与灵活,为追求“速度”而压缩体验过程,使得学生的学习过程线性化,学生无法在每个学习反思环节对内容进行自我内化。

3. 重应用轻理解,缺失知识内化中的解构。这源于对应用的简单认识,在数学思考中过分关注解决问题,而忽视了问题解决中思维的开放性、灵活性,使得学生的应用只见树木不见森林,解决问题呈现单一性、机械化。

上述三方面的归因,在于教师对教材、学习过程重组、重构的简单认识和理解,片面化处理教材,机械化推进活动过程,忽视了数学活动的过程性、体验性对学生数学学习的现实影响。

病因的分析与诊断是一个头脑风暴、发散思维的过程。在这一阶段,要最大限度发挥自己的发散思维能力,把可能导致病状的原因进行分析与归纳,并在文章中呈现最具相关性的原因。在病因诊断与分析的过程中,作者往往因为自己的认识和判断能力受到局限而感到力不从心,因此,针对问题的探究性学习就在这样的情况下真实地发生了。作者带着问题进行理论学习与探索,运用理论解释隐藏在现象背后的来龙去脉即发病机理。这个过程是从情境中进行意义提炼的过程,也是个人经验转化为理论知识的过程,还是原有的个人知识与新知识对接的过程。正是在这一过程中,教师充实了自己的知识库,增强了对事件的专业理解和诠释的能力。

四、针对病因,开出药方

马克思说过,哲学家只是解释世界,而重要的是改造世界。如果仅仅止步于病情的诊断与分析,或许是理论研究者的价值反思和学理阐述的路径依赖。教师作为反思的实践者，不仅需要研究问题，还要解决问题，也就是从情境再现病因分析走向问题解决的方案与行动。这一阶段，作者不仅要拿出办法，而且要再次将新的思路变成行动，让新一轮实践来检验我们设想方案的效果——在基于对案例分析的基础上进行重新设计，拿出针对病痛的治疗药方。从这里开始，就是进入了思想和实践建构的阶段。这是一线教师与专业研究者不一样的地方。教育之痛的写作不仅要有教育的理解力，还要将教育理解力变为教育行动力。在这篇文章中，所谓药方也就是方案与对策，是作者着墨最多的地方。在文章的第二部分，"放缓节奏、丰富过程、体验生成的引导策略"其实就是作者的对策与方案。怎样"放缓节奏、丰富过程、体验生成"？文章又从"基础是'整体结构'的规划学习活动""核心是获得问题解决中数学思考的过程""关键是借助学习过程实现学生心智的同步发展"三个方面进行了详尽的论述，每个部分不仅有理论的阐述，而且有设想的对策或者自己已经进行的课堂探索。这些对策与措施都是基于"节奏太快、过程简单，不符合学生的学习心理与认知规律"这一病情也就是问题的诊断，即围绕文章的中心思想展开的。

当然，开列药方不仅是一个结果，更是一个过程。在这一阶段，需要发散思维，尽可能多地优选有价值的行动方案。这一过程不是一蹴而就、一劳永逸的，需要不断进行实践验证，不断修改完善。而且，有时还不能是一个人的行为，需要借助于专业人士和团队的力量。

五、实践验证，小结提升

这是教育之痛写作的最后环节。建立在诊断基础上的实践对策效果如何？还有哪些需要继续完善与深化的地方？这样的讨论，能够促使个体的事件上升至普遍价值的高度。"放缓节奏、丰富过程、体验生成是一种慢的教育，是在由慢而快的道路上的探索，让我们的数学课堂鲜活起来，放缓节奏，或许能为您解开诸多难题。"这篇文章的结尾虽然没有讨论方案与对策的效果，但它从慢教育的维度来进行归纳，从相反的方向深化了文章的中心议题。

其实，不止是这篇文章是按照上述流程进行构思和写作的，如果你细细留心报刊上的论文,不少反思类文章都是按照这样的方式来结构的,可以说,这种反思与结构方式,已成为教师反思性写作的“基本式”,一线教师在写作的起步阶段,不妨试试这样的选题与构思方式。

第四节 教育之痛写作的价值分析

写作教育之痛,是引导教师进入专业发展的“最近发展区”,对于他们的成长具有丰富的价值意蕴。

一、教育之痛的写作过程就是反思结构化、程序化的过程

叶澜教授说过的话大家已经耳熟能详:“一个教师写一辈子教案未必能写成名师,但坚持写三年反思有可能成为名师。”加德纳也提出了教师成长的公式:经验+反思=专业成长。但反思不是生活中的“让我想一想”,而是一种深度的、反复的系统思考。而且,教育学意义的反思是有严格的结构与程序的,不能简单等同于写点教学随笔、教学札记之类,而是要对自己经历的教育教学事件进行深刻的结构化的审视与诘问。杜威对这个反思的过程曾经进行过非常具体的陈述,对照这个过程,我们可以发现,其实,写作教育之痛的过程,与杜威倡导的反思的结构与过程非常相近,可以说是有异曲同工之妙。杜威是这样陈述反思的完整流程的:

第一,由于对自己身处其中的情境产生了混乱困惑和怀疑。

第二,对现有的原理或情境意义及其可能的后果进行了“预期推测和尝试性解释”。

第三,检查审视分析各种可能的方法,这样就能够界定并澄清遇到的问题。

第四,对各种尝试性假设建议进行说明。

第五,采取一项行动计划或者根据期望的结果作出行动。

所谓“对身处其中的情境产生了混乱困惑和怀疑”,这就是观察生活、发

现痛点的阶段。“对现有的原理或情境意义及其可能的后果进行预期的推测与尝试性解释”，这就是分析困惑也就是我们所说的病因分析和后果推测。“检查审视分析各种可能的方法”“对各种尝试性假设建议进行说明”，这实际上就是教育写作过程中的发散思维，找到各种诊治的办法，并进行说明，这是优化方法、进行论证的过程。“采取一项行动计划或者根据期望的结果作出行动”，这就是优选各种办法与对策，尝试进行实践验证。

由上可见，除了开头和结尾外，教育之痛写作的主要结构程序与教育反思的结构程序是完全一致的。无论是教育写作还是教育反思，都是以自己感受深刻的一个事件为起点，进行深刻的结构性反思，寻找这个事件的原因与结果，在此基础上拿出解决的方案与对策。不仅思维的方向相同，甚至连步骤也基本协调一致。可见，教育之痛的写作过程就是一个完整的、系统的教育反思过程。写作教育之痛，恰好是为人们开展教育反思搭建了一个结构化平台。

二、教育之痛的写作过程也是情境化的行动研究过程

教师即研究者。理论和实践都反复证明，把工作与研究结合起来是促进教师专业发展的驱动力。新的教师角色定位表明，教师不仅是研究者，而且是反思的实践者。教师最具专业价值的研究不是理论研究而是行动研究。写作教育之痛的过程，其本质就是行动研究的过程。从写作与研究的对象来看，教育写作是写“我”的工作、“我”的痛，这与行动研究中以教师本身的工作作为研究的对象是一致的；教育之痛的写作，不仅要进行病痛的诊断，更要进行对策的研究和实践的验证。从这个意义上来说，教育文章不只是纸上写出来的，更是自己亲自做出来的。而这正是行动研究的本质属性。台湾学者蔡清田认为，行动研究主要包括“诊断”和“治疗”两个部分，其具体程序为——

诊断问题：说明相关背景问题领域、问题情境。

选择方案：研拟可能解决问题的行动方案，提出问题解决的假设。

寻求合作：向学生、家长、同事和专家征询意见，协调研拟行动方案。

执行实施：采取实践行动，以处理遭遇的难题。

评鉴反应:对主要研究历程进行评鉴与批判反省,实践验证。

从上不难看出,行动研究的主体与客体、流程与特征与教育之痛写作大同小异,只不过行动研究更规范、更系统、范围更广阔而已。

三、教育之痛的写作过程也是专题化探究性学习的过程

情境学习理论专家布朗等指出,“学习和思维都是基于情境的,他们不能孤立地镶嵌在个体的大脑之中,而是通过情境中的文化活动或工具发生在人类的大脑中。那些与活动、工具和文化相互割裂的学习和知识是惰性的。知识必须在真实的情境中呈现,在包含知识的真实场景和问题解决中呈现,才能激发学习者真正的认知需要。这是因为认知存在于具体的活动、情境和文化之中,人们只有进入其中,才能学到所谓的知识”。的确,根植于教师工作现场和情境的探究性学习是教师专业发展的根本动力。写作教育之痛不仅是知识吐出的过程,也是学习和吸纳的过程。这种学习,不仅包括向实践的学习,更重要的是对理论的吸收与消化。对教育之痛的深刻反思,固然离不开自身的生活阅历和经验,更需要理论的工具与框架。要对遭遇的问题和困惑作出准确的分析判断,单凭自身的直接经验是远远不够的,必须站在巨人的肩膀上,借助于理论的力量。针对病因开出的药方,对症不对症、灵光不灵光,也需要实践来检验,需要理论的诠释与说明。再先进的技术也不能将现成的理论植入作者的大脑,只有开动脑筋,进行深入的学习,才能建构新的知识体系。上一节引用的案例文章《放缓节奏,等待儿童的数学成长》,作者在写作中看了哪些书我们无法知晓,不过,单从它对其他文章的引用我们就可以窥见一斑。为了这个问题,作者进行了大量的文献阅读与研究。正是在确定了问题情境之后的反思和写作使他产生了学习的需求与欲望,有针对性的应用性学习使他的知识增殖。总之,写作把实践反思与研究改进融为一体,把理论学习与经验总结合二为一,把知识的整理与加工统整在一起,不仅丰富了教师的知识仓库,而且增加了教师的专业理解,让他们充满思考也是充满信心地投入工作,减少工作中的教育之痛,收获更多的教育之快。

总之,教育之痛的写作过程,就是将反思具体化、结构化的过程,也是将工作中遭遇的个性化的问题转化为行动研究的过程，还是一个以问题为导向的建构性学习探索的过程。这样的教育写作，将平凡琐碎的工作化为教育记忆，使工作中所遭遇的麻烦化成幸福的故事，把刻骨铭心的教育之痛变成令人难忘的教育之快，让遭遇的困惑与惊奇释放出内在的价值与意义，这就是写作教育之痛的丰富意蕴。

参考文献：

[1] 赵明仁. 教学反思与教师专业发展——新课程改革中的案例研究[M]. 北京：北京师范大学出版社，2009

[2] 蒋敏杰. 放缓节奏，等待儿童的数学成长[J]. 江苏教育研究，2014(1A)

[3]【美】马克斯·范梅南. 教育敏感性和教师行动中的实践性知识[M]. 李树英译. 北京：教育科学出版社，2001

[4] 蔡清田. 教育行动研究[M]. 南京：南京师范大学出版社，2005

今天，当人们看到物化的教育写作成品——文章的时候，似乎早已风平浪静。其实，每一篇用心写作的文章都经历了一场轰轰烈烈的思维碰撞过程，都是作者高度紧张的智力化和情感化精神活动的结晶。

写作是从思想感情的“触动”起步的。不要以为情感波动是文学创作启程的专属，真正的教育写作也是从思想感情的触动起步的。某种外在因素对内心的触碰犹如撒下一粒火种，会一下子点燃作者的写作激情，激活本已潜伏在心中的写作念想，瞬间形成一种写作的情感欲望和思想力量。许多作者的经验告诉我们，这种触动是一种不期而遇，是一场未经预约的精彩，具有偶然性、瞬时性、情感性特征。

受到触动之后的写作如何进行？怎样把这种触动化为写作的动力？如何深化主题、意化材料、序化结构、物化语言？这一章环环相扣，为你一步步揭开教育写作的心理隐秘。

第五章　过程论——教育写作怎样写(上)

第一节　触发,点燃写作的激情

今天,当人们看到物化的教育写作成品——文章的时候,似乎早已风平浪静。其实,每一篇用心写作的文章都经历了一场轰轰烈烈的思维碰撞过程,都是作者高度智力化和情感化精神活动的结晶。那么,这种写作活动的情感起点在哪里呢?请看下面这位作者的自述:

【案例 5－1】

清晰地记得 2003 年北京有位叫林承霞的特级教师到我们县里来上课,她上的课是"作文片段练习",她的课很有意思,从头到尾师生都沉浸在轻松活泼的聊天氛围中。她的课堂调控能力很强,整堂课她就在和学生聊天,充分调动学生的经验世界。学生在她的课堂上情绪高涨、思维活跃,善说、想说、乐说,还乐此不疲。当时,我边听边感觉我正在经历一次有关快乐作文的头脑风暴。听着听着,我感觉全身的血液都在沸腾,思维在急速运转,我跟着林老师的课堂节奏记录下了我在这堂课中的收获。我发现这样的作文教学才是暗合孩子身心发展特点,顺应他们的成长需求的。于是,一节课听完,我的一篇《玩儿出来的作文——林承霞老师"作文片段训练"赏析》便新鲜出炉了。

与上述作者王学进的习作动因主要是情感触动稍有不同的是，冯卫东先生在谈到自己的论文《“亲情语文”教学中值得注意的“悖论”问题》的写作时认为，他受到的则是一种思想的触碰。

【案例5－2】

大约三年前，我参加南通市“名师之路”征文评比，如皋一位老师的文章《把窗儿打开，让阳光进来》引起了我的注意与思考。该文写了作者与班上一名叫“康”的学生的情感交流的一段故事。康在周记中写道：朱老师，从您走进六(3)班的第一天起，我就觉得您像我的那个人！真的！可惜，我从来不敢提起那两个字！每当您说起您给您女儿买这买那的时候，我总是莫名奇妙地激动，总感觉我就是您的儿子，您就是我的那个人。老师，怎么办？帮帮我吧，马上就要写到那个人的作文了，我怎么办？我没有啊，真的，我没有——妈妈！从来都没有！班上没有一个人知道，您是第一个！秘密，求您为我保守，永远……老师，如果您是我的妈妈多好！康将要写的那篇作文是苏教版小学语文六上(第11册)第二次作文。

……

其实，不仅仅是王学进、冯卫东，还有许多作者亲历的写作过程告诉我们，写作是从思想感情的触动起步的。不要以为只是文学创作需要内心的感情触动，真正的教育写作也是从思想感情的触动起步的。某种外在因素对内心的触碰犹如撒下一粒火种，会一下子点燃作者的写作激情，激活本已潜伏在心中的写作念想，瞬间形成一种写作的情感欲望和思想力量。许多作者的经验告诉我们，这种触动具有偶然性、瞬时性、情感性特征。所谓偶然性，就是触动的产生不是有意安排的，而是一种不期而遇，是未经预约的精彩。像王学进走进课堂听课，没有想到会产生这么大的触动；冯卫东是在参加论文评选偶读一篇学生作文时产生的“心痛”，引起了他的“注意与思考”。所谓瞬时性，就是这种被点燃的感觉、这种不吐不快的念头稍纵即逝，不会长久地留存在心中，如不即时捕捉，将会烟消云散。所谓情感性，是指这种触动会引发作者的情感体验和审美判断，或产生一种感情认同与心理愉悦（像王学进"感觉全身的血液都在沸腾，思维在急速运转"就是这样的情感状态），或产生思想碰撞与价值冲突（冯卫东的"注意与思考"就属于此）。这些能够引发作者感情起伏或思想波动的因素是什么？具有怎样的特点？也许有人会觉得：与教育直接相关的因素才能够充当这种"触媒"，因为上述两个案例中引发触动的因素都是直接与教育相关。其实不然，大凡客观的、外在的生活因素，一块古怪的顽石，一株摇曳的小树，一丛路边的野草……花鸟虫鱼，日月星辰，风霜雨露，只要你有写作的念想在大脑中盘旋，这些事物与你思考的问题有某些质态上的关联性，都可能触发你写作的灵感，撞击你思想感情的闸门，让你写作的冲动如潮水般奔突而出。

值得我们思考的是，面对同样外在的现象，为什么有人会受到触发，瞬间有被点燃的感觉，有人却无动于衷，冷若冰霜，不为所动？其根本原因不在客观因素的差别，而在写作主体的状态如何。写作主体的知识能力、素养积累、心理状态，是能否被点燃的内在的根本因素。外在事物是机缘，内在积累是呼应。试想，如果王学进、冯卫东不是学养深厚的教师，不是思想敏锐的学者，不是因为在这些方面的精神关注，他们也不会这么敏锐地发现隐藏在这些材料背后的问题与价值。其次，能否被点燃，还在作者有无希望写作的直接或间接的动机，也就是有无写作的欲望和积极的心理状态。有了这种积极的心理状态，有了自己对某个话题的思考与关注，遇到一定的外在"触媒"，潜伏的欲望才能被唤醒，精神才可能兴奋起来，才会产生怦然心动的感觉。这就是面对相同的外在因素，有人怦然心动有人却无动于衷的根本原因。可见，所谓的不期而遇，也是偶然之中有必然因素，是内在动机与外在契机巧妙相遇。当然，能否引发作者的兴奋，最直接的原因是外在"触媒"是否与作者近期的精神关注点产生某种契合。如果作者恰好正在关注和思考某个方面的问题，外在的因素中某些事物的特质与关注因素有相关性，产生了某种内在联系，也就是产生契合。契合就是外在诱因与内心需求的相关性，就是外在的情境必须有一种情状、特质或意义是与作者内心潜在的心理状况存在某种相关的对应或联系。比如，风中的小树可能与生活中孩子的成长有关，路边野草的某些特性可与教师的专业成长挂钩，导游的引路可能与教师的导学有相似之处……如此等等。只有内外两者建立起相关的、有意义的联接才可能产生触动的感觉。生活当中，事物的相关性是多样的。有相同性，比如“虎妈”与“狼爸”，都以“狠”著称；有相反性，比如王学进为什么能在林老师的课堂上那么兴奋？因为他看到了与平时不一样的作文课堂；有相似性，比如树木与树人。还有各种各样的关系：现象与本质、思想与形象、个别与一般……如此等等。总之，只有写作主体有了直接或间接的写作动力，有了自己的研究领域和精神关注点，才能够做到万物皆备于我，天下事物为写作而用。

触发，点燃了我们心中的火种，让我们的写作活动感情充沛、动力十足。我们如何才能够寻找到这种感觉，收获如此这般的心理状态？首先，要积极读书学习，不断增强自己的知识积累和思想修养，为萌芽的产生培育肥沃的土壤。其次，进行积极的生活体验，培养自己对生活观察和认识的能力，培养自己的职业敏感力。第三，开垦属于自己的研究和关注领域，让自己的“眼睛”打开，处于积极寻找、张弦以待的状态。第四，及时收藏自己的灵感，保存自己的记忆。比如在网络上开博客、写日记等等。此外，还可以像王学进那样，把感触记在笔记本上，或者存储于移动终端的“备忘录”栏目。三言两语不拘形式，先记录下来，等以后有了成块的时间，再慢慢消化，吸取营养，升华成文。

触发，被冯卫东称为导火索，表面看起来是开启了写作构思的第一个环节，其本质是打开了思维的一扇窗，初步发现了问题的端倪，初步形成了反思与写作的选题域。比如上述冯卫东受到刺激后初步产生了这样的疑问：没有妈妈本来就是一场巨大的精神厄运；在此情形之下，还要叙写（抒发）妈妈对“我”（自己）的爱，这是不是有点儿在伤口上再撒上一把盐的意思？王学进的文章表面看起来没有明显的问题，其实同样开启了思考的窗口：林老师的作文指导为什么与现实中多数人的作文指导不一样？怎样的作文教学才能符合学生的身心发展规律？当然，触发只是发现了写作的大体的方向和目标,作者总体上、直觉上有了一个问题域,带有明显的表层性、笼统性特征,属于问题的萌芽阶段。就连冯卫东提出问题的方式也是“是不是”,带有那么一点不确定的语气。而且,并不是所有的萌芽都能长成禾苗、开花结果。作者受到触发并不代表着论文选题的成功。这还得看作者是否能够沿着这个触发指引的思维方向继续深化下去。如果能够深化下去,就可能继续;如果不能够深化,就是后来的情况与当初产生触发一瞬间的想法并不相同,灵感的火花有可能熄灭,写作就可能半途而废。可见,不是所有的思想与情感触发最终都能够形成教育文章的。

第二节　深化,问题审视与材料拓展

写作主体受到外在因素的触发之后,是否可以一气呵成地完成写作?答案是否定的。像上文的王学进老师这样,在灵感驱使下一气呵成完成文章的写作基本属于个案,而且因为他写的是一篇案例分析,听课的过程也是在现场产生观点与进行材料搜集的过程。对于绝大多数作者和文章来说,仅仅依靠触发还不足以一气呵成地完成写作。因为表面看起来,论文是个写作过程,实际上还是一个反思和研究的过程,需要大量的材料支撑,也需要一定时间进行思想的孕育与涵养。一般而言,论文写作是不可能像诗歌、散文类文艺作品那样仅仅依靠灵感来了就能够一泻千里、一蹴而就。论文写作要经历一个产生问题、思考问题、研究问题和回答问题的过程。即便是单就写作过程而言,也必须经历材料的搜集和思想的提炼、结构的优化和语言的运用等环节,最后才能形成文章。

可见,触发,只是初步产生了写作的念头,要进行写作,就得进入第二个阶段——深化拓展阶段。这一阶段就是继续伸开思维的触角,拓展延伸,搜集材料,深化思考,对问题与材料进行可行性评估。具体说来,这一阶段就是要进行头脑风暴,发散思考:受到触发而产生的问题萌芽是否能够破土?

问题意向是否能够构成真正的问题？这个问题是否具有研究和写作的意义？问题是否有人关注和研究过？如果已经有人关注或研究，有哪些研究的成果？水平如何？能否在此基础上继续开拓创新？如果没有人研究与写作过，那么自己的研究与写作是不是力所能及？当然，要作出这些审视与评估，又不能离开材料的支撑。如果初步评估能够构成研究与写作的问题，那么有无支撑这个问题的材料，这些材料在哪里？所以，问题深化的同时还必须进行材料的拓展，也就是通常所说的搜集和整理。

为了阐述的方便，我们将问题审视与评估、材料拓展与深化分开来讨论的，其实这两方面是相互依存、反复交织、不断进行的思维过程，在实际写作过程中根本无法分清先后和彼此。

那么，材料的拓展与深化如何进行？我们继续沿着冯卫东《“亲情语文”教学中值得注意的“悖论”问题》的开头看下去：

【案例5－3】

首先，注意积累文本或教学的案例。这类课文还有不少，如苏教版语文六年级上册的《爱如茉莉》、八年级上册的《甜甜的泥土》等。前文写父母之间相濡以沫的至深亲情散发着茉莉般的清香；后文写王小亮父母离异，亲娘十分爱他，而后娘却非常凶狠。八岁生日前一天，亲娘偷偷送来一包糖果，他没敢带回家中，埋到回家路边的一块田地里。第二天早上，由于春天到来，地气转暖，糖果被融化，他用小手挑出一小块泥土，放到嘴里，顿觉甜意透心……我还听过一位青年女教师借班上作文课，题目是“我的父亲母亲”，要学生进行细节（或局部）描写，写父母亲勤劳的双手。很显然，这些都未能顾及特殊家庭的学生。

其次，认真思考其中可能存在的问题。除没有给予特殊个体或群体以特别关爱之外，至少还有两点：一是有的主题较为陈旧（如《甜甜的泥土》），容易产生负面影响；二是一味凸显父母“恩重如山”，脱不了“成人中心”的窠臼。

第三,尽可能多地搜集将来可以作为立论论据的事实或理论信息。如,关于“天下父母都一样(勤劳、仁爱等)吗?”我曾在《现代教师读本·教育卷》中读到如下材料:

在大学的英语课上,外教让学生写一篇作文《我的妈妈》……第二次上课时(大家)得意地看着老师,等待夸奖。老师却很沉重,她用一种悲悯的眼神看着大家,说:“我想不明白,你们的妈妈怎么都是一个样子?都是勤劳的、贤良的、忍辱负重的?你们的妈妈没有偷懒的时候?没有贪婪的时候?没有内心欲求?没有自己的表达?这些你们怎么都看不到?”

再如,关于传统伦理道德中“成人中心”取向的批判,鲁迅先生在《我们现在怎样做父亲》中说:“生出子女,对于子女当然也算不了恩。——前前后后,都向生命的长途走去,仅有先后的不同,分不出谁受谁的恩典。”“对于子女,义务思想须加多,而权力思想却大可切实核减,以准备改作幼者本位的道德。”“觉醒的父母,完全应该是义务的、利他的、牺牲的。”

还如,关于对“少数人”或弱者的态度问题,劳凯声教授曾谈到学校功能发挥的“弱势控制论”,认为“应使强者扶助弱者从而使弱者变强,教育在这方面负有不可推卸的责任”;也有学者认为,弱者受到关注与重视的程度决定了社会或群体的文明水平。因此,以唤醒和弘扬人性为主题的“亲情语文”绝不能不尊重“少数人”或弱者的人性需求和心理安全需要。

冯卫东这篇文章虽然是谈微型课题研究的,实际上就是谈一篇教育文章写作的完整过程。从中可以看出作者在受到触发,初步确定了选题之后,如何深化思想和拓展材料的。由此可见,一篇文章搜集和深化材料的方法至少有这几条渠道:

1. 调动积累。冯卫东所谓的“还曾读到”“我还注意到”等等,都是作者对平时的学习和积累的生活调动。的确,许多用心的教师都是这样,他们深厚的教育生活的积累,来自良好的生活积累的习惯。通过教学日记、教后记以及教育叙事等方式记录下自己的教育生活段落或者感悟,记下自己的兴奋点、成功点、遗憾点,这些原始状态的材料具有其他书面材料不可比拟的教育和写作价值,它们属于作者自己积累的第一手材料,具有丰富的思想含量。好多教师还形成了网上开博的习惯,这些网上的博文多数不够成熟,处于没有主题的散漫状态,但长期积淀形成的思想发酵,就可能成为很好的论证材料。

2. 文献检索。文献检索来源非常广泛,从传统的图书报刊到现在的网络平台,都可以按照初步形成的问题或者问题域,进行必要的搜索。尤其是网络平台储存了海量的信息,只要输入关键词,就能找到丰富的相关内容。冯卫东其实也做了大量的文献检索工作,比如关于小学、初中、高中课文中有关“亲情语文”的篇目肯定是检索得来的,关于劳凯声教授的相关理论,他直言是“我搜索到的”。

3. 实际调查。冯卫东曾经这样叙说关于他对这个项目的事件调查:“我利用各种教研活动,多次与语文教师交流,畅谈个人的意见与建议,同时也注意听取和吸纳他们的一些成功做法与经验,在此基础上写成了《‘亲情语文’教学中值得注意的‘悖论’问题》。”冯卫东这里所说的就是实际调查。实际调查也是论文写作中常用的问题深化与材料搜集的方法。实际调查首先要明确目的,根据目的的要求进行问卷调查或者现场访问。这样获得的材料也是第一手资料,而且目标明确、方向集中,比较能够说明问题。

4. 亲身实践。当然,这个选题中的有关材料是不便通过亲身实践来获取的,但教师写作中很多是教育教学反思与实践类的经验文章,这类文章首先是来自实践经验,一般是在反思失败的基础上提出假设的举措,然后进行实践,积累经验。这个过程就是假设与验证的过程。有的作者说教育写作不是写出来的,而是做出来的,就是体现了这种实践性。

总之,一篇文章往往不是单一方式搜集材料就能够完成的,往往需要通过多种渠道,运用综合性的拓展和整理材料的方式。

几乎所有的教科书都会说到,材料的搜集要做到多多益善,这当然有一定道理。因为只有充分占有了相关的材料,才可能对选题的背景有充分全面的把握,提出的问题才有深厚的根基。但多多益善只能是相对而言,因为当今社会信息膨胀,我们不可能也没有必要做到穷尽所有的材料。所以,我们提倡,在占有材料的问题上,还应当提倡抓住材料的要点、重点和特点,抓住关键的材料。还需注意的是,搜集材料不仅要注意搜集支撑自己观点的材料,更要注意搜集那些与自己观点相反的材料,在此基础上提出问题、分析问题才不至于跑偏。

由上可见,从问题思考与研究的角度看,深化拓展阶段的主要任务是问题评审与材料聚集,也就是围绕初步形成的选题,进行发散思维,一方面由点到面地作发散性思考和联想,另一方面由表及里地进行深层解析和挖掘。通过多种渠道大量搜集材料,并进行审视与评估,再次确认选题的价值与意义,再次评估写作的可能性,为正式进入写作的动笔阶段进一步奠定基础。

第三节　意化,熔炼写作的主题

在经历了对问题价值和文章写作的可行性评估与材料拓展深化之后,写作就要进入一个新的阶段——熔炼思想、提炼主题的阶段了。也就是进入了写作的意化阶段。意,就是文章的主题。文章的主题如同开放的花朵,花开在枝上,根须却生长在材料之中。所谓意化,从心理学的角度说,就是心理投射,也就是作者将自己的认识与理解赋予已经搜集的题材,使客观的题材有了主观的价值意义,借以证明自己的观点。从文章的构思与写作过程来分析,意化其实是“化意”,是作者在对初步筛选的材料进行分析、归纳、聚合、透视后提出的观点,就像用高炉对矿石进行熔炼一样,经过高温的熔炼,提取其中的精华,也就是文章的主题思想,用以回答文章提出的问题,并以之辐射全篇、统帅文章。

在写作的深化拓展阶段,作者手头聚集了大量搜集来的原始材料,这些材料怎样处置?经过比较分析筛选,首先剔除那些与回答问题关系不大的非典型材料,然后运用分析的方法,对留存的有用材料进行深入剖析,揭示其中蕴含的价值和意义。写作的材料比如案例、故事等是不能直接将其意义显现出来的,这就需要写作主体在分析的基础上进行比较综合、归纳提升,才能够形成认识,提炼成思想观点。这个过程,是在实践活动的基础上,以抽象的概念、判断、推理反映事物的价值与属性。从思维的角度看,抽象概括的过程是把客观外在的材料变成“我”内心拥有的、主观把握的材料的过程,也是从直观表象中把普遍性、理论性的本质意义析出的过程。这个过程就像是从海水中蒸发出盐分一样。抽象,是思维主体对客观事物的分析、比较、综合、概括的活动,剔除对象中偶然的、变化不定的因素,而将材料中那些必然的、合目的与合规律的价值与意义抽取出来,并用概念或判断的语言形式固定下来。

许多作者的实践经验告诉我们,意化可以有多种途径,比如直觉判断,就是看到材料之后凭自己的感觉就能够说出其意义。当然,不是每个作者都具备这样的功力,这需要有长期的知识积累与深厚的学养做基础。还有就是理性熔炼的方法,途径主要是两条:一个是分析提取,另一个是归纳概括。下面这个案例就讲述了从材料分析中提取意义与价值的过程:

【案例 5－4】

1990 年教《落花生》时,我发现“父亲”的语言特有魅力,比如,“花生的好处很多,有一样最可贵:它的果实埋在土里,不像桃子、石榴、苹果那样,把鲜红嫩绿的果实高高地挂在枝头上,使人一见就生爱慕之心”。我作了如下解读:(1) 点拨适时。孩子已把花生实用的特点讲得差不多了;但毕竟是孩子,要他们再往复杂处想是有较高的难度的,“父亲”应该做归纳了。(2) 思维周密。认识事物必须由现象到本质全面地进行,把外部形态与内在质量联系起来看。(3) 对比形象。……(4) 启发得当。……

这里所谓的“解读”,其实就是分析的方法。通过分析,得出了父亲的语言特点——“点拨适时、思维周密、对比形象、启发得当”,这就是作者对《落花生》一文中父亲讲话意义分析提取的结果。

当然，思想的提炼还可以采用归纳概括的方式。比如：

【案例5－5】

一位教师在教学《羚羊木雕》一文时，引导学生共同探讨“父母”对“我”的批评是否正确这一话题。学生争先恐后地发表自己的见解：

生：礼物的贵重不是因为价值的高昂，而是因为其中包含的真挚友情，希望做父母的能看到这一点。

生：物品再贵重也是有价的，但自尊心和友情却是无价的，一旦受到了损害，是无论多少钱也买不到的，做父母的不能简单、机械地责怪孩子。

生：我认为，父母如果能维护孩子的友情，不去伤害它，比你送他礼物，更能使他健康成长，因此，父母不怪孩子可能会更好。

……

面对学生一边倒的重友情轻亲情的观念，教师不急不躁，转而以家长的身份和学生展开了平等的对话。在一番推心置腹的交流之后，学生明白了亲情与友情对于人生来说是同等重要的，它们分置于生命天平的两端，维系着生命的平衡，两者缺一不可。在心灵的碰撞中，师生情感交融，收获着思想的澄明和人情的温暖，对话也因此充满了人性的魅力和感人的力量。

这就是归纳概括的方式，通过对学生对话的分析之后，作者借评价教师的教学方式进行归纳小结，说明了这是一段心灵的碰撞；通过这种碰撞，获得了什么，这就是概括上升。

意化的要旨有二：求“新”与求“深”，即通过“意化”，让主题有新意和深意。所谓新意，就是发前人之未发，具有独创性。当然，新意既包括提出新的思想，也包含在原有的领域作出新的理解与探索。这样的文章才能奉献新的文化价值。相反，如果既没有提出新的问题，也没有对原来的问题作出新的解释或有新的探索，只是简单“重复昨天的故事”，这样的文章就没有多少交流的价值。上一节冯卫东的关于教材中人道主义的文章显然是富有新意的独创之作。因为他在通常的"亲情语文"的基础上深化一步,提出了"亲情语文"的"悖论"。这就是独家之言,是新的见解。

深意,就是见他人之未见。教育写作不能只是就事论事,只看到事物的表层意蕴。教育写作无法做到每一篇文章的论题都是新颖的,但是,在老问题上比他人看得深,发现了他人所没有发现的东西,同样有价值。怎样才能体现文章的立意之深?关键是作者的站位要高,只有站得高才能看得远,同时也能挖得深。从思维方式上说,就是应当用联系的思想而不是用孤立的思想看问题。孤立地看问题,只能就事论事,难以达到一定的认识高度。把思维的对象放到一定的生活背景、时代背景与理论背景下去考察,才能突破孤立的浅表思维的局限,看到事物更新更深的意蕴。

为了发现新意与挖掘深意,我们首先得学会对事物的审视。审视就是用冷静的目光分析,对进入视野的材料多问几个为什么,挖掘其价值和意义。比如冯卫东在积累了材料的基础上,认真思考其中可能存在的问题,从思维方式上说,就是运用抽象的方式,通过分析与审视,最后得出两点结论:"除没有给予特殊个体或群体以特别关爱之外,至少还有两点:一是有的主题较为陈旧(如《甜甜的泥土》),容易产生负面影响;二是一味凸显父母'恩重如山',脱不了'成人中心'的窠臼。"

其次,要找准观察与思考的角度。横看成岭侧成峰,不同的角度会发现不同的风景。要见他人所未见,当然也需要选择一个不同的角度。"亲情语文"是歌颂父爱母爱,这是成人的角度、编辑的视界。而冯卫东从一个偶然的因素中看到了别人看不到的东西:"亲情语文"对部分缺乏亲情的孩子构成了人道主义伤害;"亲情语文"对一部分人是爱的精神雨露,但对另一部分人却是凄风冷雨。冯卫东正是从这样的特殊角度看到了常人没有看到的另一面。这就是新的角度带来的新的认识。

再次,要把问题置于一定的背景之下。发现新意与挖掘深意,就是要挖掘事物的背景因素。把背景因素与思维对象联系起来,才能发现他人不易发现的更加深刻和长远的意义。冯卫东对"亲情语文悖论"的认识,首先是把材料放到生活的背景之下思考，没有妈妈本来就是一场巨大的精神厄运……试问，对“康”以及和他一样遭此厄运的孩子们，我们又怎能加深他们内心的伤痛，让他们再遭劫难？这是把“亲情语文”放到社会背景下认识。“义务教育阶段应该教‘亲情语文’，它的教学目的之一是给予学生人道主义熏陶，而事实上，‘亲情语文’教学又极可能对一些学生构成人道主义伤害，乃至‘人道主义灾难’。……”这是结合学科教育的背景来考察。除此之外，作者还搜索到劳凯声教授关于学校应当关怀弱势人群的论述，把“亲情语文”中出现的“悖论”放在了社会与理论背景下考察，文章的深刻立意就凸显出来：以唤醒和弘扬人性、人道为主题的“亲情语文”绝不能不尊重“少数人”或弱者的人性需求和心理安全需要。

除非是那些一事一议的短论，一般而言，篇幅较长的教育反思文章都是一个复杂的思想系统和有机的材料系统，这样的系统构成的丝丝入扣、逻辑严密的文章才能表达作者的问题思考和回答。因此，搜集材料是一个侧重于空间拓展的外在工程，从材料中熔炼出思想观点则是一个思想升华的内在工程。不少文章都不是一个观点，而是中心论点之下还分布有若干的分论点。因此，“意化”绝非是一次可以完成的，而是一个层层递进的反复提炼思想的过程。案例5—5所提的《深度对话：语文课堂的本色追求》也是这样。这篇文章的中心思想是阐述深度对话是语文课堂的本色追求，这是对进入文章的全部材料和思想的提升和概括，是建立在文章的各组成部分之上的中心论点。文章首先阐述了深度对话的内涵，然后分析深度对话的特征，再提出深度对话的实施路径。每个部分都有分论点，并且有丰富的材料支撑。可见，文章的思想提炼，绝不是一步完成的，而是经过了分阶段的反复推敲和多次的分析、概括才能够完成的。

意化，从写作思维学角度来看，是提炼观点、回答问题的过程；从写作的角度看，是由感性到理性、由模糊到清晰的思想提炼过程。意化，关键是找到思想支撑点，找到材料的内在价值，这是对材料的思想聚焦和价值发现，也是主题和意义的熔炼升华。

第四节　序化,规划文章的结构

经历了熔炼思想、意化材料等阶段之后,写作就该进入序化阶段了。怎么序化? 中国有个成语,叫作顺理成章。序化,要做的也就是顺理成章的工作,就是在已经确立的主题思想统帅下,把经过选择并确定为可用的材料(包括分论点)按照一定的规则有意义地组织起来,形成一个有机整体,构成文章的基本骨架。这个过程是一个复杂的智力劳动过程,是大脑中高度密集的思维活动。当然,这一阶段,也可以尝试用详细的写作提纲来外化思维的过程与成果。序化的过程如同是盖房子——经过深化拓展阶段的选题评估,如同确立要建造房子的目标和宏伟蓝图;拓展材料就如同按照要求筹集砖瓦、水泥、木头等建筑材料;进入了序化阶段就是细化可供施工的结构图,并按照结构图的要求把钢精水泥等材料浇筑成的构件(如大梁等)安装到一定的地方,形成房屋的框架结构。经过前期深化拓展材料,熔炼主题,作者此时此刻已经有了明晰的主题思想和能够体现主题思想的写作材料。但这种材料还是分散无序的,处于一种有意义但无组织的状态,它们飘忽在作者大脑中。因此,本阶段的重要任务,是要对材料和思想进行鸟瞰式总体评估,理顺关系,并将这些有意义的备用材料进行有机整合,使之能够充分表达中心思想,回答文章确定要研究的问题。具体而言,可以分为两个阶段:

1. 再次从全局意义上审视各类材料和意义(分论点),推敲斟酌文章的中心论点及其语言表现形式。文章的论点是问题的答案,是文章的灵魂,也是结构的纲要。在此,需要对前一阶段的思维对象和成果再作整体的梳理和整合,最终敲定文章的论点。有些篇幅较长、体量较大的文章在中心论点之外,还需再分层次进行论述。因此,还要确定中心论点与分论点之间的逻辑联系。当然,在序化的过程中还要根据主题和结构的需要,再次对初步选择的材料进行筛选淘汰:去除多余的,留下需要的;明确重点的、主要的,分清一般的、次要的。这一过程带有整体构思、谋篇布局的特点。

2. 把论点与论据有意义、有规律地组织起来。在确定了整篇文章的全局性结构关系之后,还要对文章结构的细部进行具体规划,明确材料与观点的逻辑联系方式。比如,一个论点之下,用哪些事实材料、哪些理论材料,它们是怎样的逻辑联系。常用的观点与材料的联系方法有例证法、归纳法、演绎法、类比法、对比法等,通过这些方法,让观点与材料产生有意义的联系和组合。这个过程也就是论文写作中常说的论证。这个阶段是深化观点与材料的具体联系,这就像造房子,大的框架搭好之后,还要进行门窗的具体施工一样。

在观点与材料、内容与结构的关系有了整体把握之后,就可以开始正式进行结构总装了。正如上文所说,顺理方能成章。那么,这个"理"就是序化文章应当遵循的原则。

首先,要顺客观事物之"理"。文章是作者对客观事物的能动反映。这种反映首先应当遵循客观事物内在的联系与规律。客观事物本身是一个有机联系的整体,它怎样发生、发展,如何开始、结局,自有客观的法则。比如,教育叙事,它是人物的思想与行动在一定环境下的演绎与发展,所以,一般是按照故事发生的先后顺序进行排列。又如,课例的研究与分析,肯定要顺应课堂进展的顺序才比较顺畅。

下面这篇文章就是顺应客观事物之理来序化的。

【案例 5－6】

动态生成:校本课程的价值魅力

"玉米人农庄"是我校师生自主建立的综合实践活动基地,其建设过程演绎了这样一条校本课程开发之路:立足本校问题生成校本课题—充分利用各种资源形成课程载体—在实践中反思和创生新的课程资源。在这一过程中我们越来越深刻地认识到,教师和学生永远是课程开发的主体,动态生成永远是课程的生命。

……

在上面这段简短的开头之后，作者是按照这样的顺序进行解读的。因为文章太长，将其结构提纲提取如下：

一、规划农庄：确定课程开发的方向

二、建设农庄：挖掘独特的课程资源

三、研究农庄：建构鲜活的课程文本

四、升级农庄：创生动态的课程空间

文中讲述了从2009年春天起，利用学校布局调整留下的空地筹划建设小农庄为开端，以小农庄建设为经，以课程建设为纬，讲述了他们利用闲置学校空地开发校本课程的故事。无需阅读全文，单单从这些小标题中我们已经看到了这篇文章的结构方式，“规划—建设—研究—升级”，这些词反映了这个课程建设的时间顺序，正因为是按照事物的时间顺序来结构，因此，这个结构顺序是不可逆的，不像有些并列关系的结构。

其次，是顺文体规范之“理”。文体是长期以来人们在写作中形成的约定俗成的体例，是人们对文体规范的认识和把握。反过来，这种体例与规范又会对文章的结构起到规约作用，也就是人们在写作时必须遵循文章业已形成的体式体例。由于教育研究对象的复杂性和研究方法的多样性，教育文章的体裁样式也是多种多样的。不同类型的文章写法与结构也不尽相同。就通常的几种文体来说，随笔与论文，报告与案例，各有不同的体式要求，包括其语言表达和结构方式。写作中必须按照这种要求安排顺序，组织材料，选择语言。否则，背离了体裁样式应该的样子，不仅会被认为是离经叛道，而且也会影响内容的表达与传播。比如，课题研究成果的表达，既可以用论文的方式，也可以用结题报告的方式，但这两种文体在结构上的差异是非常显著的。论文只要求把研究成果呈现出来，一般按照提出问题、分析问题、解决问题的方式来进行结构安排和内容序化。而研究报告则不同了，除了摘要、关键词等前置要素外，主体部分至少也要有问题的提出与背景分析、研究的过程与方法、结论与讨论这些内容，其结构方式显然比论文复杂了许多。

第三，是顺认知规律之“理”。文章是人们对客观事物认识的能动反映，写作的过程也是一个认知的过程。既然是认知的过程，就应当顺应认知的规律，也就是按照人们认知的心理结构来序化内容、结构文章。比如教育随笔类文章一般都是从生活中的具体事情引发出的思考和感悟。因此，其思维路径通常是由事及理、因事说理。看到农民种地，联想到教书育人；由导游引导游人观察风景，引申到教师的教育引导……由此及彼、由表及里，从一个事物联想到另一个事物，这是一个认知事物的过程，也是教育随笔常见的序化内容、组织结构的方式。教育教学反思类文章是教师写作最常见的类型，这样的文章一般是从一个具体的现象引发作者的惊奇开始，然后对这种现象进行反思和辨识，追问发生这一现象的原因，找出解决问题的对策，再付诸实践进行验证。这样的结构方式也是遵从了人们认识问题的逻辑顺序。比如，下面这篇《随文识字遇囧现象探微》就是按照人们认识事物的顺序来结构序化的（因为原文较长，故只选取了标题来说明）：

【案例5－7】

一、现象观察：形形色色的“随”使随文识字走进误区

（一）“随波逐流”下，识字和阅读“貌合神离”

（二）“随遇而安”下，识字和阅读“若即若离”

（三）“如影随形”下，识字和阅读“缠缠绵绵”

二、问题归因：稀里糊涂的“随”致随文识字悖离原点

（一）原因1：模模糊糊的顾名思“随”

（二）原因2：迷迷糊糊的道听途“说”

（三）原因3：糊糊涂涂的走火入“模”

三、理性回归：清清楚楚地“随”让识字与阅读相融互生

（一）系统研究，整体布局，恰到好处地“随境”

（二）基于文本，灵活再生，机智巧妙地“造境”

（三）延生拓展，丰富形式，灵活机动地“借境”

不难看出,上述这篇文章的结构方式,就是按照"发现问题、再现情境、分析问题、多方归因、针对问题、提出措施"的顺序来结构的。这个过程正是人们从现象到本质认识事物的过程。

当然,人们对事物的认识方式是多种多样的,除了这种由此及彼、由表及里的认识方式外,还有对比、类比、总分等多种方式。与这些认知方式相协调,教育文章也常以这样的方式序化内容、安排结构。《从"主演"到"导演":基础教育翻转课堂中角色转换及其路径》这篇文章就是用对比的方式安排结构的,其中有一张表格更能说明问题,请看:

【案例 5-8】

主演教师与导演教师的差异对比

角色 维度	"主演"教师	"导演"教师
角色观	教书育人,讲台主人 课堂主角,知识传授等	服务育人　课堂配角 答疑　引导　学习促进者
学生观	监督学生学习:把学生当作知识的接受者,追求学生整齐划一的发展	相信学生会自主学习,把学生当作知识的探究者;追求学生个性化发展
教学观	课堂讲解+课后作业 听讲+笔记:授人以鱼	课前学习+课堂探究; 自主学习+交流反思;授人以渔
技术观	教学辅助工具	基本知识的载体 教学媒介和交流工具
资源观	知识模块;教学大纲+教材	知识点;知识探究+微视频
评价观	以分数为主;传统考试	以成长为主;多角度多方式

在各类教育报刊中,运用对比的方式序化内容安排结构的案例非常之多,试看:

《学校师德教育的有痕与无痕》(祝瑞松,《上海教育科研》2014 年第 4 期);

《从教材习作到习作课堂》(魏小娜,《江苏教育》(小学)2014 年第 10 期);

《从话题开路到语用训练》(陈群,《小学教学研究》2014 年第 1 期);

《从因材施教到商材施教》(孔祥渊,《上海教育科研》2014 年第 6 期)。

不一定要看这些文章的全部,仅仅从题目上就可以看到,它们大体都运用了对比的方法来论证和序化的。

教育写作属于科学表达类文体,追求一种客观真实的表达风格。以把问题说清楚、说准确作为表达目标,而不会为了形象生动而背离文体结构的要求去追求所谓的创新与独特。长期以来,教育写作形成了相对稳定的结构方式,因此,其序化也应当遵循这样的原则。相比文学类作品追求表达的创新和创造,甚至标新立异,科学表达类文章的结构比较简单稳定,甚至有些呆板和程式化。

结合长期的编辑工作实践以及参加各种各样的论文评比活动,笔者认为,在序化内容、安排结构方面要注意防止出现以下毛病:

1. 观点与材料无关联,不能实现有意义的连接。序化,不是观点与材料无意义的连接,材料一定要能够证明观点,这样才是序化中的合目的性。比如,有这样一篇研究报告,是讲述幼儿园开展小农庄课题研究的,这篇文章的第四部分是这样的:

四、小农庄课程的实践创新

1. 优秀师资是小农庄课程实施的前提和保障。

2. 家长的理解支持是小农庄课程实施的助推器。

3. 小农庄课程走出了一条乡土芬芳的课程实践路子,丰富了农村幼儿园的课程形态。

4. 小农庄课程主张儿童立场的开放式教学,培养了活泼泼的现代文明的小农人。

很显然,在“小农庄课程的实践创新”这个标题下的 4 点内容肯定是不合逻辑的。第 3、4 两点说明是课程创新的成果,还有些道理,而“优秀的师资是实施的前提和保障”“家长的理解支持是小农庄课程实施的助推器”,这些只是实施小农庄课程的客观因素,根本不是小农庄课程的实践创新成果。显然,这就是小论点与分论点缺少内在的逻辑联系。这样的“序化”其实是缺少意义的连接。

2. 结构不完整。如前所说,文章的序化应当有完整的逻辑结构,这种结构应当是事理与心理结构的融合。比如,提出问题、分析问题、解决问题,这就是一个完整的认知顺序,也是认识事物的心理结构,必须依序进行,如果只有提出问题,没有分析问题。这显然是不对的。当然,具体到一篇文章的结构完整,要看文章是以什么为纲目安排结构组织材料。比如下面的一篇阐述学校文化管理的文章,其结构标题有两种方式:

(A)

管理核心:关注两个第一

管理措施:创造发展空间

管理底蕴:加强自身修炼

(B)

管理理念:构建生态文化

管理措施:创造发展空间

管理目标:构建和谐校园

细细对比分析,虽然 A、B 都是 3 个小标题,形式也非常整齐划一,就结构的完整性而言,A 提纲显然是不完整的。因为在文化管理的范畴与目标方面,谈及管理,首先要有基于什么样的理念,达到什么样的目标。如果连这两个最基本的管理要素都没有,很显然,是结构要素存在重要疏漏。相反,在 B 提纲中,虽然缺少了管理重点和管理底蕴这两个要素,但相比较管理理念和措施以及目标,这二者当然处于管理要素中相对次要的位置,如果篇幅有限,就可以放弃这两个管理要素的分析。

3. 逻辑混乱。在不少论文中,中心论点和分论点之间是总分关系,也是种属关系。那么,这些作为分论点的"种"之间就应当相互排斥,不能相互包容。否则就会给人逻辑混乱的感觉。

比如下面这篇《同课异构促成长　专业发展添能量》的结构提纲:

小组同课异构常态化——推动自我反思,资源共享

大组同课异构制度化——促进同伴互助,共同进步

校内同课异构擂台化——开展打擂比武,取长补短

校际同课异构合作化——推进切磋交流,互利共赢

师徒同课异构帮扶化——利于结对帮扶,互帮互助

名师同课异构示范化——实现专家引领,学习提升

不难看出,上面这篇文章的结构和内容安排存在的逻辑问题:本来作者是想按照组织形式从小到大排列,论述不同类型的组织空间内进行同课异构的不同价值与意义。但是这些小标题之间的划分不少都是相互包容的:大组小组难道不属于校内?师徒关系也许有校外的但多数也属于校内。而且意义的阐述之间也存在逻辑问题,作者所列出的这些逻辑意义也是相互包容的。像这种"序化"显然就是杂乱无序了。

4. 结构碎片化。现在有一种写作的倾向,一些作者喜欢用若干片段组成一篇文章,片段可以独立成篇,相互之间没有逻辑关系。这就是结构的碎片化,尤其是部分案例分析类文章,经常出现类似这样的结构:

镜头1:

理发店的"理发师"热情招待客人,"快来理发呀,又好看又舒服。"客人来了,一系列剪发、吹风等模仿动作,结束后理发师说,"好了"。客人回答:"谢谢,再见!"理发师说:"欢迎下次光临。"

感悟:

在这一镜头中,我们可以看到整个游戏过程更多地还是简单的重复模仿,理发师和顾客两种角色之间缺少深入的交往、交流以及互动,导致游戏情节单调,更缺少深入生活的真实性。

……

这是一篇幼儿园教师的稿件,说的是关于儿童游戏的问题,前面是一个镜头,后面是一点感悟。在这之后,还是这样的呈现方式,镜头2,再加感悟。如此反复下去。当然,还有的在感悟之后再加上一个"对策",由两个片段变成三个片段。这样的文章偶尔为之,也许还有点新鲜感,但是许多教师都如此这般,他们把这种片段的方式认为是结构的创新,其实是误解,应当说,这种方式的结构,本身每一片段是一个独立的镜头,但几个镜头之间看

不到其内在的逻辑联系,是一种拼凑的关系。这种所谓的序化其实是“碎化”,是作者结构能力不强的表现。

从写作的角度看,序化,就是把文章的内容按规则有意义地组织起来。从思维的角度看,序化,就是作者从分类思维到综合思维,经发散思维阶段向聚集思维发展的过程。在这个过程中,文体结构的规范,事物发展的规律,作者的认知结构,都是进行序化的标准和依据,这是自觉不自觉存在于作者心中的“型”,也就是模式,所以,这种思维方式也被称为完型思维。总而言之,序化,是对文章组织结构的设计与规划,它应当遵循心理逻辑与文体逻辑、事理逻辑互相统一的原则,这就是序化内容、安排结构的根本要求。

第五节　物化,编织文章的外衣

语言,是思维的物质外壳,也是思想的翅膀。物化,也是外化,就是运用适切的书面语言,把构思后存放在心中的“文章”变成外在的、纸上的文章。在写作的构思阶段,经过一系列紧张的思维活动,已经基本完成了材料的选择、思想的熔炼、结构的序化这些构思的过程,但这些运思的成果即思维活动的对象成漂浮状,不规则地存储于作者的心理空间中,此时,如果不采用文字的方式将它们固化起来,外化成文章,再深刻的思想、新颖的材料、精巧的结构也可能烟消云散,不复往返。因此,在构思完毕之后,也就是完成了材料的选择、主题的提炼、结构的序化之后,必须及时用文字记录下构思的内容即思维的成果,完成信息的编码,转换成文字,连缀成一篇完整的文章。这样才可能实现与他人交流共享的功能,成为可供文化积累的物质化文献资料。可见,物化,将思维成果用文字固定起来,是写作价值实现的基础和载体。把心中的文章变成眼中的文章,也就是通过书面语言将运思的精神成果凝固在存储介质上,这既是物化的过程,也是固化的过程。

用语言物化运思的精神成果,其根本要求就是表达得体,这个“体”是指什么？首先是指合乎语体。有人从语用的角度把人类的书面表达语体分为3个类别：科学语体、文学语体和应用语体。从语体类别上说，教育写作显然属于科学语体这个大类。因此，物化也就是语言的运用，在总体上应当遵循科学语体在语言规范的表达要求。科学语体的根本特征是求真，这与文学语体的求美和实用语体的求用不同。如果背离了求真的本质，而把求美放在首位，就可能不得体。在求真的原则下，要求语言运用的准确严谨。科学语体非常讲究概念使用的准确、判断的恰当、推理的合乎逻辑。特别是概念作为思维的基本单位，在本篇文章中是什么意思，一般都会进行明确的界定和诠释。在此基础上，再展开判断和推理等思维活动。

在科学语体中，为了表达的准确，一般不会采用那些文学色彩较强的修辞手法，比如象征、比喻、夸张、对称等等，即便是偶尔使用比喻，也是为了把事物说得更准确、更形象，让读者容易理解其准确的意义。绝不可因文害意，为了所谓的生动而影响科学性。在求真的原则下，语言运用的另一个要求是概括与简练。科学的特征是透过纷繁复杂的现象直抵本质和核心。有人从这样的维度把科学与文学进行了比较：文学是把简单的事物复杂化，而科学是把复杂的事物简单化。细细琢磨，这个比较还是切中要害的。因此，教育写作的语言运用就是追求简练、概括、明了，这是教育写作中用语言物化运思成果的等一个要求。

第二个要求是得文体之要领。得体，就是一定得合乎文体的要求。文体是人们在长期写作中积淀而成的体例上的规范，这些规范一旦形成，就成为所有作者在写作中应当共同遵守的模型与范式。这种规范不仅表现在题材要求、结构方式等方面，还突出表现在语言的风格上面。在物化阶段，必须依据不同文体的要求对语言进行运思和组织。如前所述，教师的写作有叙述性的文体，比如教育叙事、教育案例等等，它们是以叙述为主要特征的；有论证性的文体，比如学术论文、研究报告等，它们是以议论为主要特征的；还有介于叙述与论证两者之间的文体，比如教育随笔、教育札记等，这些文体属于“两栖动物”，往往是边叙边议、夹叙夹议。秦志祥老师曾就同一内容对论文与随笔的不同的语言特点进行过比较，很有启发。请看：

【案例 5-9】

人的一生像马拉松比赛,起步后的一公里就算是领先一点也是算不了什么的,大摆庆功宴毫无必要。我们更要关注的是参赛者有无足够的体能走完全程,别一不小心栽倒在路边。

【案例 5-10】

人的一生是一个漫长的生命历程,青少年时代在学业上取得一点成绩,在智力上所展示的局部优势并不代表身心发展的整体优势,若给予过度评价反倒可能成为坏事。我们更应该关注这些青少年在以后的人生历程中有无健全的心智支撑他完成一生的事业,最值得担心的是,他们的智能因过早耗尽而在日后难有大的作为。

这两段话表达的意思完全相同,但前者是随笔体,后者是论文体,两者的语体风格非常鲜明:随笔体的文字生动形象,注意细节和现场;论文体的文字严谨科学,多用专业的概念与术语。这段文字用来说明不同文体的语言表达的要求还是非常有说服力的。

第三个要求是得主体之规范。这里的主体是指读者主体,而非写作主体。文章是交流的工具,归根结蒂是服务、服从读者这个阅读主体需要的。那么教育写作的阅读主体是谁?毫无疑问,是教师这个群体。因此,从根本上说,教育写作的语言要求是适合教师的需求。大家知道,在长期的社会实践中,不同的行业形成了不同的语言特点,这种语言带有明显的行业性和专业性。如律师的法律语言、会计的财务语言、银行家的金融语言等等,这些行业语言都带有自己行业的特征,有自己的行业内才能有效交流的话语系统。中小学教师这个行业当然也不例外。长期的工作实践中,他们形成了自己行业的工作语言——教育教学语言。这与其他行业有区别,也与专业教育研究工作者有差异。因此,语言物化的得体,就是要适应教师阅读与交流的需要。具体说来,就是要做到:

实践性与理论性的结合。教师的写作是实践的反思与小结，因此，实践性是其根本特征。但是，既然是写作，又不是实践的简单重复，而是实践的思辨与理论提升。因此，这种语言应当是理论性与实践性的结合。

通俗性与学术性的结合。应当承认，教师的语言虽然具有专业性特征，但是总体还是比较通俗的，尤其是教学语言更是如此。因为教学的对象是中小学生，他们进行的还是一种通识教育，因此，教师语言的通俗易懂就成为基本要求。但是，教育写作毕竟不是教育教学本身，而是教育教学的反思与研究，这种研究属于学术活动的范畴，因此，教育写作的语言运用还必须带有一定的学术性。这就要求语言带有一定的专业性学术性。而且，要进行学理分析和诠释，必然需要一套学术的语汇。但是，他们又不同于专业的研究工作者的纯学术化语言，教师写作的语言，是在通俗基础上的学术化。

规范性与可读性的结合。教师写作是科学的写作，是研究性写作，必须讲究语言的规范性。但是，也要追求表达的生动可读性。学术界有所谓"接着说"和"照着说"的传统，往往照搬国外的理论。教师写作提倡的是"做着说"和"做了说"，就是实践话语、实践关照。教育写作的语言追求晓畅而不晦涩，简练而不繁复，清晰自然连贯，如行云流水，而不是诘屈聱牙的学术语言。

当然，物化，说到底是运用语言的能力。文章的魅力如何，不仅表现在语言的技巧与体例，更重要的在于思想的素养和材料的充实，在于主题的深刻与新颖。

第六节　冷却，窖藏思想的佳酿

好酒下线不是立即运往市场的，一般要窖藏一段时间。文章作为思想的佳酿，也是需要窖藏的。高子阳老师曾经把文章比作宝宝，是要好好养育的，这个比喻非常贴切。的确，文章是有生命的，必须经历一定过程的孕育才能够成熟。这个过程包括思想物化、形成文字之后的冷却时间。朱广兵老师说过这样的写作体会,好多教师都是稿件一完成就急着投寄出去,他可不是这样,“我在写完一篇文章后,记上年月日,就把它放在抽屉里,暂时不去管它,但是,从那时候开始,不仅在抽屉里有了一篇文章,而且在大脑里也镶嵌着这篇文章。这以后,我读书时会发现:这个词汇用在哪里,真是如画龙点睛;有时看报会发现,这个例子最能说明我想解释的道理;与人谈话时,常常会感到,他这么说让我开了窍,使我明白了一个道理,这是写那篇文章时还不明白的;或者在某一天,突然灵光一闪,有了一个新的思路。一句话,这文稿像海绵一样,它能帮助我吸收知识、吸收信息。而这些知识、这些信息,都将自动地修改你大脑里的那篇文章”。许多作者都有类似于这样的经验,文章初步完成写作之后,大可不必匆忙进行投稿,而是让它“窖藏”一段时间。因为,时间可以让思想沉淀下来,时间还能产生距离,过一段时间,兴许有新的认识、新的发现。等待一段时间再来阅读文章,进行最后的修改润色。这样出手的文章定会有更加醇厚的味道。

参考文献:

[1] 王学进.这些年,那些写作的乐儿[J].江苏教育研究,2013(6B)

[2] 冯卫东.研究微型课题 写好教育论文[J].江苏教育研究,2012(8B)

[3] 冯卫东.微型课题升华老师的实践智慧[J].人民教育,2008(6)

[4] 林宣龙.思想之旅:积淀·提炼·表达[J].江苏教育研究,2012(4B)

[5] 邹晓明.深度对话:语文课堂的本色追求[J].上海教育科研,2014(4)

[6] 赵建华.动态生成:校本课程的价值魅力——“玉米人农庄”故事与解读[J].中小学管理,2013(7)

[7] 唐婉.随文识字遇囧现象探微[J].上海教育科研,2014(3)

[8] 于天贞.从“主演”到“导演”:基础教育翻转课堂中角色转换及其路径[J].上海教育科研,2014(5)

[9] 秦志强.胸藏万竿竹 下笔任翕张[J].江苏教育研究,2012(2B)

[10] 朱广兵.教师写作的“三长两短”[J].中国教师,2011(2)

开好头，才能起好步。教育写作该从哪里起步？教育论文还是研究报告？若果真如此，可能让一大批渴望上路的人们因畏难而却步。

有时，我们太想到达终点了，以至于忘记了该从哪里出发。

我们认为，教育写作，应当遵循这样的顺序：

从网媒写作到纸媒写作；

从散点写作到焦点写作；

从叙事写作到论文写作。

这是由低到高、由易到难，是循序渐进之路。是教育写作的媒体选择、内容选择和体裁选择的策略。这样，我们可以不断品尝成功，用掌声激励自己。从低起点起步，积蓄力量，逐步加速，最终翱翔在广阔的蓝天。

第六章　策略论——教育写作怎样写(下)

教育写作从哪里起步?我们认为,开好头、起好步,这是走得远飞得高的前提。相反,如果选择的起点不当,违背由浅入深、由易到难的原则,在刚刚起步时就可能遭遇挫折,丧失振翅翱翔的信心。教育写作,可以有高目标,但却应当从可以跨越的低门槛起步,通过渐渐获得的成功与惊喜,不断增强写作的自信和能力。其基本策略就是:从媒体选择来说,先网媒再纸媒;从写作内容选择来说,从散点到焦点;从文体选择来说,先叙事随笔再教育论文和科研报告。

第一节　媒介:从网媒到纸媒

网络,是一种神奇的力量,它不仅极大地改变了人们生活和工作的方式,也给教师的研究和写作带来了新变化与新机遇。不少当下已经蜚声教坛的名师,当年就是从网上写作走出去,与外面的精彩相遇的。特级教师周如俊是这样说他的"触网"经历的:我原本并不喜欢上网,但自从 2002 年 6 月偶然机会上"教育在线",被网上一篇关于"朱永新成功保险公司"开业启事深深吸引!"启事"的内容是这样的:本公司为激励客户成功,决定开办朱永新成功保险公司,投保者每日三省自身,写千字文一篇。一天所见、所闻、所读、所思,无不可入文。10 年后持 3650 篇千字文来本公司,如投保者未能跻身成功者之列,本公司愿以一赔百……这可能吗?于是我怀着"试试看"的心情开始上网,从此与网络结缘,并越陷越深。

自2003年4月以来,在忙碌的工作之余,我总是在网络上进行教学反思:教后想想,想后写写,认真思考教学得与失,如教学目标是否达成,教学情境是否和谐,学生积极性是否调动,教学过程是否得到优化,教学方法是否灵活,教学手段优越性是否体现,教学策略是否得当,教学效果是否良好,等等。并坚持每天挤出时间来写作一篇,在网上与网友交流。说也奇怪,这种想想后动动笔,写中有学、学中有思的网络随笔或记录,虽不成"正文",但几乎"每投必中"!在短短不到12个月的时间内,在《教师之友》《教师报》《中学数学月刊》《中学数学教学》《中国教师》《中学生科学报》等省级以上报刊发表或自动被录用的有60多篇教学论文或随笔。教育教学水平也日趋提高。学生反映我的教学内容鲜活了,不再枯燥乏味了,教学方法变得灵活多样了。这种网上虚拟教研,真正让我尝到了教科研的甜头,教研与写作水平也日趋成熟。2003年11～12月,《中国教师报》连续刊出我三四篇文章,《现代教育报》连续刊出我七八篇文章,就是最好的说明。记得前几天在"教育在线"上,有网友问我是不是与《中国教师报》《现代教育报》《成才导报》的栏目编辑熟悉,我一笑答之:"是未曾见过面的文字上交流的朋友"!

其实,何止是周如俊!徐斌、干国祥、李镇西、卢志文、张菊荣、冯卫东……一长串耳熟能详的名字,他们都是从网上写作迈开了他们教育研究与写作的第一步,并坚持走到今天的。

网上写作有什么优势与特点,让我们先看下面这位教师的故事:

曾经给自己列过一个年度计划:在省级报刊发表两篇文章。在刚刚参加工作的那几年,这是一个多么宏伟的目标啊。每每看着学校里有同事收到样刊,那一缕油墨清香仿佛一直飘到我的心里去了。可是自己的投稿总是如泥牛入海,好不容易收到了一纸录用通知书,却被告知需寄版面费若干云云,气得我一把揉成团扔到了纸篓子里。看来我注定是与那些艰深的论文和课题无缘的了。从此,有时候即使激动一下,也不再付诸笔端,那些"火花"不久就烟消云散了。

但是,自从触网之后,她的教育世界发生了变化。她认识了很多未曾谋面的志同道合者,也交流分享了许多知识与信息,后来,她也跟着进行阅读与写作，文章不仅发表在《人民教育》《教师博览》《中国教师报》等媒体，有的还引起了很大的社会反响。为此，她感慨道：

拉开窗帘，原来阳光不是一种颜色。……第一线的老师从事教育科研最大的优势，是拥有丰富的、鲜活的教育案例；中小学搞教育科研，就是应该记录自己的教育现象，记录自己的感受，记录自己的思考，把这一串的“珍珠”串起来，那就是一条非常美丽的项链。

这是一个典型的从网媒写作到纸媒写作的案例。作者是南通的一位叫许丽的小学教师，为什么开始的投稿累投不中，而后来连篇累牍地发表文章，这到底是为什么？或者说，网络到底有什么神奇的力量？

第一，网上写作的无门槛、零障碍让作者尽享发表的自由。与纸媒相比，网媒写作可谓无门槛、零障碍。传统的纸媒发表一篇文章是一件非常不容易的事情。当然，原因是多方面的。比如，纸媒有自己的办刊宗旨，你的文章是否与之相契合？纸媒有质量的要求，你的文章能否达到它控制的质量标准？纸媒有自身运行的节奏，你的文章内容是否能应和它的脚步声？……即便这些都完全符合要求，纸媒还有特定的运行程序，从稿件投出到刊发出来，有复杂的编辑出版流程：选稿、编稿、审稿、排版、印刷……即便如今的印刷技术已经高度发展，出版编辑流程也非常顺畅，也还是要经历一个相对较长的时间过程。这中间经历的希望、挫折、失败，心理的期待与煎熬，只有投稿人自己才能理解。而网媒写作则与传统纸媒大相径庭。网上的空间是海量的，在守法的前提下，“我手写我心！”“我是作者，我也是编辑与审稿。”“我写作，我发表，我快乐！”在网上尽情地表达自己的思想，抒写对教育的爱怨情仇，没有版面与篇幅长短的限制，可以洋洋洒洒数万字，挥洒无尽的青春才华；也可以三言两语，表达零星的思想感悟。不需要看编辑的脸色行事，尽情享受表达的自由与舒畅的呼吸。

第二，多样化、无限制，任心灵在键盘上轻舞飞扬。纸媒写作受到来自多方面的制约。比如，报刊对内容的要求，有的偏重教学设计，有的偏重课题研究；对形式的要求，偏重实践风格的喜欢案例分析和经验总结，偏重理论探索的喜欢论文和研究报告。诸如此类，报刊的不同定位和选稿标准都成为教师初期写作难以跨越的门槛。而且,教育类的纸媒就那么数得出来的几家,那么多作者都在仰望着它们。物以稀为贵,于是各种非常现象产生了:人情稿、关系稿、版面费、审稿费……不一而足。而网媒写作的平台是多样化的,论坛、博客、微博、微信、QQ 群……这些平台各有各的特点,各有各的优势,只要你愿意,尽可以纵横驰骋。网媒写作最常见的做法是开博。博客是个海量的空间,即便是教育博客,也有多种形式——个人博客、群体博客、主题博客……体裁也多样化——教育叙事、教育案例、随笔札记……像文章不像文章的,网媒都张开双臂拥抱你。遑论海量社会网络空间,就是一个校园空间,也是足够驰骋的了。“在校园博客空间里,有对教师专业发展的讨论,有对教师职业情操的续写,有对高效教学的探讨,有对教师生活的随笔札记,信手拈来,皆成趣味,良多的生活趣味,良多的教师趣事,良多的教育感叹,良多的教学记录,良多的教学反思,在自觉不自觉之间,教师的专业素养得到了提升,博客成了灵魂的张扬与守望,在守望教育理想的过程中,教师的专业自觉成为了学校发展的不竭动力。”

网媒写作的多样化与无限制还表现在言语方式的运用上。可以是草根的话语,运用贴近教育教学的工作语言,带有泥土的芬芳与土味儿;也可以是庙堂的方式,运用学院派的理论话语,一本正经地透视教育;可以是娓娓道来如邻家大婶,也可以温文尔雅,如风度翩翩的学者……总之,谈笑风生,嬉笑怒骂,不拘一格,自由挥洒,哪怕有一些过激,或者有些偏颇,只要在法律的边界内,皆可以尽情发表。

第三,即时、平等、互动,智慧在碰撞中竞相迸发。网媒写作突破了时空限制,东南西北瞬间相聚。“撞出我生命的激情与内在的涌动的活力。”网媒写作给我们带来了交互的无限空间,一张看不见的网将天南海北甚至海内海外都连在了一起,突破了物理时空的限制。即时写作、即时发表,指尖飞扬、鼠标轻点,马上就能看到反响,“点赞”或“拍砖”,“踩一踩”或“顶一下”,总是让你的心中五味杂陈。“点赞”带来的鼓舞,有种他乡遇知音的感觉;“拍砖”带来的不都是郁闷,也许是一盆智慧的凉水,让你发热的头脑回到清醒的现实。在这里,没有了权威,大家都是平等地交流。正是在这样的过程中,教师得到了成长。上文提及的许丽老师说,在网上和其他教师交往,确确实实感到受益匪浅。因为你自己一个人毕竟是一部单机——不管你的配置高低——内存与运算速度总是有限的,而一旦进入互联网,你就有了许多共享的资源。别人的想法能随时拨动你的心弦,别人的资料你随时可以拷贝过来,与尽可能多的教师交流切磋,那会使你的学习进入一个新的状态。

特级教师徐斌则从另一个角度说明了网媒写作的特点:"因为网络,因为论坛,现实中严格的等级序列消减了它的力量——你根本不需要在意跟帖人是个什么级别的什么'长',什么'主任',想说什么尽可以说,如果在意,可以套用'马甲'。真实的声音,就是这样发出来的。"

总之,网媒写作,教师找到了自己的精神家园,这里,不仅可以收获激情与自信,还可以养成思考的习惯与坚持的品质。同时,给自己的职业生涯留下难忘的记忆,给自己的生命成长留下不可磨灭的痕迹。

毋庸置疑,与纸媒相比,网媒的确有不可替代的优势。但是,也有不尽人意之处。即时随意,也带来了另一面——数量很多,质量不高,缺少精品,容易走向写作的泡沫化。而且,没有规则的自由,又可能变成思想的无边和写作的散漫,对社会规则的漠视与轻慢,没有明确的目标受众。因此,网媒写作应当只是起步,而不是终点。网媒写作是为了降低写作与发表的门槛,培养写作的习惯和兴趣,从而消除写作的畏难情绪,为纸上写作和发表积累材料、积累感情,磨练基本功。更何况,在当前的学术环境和条件下,人们对思想和文化成果的社会认可还是以纸媒为正宗。因此,升华网媒写作,让反思与写作从网上走到纸上,从为自己写作到为社会写作,就成为一种必然。这样才能获得更多的社会认可。很多作者正是沿着这条路径走出来的。比如徐斌曾在网上开设过主题帖"为学生的数学学习服务",获得了大量的跟帖,这些主题论坛后来就成为他系统、深入思考这个问题的源头活水,用思想升华和结构这些原始的素材,让他对"为学生的教学学习服务"有了系统的认识和实践,因此,在2006年,他出版了专著《为学生的数学学习服务》。徐斌的写作之路应当成为初学写作的教师可以借鉴的路子。

第二节　内容:从散点到焦点

从散点到焦点,这是教育写作的又一个重要策略。因为它同样体现了由浅入深、由易到难的写作规律。这里的“点”,是指写作内容选择的范围与切入点。所谓焦点,就是写作的题材和内容选择集中在一个相对固定的方面,是围绕着一个“口子”做文章。与焦点相反,所谓散点,就是写作的内容与题材选择不局限在某一个方面,而是多方面,也就是可以有多个切入口。

比如,特级教师宋运来曾经说过写作选题问题。他结合自己的写作实践,认真总结梳理了教师写作的选题来源:

1. 从听课记录中找回忘却的“记忆”。
2. 从“教后记”中寻找深刻的“反思”。
3. 从他人的言谈中意外“拾荒”。
4. 从教育教学的困惑中“探求”。
5. 从不经意的小事件中“寻觅”。
6. 从学生的作业与试卷中“寻宝”。
7. 从成功的做法中“筛选”。
8. 从教材疏漏处“指瑕”。
9. 从业余阅读中“触发”。
10. 从课题(专题)研究中“收获”。

这是非常全面的经验之谈。对于指导教师尤其是刚刚开始写作的教师的写作非常具有实用价值。但也能看出,这样的写作没有自己的特别关注领域,像这样进行选题写作就不可能凝神聚气于一点之上,写成的文章必然是东一榔头西一棒,成不了系统。这就像挖井一样,如果你东一锹西一锹,即便能挖出水来,也不可能成为一口源源不断的深井。

好多教师的研究与写作都曾走过这样的“东一锹西一锹”式的散点写作

阶段。只是,有的教师只能停留在这一阶段,而部分教师却可以从散点写作开始,逐步走向焦点写作阶段。不信,请听听著名特级教师管建刚是怎么说的:

起初,我的"写",小小的,一"点""点"的,逮到什么"点",就写什么,哪一"点"有感觉,就写哪一"点"。只要有东西写,笔不停着,隔几天,就能写出一个小东西。内容很庞杂,教育故事、课堂反思、教育批判、教育争鸣、教育理想,每天工作中、工作时、工作后,常想,今天能逮住个什么,写一个小东西。小东西不管长短,都力求成"篇",能向各大教育报刊投稿的"篇"。德育的,教学的;阅读的,作文的,写字的——当时我在一所"写字特色学校"工作,一个"中国字不中国"的人,居然是学校里唯一将"写字"论文发到《小学语文教师》上的人。

不难看出,管建刚这里所谓"点"的写作,其实就是我们所说的散点写作。这一阶段的写作没有集中的研究与写作范围,而是逮到什么写什么,什么感兴趣写什么,不论题材,不论体裁,不论范围。热点、冰点、重点、难点、成功点、失败点……抓到一点是一点,只要能够成文,都可以写。因为在写作的起步阶段,要克服心理障碍,就不能画地为牢,人为地设置障碍。只要可以写,能写成,都可以转化为成长的力量。因为这一阶段,是需要成功鼓励的阶段。每一次的写作与发表,都是一次成功的体验,都是对自己的奖赏;这一阶段,是需要提高写作素养的阶段,观察的能力、发现的眼光、语言的运用,纸上谈兵派不上用场,只有不断实践,才能够熟能生巧,找到成长的秘诀;这一阶段,是寻找自己的阶段,喜欢写什么,能够写什么,擅长写什么,只有在不断的尝试失败中才能找到属于自己的擅长。

正如管建刚所说,"现在看来,这个逮住什么就写什么的,这里一个'点'、那里一个'点'的杂乱的写,对我的作用很不小。我由此每天都动了笔,磨了笔,磨"快"了我的笔,磨"尖"了我的笔,我的发现素材的敏锐触角,我的语言基本功,就是在这个时候磨出来的"。

这样的写作是教育研究与写作的入门必经阶段,就像是跳高、跳远,没有哪个人不用助跑就可以平地高飞?如果我们在开始阶段就人为地限制什么重点写作的领域,很可能湮灭了自己写作的激情,扑灭了思想上四处迸发的火星。但是,从另外的意义上说,这样的"全面发展",有可能走向全面平庸;到处开花,可能导致没有结果。因为,一般的教师会满足于热热闹闹的全面发展,从而陷入写作与研究的瓶颈,难以走出"高原"。只有那些清醒的作者才可能从散点写作走向焦点写作。管建刚老师就是这样的佼佼者。他这样说:

"点"的写作,大都是"豆腐干","豆腐干"的味道也很不错,哪怕是"臭豆腐",也有人喜欢得要死。我一次又一次品尝到了"豆腐干",给我的教育人生带来的美好的味蕾享受。

我也写自己的教育困惑、教育迷惘和教育失败。笔,仿佛一个钻头,带着我从教育的表层,进入教育的里层。我以这样一种对教育现象的敏锐的观察、批判和发现的状态去做教育,我发现,教育的失败不只是失败,失败也能淘出"金子"来,至少能淘出一块块的"豆腐干"来:我为什么失败?失败的原因在哪里?这种失败仅仅是我一个人的吗?它的共性在哪里?克服失败的策略又是什么?

"点"的写作,我经历了六年。六年里,老在同一个水平柱上绕圈子呀,我进入了"高原期"了。那个时候,我依然不停地写,也发表了不少文章,然而,我清晰地感到,我的反思能力、实践能力都停在一个地方,上不了。

我反思了"反思"本身,哦,制约我、让我停滞不前的,恰恰是"反思"本身。

我的"写"一直处于"点"的写作,有什么写什么,这些"点"没有形成"线",实践也好,反思也好,没有形成大的冲击波、冲击力。我明白了,我要进入"线"的反思,"线"的写作。

所谓"线"的写作,相对于以往的"点"的写作而言,着重的是实践、反思一个主题,进行"专题化"的反思性写作。我的第一个"专题性"反思写作的主题是"这一年,我当班主任",为了不给自己偷懒,我在"教育在线"开了一个专帖。这个时候,我不再期望每天写的东西成为一个较为完整的"篇",只是忠实地记录自己的做法和想法。

这一年，我写了十多万字的班主任工作笔记。双休日、假期，我再将“笔记”里的内容、主题相一致的文字，糅合在一起，于是，《期盼点燃希望》《别样的教育》《秋风沉醉的晚上》等长文在《江苏教育》《教师之友》等杂志上发表……

我的第二个“主题性”写作是“我的作文教学故事”。那时，“我的作文教学革命”实验正进入“攻坚战”，我将反思的精力全部投注到这一根“线”上，陆续写了几十个作文教学故事，后来，福建教育出版社将之结集出版为作文教学故事集《魔法作文营》。

我的第三个“主题性”写作是“我和五(1)班的故事”。一个教师每天上的课，所占去的时间并不是太多，一线的我们，课堂之外，究竟在忙碌什么呢？我们所忙碌的，又有怎样的教育价值呢？我记录了课堂之外我和学生的交往故事，两年后，整理出版了《一线教师》，很受一线教师的欢迎。

“线”的写作，突破了“点”的零乱、无序，能针对一个教育研究的“点”，作深入、“线”性的实践与思考，从而有效地突破了“点”所带来的“瓶颈效应”。×老师，跟我差不多时间拿起笔来，至今×老师还处于“点”的写作阶段，我很为他惋惜。

管建刚这里所谓“线”的写作，就是我们所说的焦点写作。其实，不仅是管建刚，好多今天看起来术业有专攻的教师也都经历了这样的发展轨迹。特级教师高子阳就是其中的一个。当初，他也是逮到什么写什么。教数学就写数学方面的文章，教语文就写语文方面的文章。“把所读所思变成做，把所做所听所思变成文，把一篇文章发展成书。”这是他最重要的写作经验。《跳出语文教语文》是他教学语文之后写作的第一篇文章，发表于《人民教育》2000 年第 5 期，之后，他沿着这个“点”继续深耕，两年多工夫，不仅在这个领域发表了好多文章，而且还出版了专著《跳出语文教语文》。之后的《组合质变教学法》《让百分百学生喜欢写作》等著作也都是按照这样的路径完成的。

苏州市吴江汾湖高新技术开发区实验小学从“土书”开始写作，引导教师人人写作、遍地开花。5 年来，共出版所谓的“土书”253 本。开始阶段，教师们的“土书”内容非常庞杂,体裁也是五花八门:教学设计、教学实录、教育故事、读书笔记、教学反思……基本上处于逮到什么写什么的阶段。用这样的方式让教师的反思研究与写作从这里起步,坚持了短短的几年,渐渐地,有一些教师进入了主题化思考的阶段。2014 年版的“土书”中,已经有 4 位教师开始有了自己专门的深耕细作的领域,用他们自己的话来说,就是由“土书”向“土专著”方向发展。《我的评价初体验》《我的绘本课程》……从这些书名我们已经看出,这些教师的研究与反思已经开始走出散点写作,进入了聚焦特定领域的研究与写作阶段。

与焦点写作相比,散点写作就像是处处挖井,其弊端也是非常明显的,就是浅尝辄止,难以深入。焦点写作就是聚焦自己感兴趣的、也是有意义的领域。这就像集中在一个地方深深地挖掘,不轻易开启,也不轻言放弃,坚持不懈,直到挖出甘美的泉水。这样的写作策略,乍看起来是找到自己的写作焦点问题,实际上是形成自己的专业领域,取得自己在这个领域的话语权。

管建刚曾经这样说过,一个人若浑身上下都是“点”,这些“点”同时要开花结果,那这个人就不是人,而是“树”了。这段不乏幽默的话告诉我们,教育写作可以从散点起步,但绝不能在此止步。必须审时度势,及时找到自己的兴趣爱好和意义所在,将有限的精力聚焦到一定的领域,逻辑化思考,结构化写作,形成自己的专题领域,从而迈向教育与研究的新的境界,打造属于自己的职业长板。

第三节　体裁:从叙事到论文

叙事,近乎于人类的本能。从孩提时代开始,人类就是用从听故事到讲故事的方式迈开了人生拔节的步伐。一线教师成天生活在生动感性的教育现场之中,他们的记忆很多是以故事的方式存储的。因此,写作教育叙事,几乎是每一个教师都可以而且擅长的教育写作。因为教育叙事其实就是有选择地再现他们生活的场景与意义。这种生活体验研究与写作方式在当下很是流行。但是,我们认为,仅有教育叙事还是不够的。教师写作还需要论文甚至科学报告这样的研究和表达方式。首先,是因为教育叙事偏重于感性认识,而对教育本质、对教学规律的认识和把握,不仅需要故事,更需要追寻这些故事背后的意义和价值。这样才便于我们将感性认识上升到理性的阶段,用以指导我们新一轮的实践行为。而这就需要教育论文这样的体裁来提炼并承载我们的思想与意义。而且,在当今的社会背景和学术环境下,人们大多还认为论文才是体现学术水平的显性标志,无论是业务考核还是职称评定,其中很大的权重是教育论文的分量。当然,我们可以说这是学术评价的偏见,很多的教育叙事的确比那些所谓的教育论文更有价值。但在当下,我们也只能对此开展讨论却无法改变这样的现实。

这里,我们不去比较或辨识叙事、随笔、论文这些体裁的身份贵贱和价值高下,只是从写作技能把握的角度认为,就教师的写作来说,这些不同的体裁的确有难易之分。因此,从策略选择上来说,如果你感到论文写作一下子难于把握,不妨从教育叙事这种相对容易的体裁入手,在克服了心理障碍,基本掌握了教育叙事的写作方法与技巧之后,再慢慢向教育论文迈进。这就像写小说,总得从短篇、中篇开始练练手,再向长篇进军。实践证明,从教育叙事、教育日记、教学随笔等相对容易的体裁入手,等有了一定的积累之后,再去写那些需要一定功力的论文和科研报告之类,这是一种有效的策略选择。当然,这里我们只讨论从教育叙事到教育论文的写作策略。

教育叙事,是讲述自己的教育教学故事,发表自己的感悟。这种文体偏重于记叙文。相比较教育论文和课题报告,它的难度系数要小得多。从这里起步是符合人们的写作能力发展规律的。相对来说,教育叙事、札记、随笔这类体裁的文章比较随便,总体属于自由的文体,但是,论文和课题报告则不同了,有很严格的规范和体例要求,所以,难度系数要大得多。为了讨论的方便与直观,我们以江苏省常熟市石梅小学毛李华老师针对同一故事的两篇文章为例进行说明,从叙事或随笔到论文该有多长的路要走。

【案例6－1】

世界在眼中　缤纷在文中(有删节)

【一次失败的作文教学】

苏教版国标本三年级下册《习作3》安排的写作内容是请学生做一个有心人,写写生活中有趣的发现。在批改作文草稿时,读到了这些令我啼笑皆非的"大作":

片段1:

"我又发现不远的地方还有一群蚂蚁,它们的队伍排得整整齐齐,就像军人一样,可有精神了!其中有一只蚂蚁突然闻到一阵淡淡的香,它就情不自禁地顺着清香走了过去。突然它发现前面有一块白白的馒头皮,不时散发着迷人的香味。它想:'这么大的食物,我们大伙儿有得吃啦!'于是它用头上的触角发出电波,它的同伴知道了,立马赶到现场,它们齐心协力用最大的力气把比它们身体大许多倍的食物,好不容易搬到洞里,享受着美味的晚餐!"

片段2:

……

片段3:

……

片段4:

……

这4段文字不乏精彩之笔,初学写作的三年级孩子写下这些文字时,想必也费了一番苦思。但他们一定不曾发现,自己的习作颇令人匪夷所思:作者1竟有高超的"读心术",能料知蚂蚁心中所想;作者2竟有奇遇,"有幸"观察到蚂蚁"搬床"、"搬衣服",还能听懂蚂蚁的语言;作者3所见之蜘蛛必有"血盆大口",不然如何能吃得了半条蚯蚓?且这只蜘蛛应该有巨足,不然何以能将蚯蚓踩得动弹不得?作者4则更有异能,竟能在春天看到满池的荷花,还在池塘里亲自养起了小蝌蚪!

初次读到这些充满童真的“有趣”的描述，还觉得忍俊不禁，然而笑过之后心里却如打翻了五味瓶，再难说出个中滋味！最终，不得不痛心地承认，这是一次失败的习作教学，因为孩子们习作中“闭门造车”式的产物目之所及，随处可见，无奇不有！

【一番粗浅的教后反思】

我无法去责怪孩子。因为儿童天生就是诗人，有着太多的奇思妙想，在他们眼里，“山啊，水啊，星星月亮啊，都是活的，会跑也会飞，会说也会唱”，他们凭借自己对生活的感知和丰富的联想写下自己想写的文字，并将那一颗颗天真烂漫的童心，藏于字里行间，这何其可贵！如果说这是一次失败的教学，那原因必定在我这里。首先，我对学情的估计是不足的。我未曾料到大部分孩子会受例文影响，选材狭隘，只写关于动物的发现，所写动物又无非是生活中常见的蜜蜂、蜻蜓、蟑螂、蚯蚓、蜘蛛等。我更没料到，接受观察任务后，孩子们会“阳奉阴违”，“将在外军令有所不受”。也许他们自以为对这些极常见的昆虫早已了如指掌，便不愿再费时间去仔细观察了。其次，我在教学时未强调想象类作文与观察类作文的本质区别：想象类作文可适当“添油加醋”，进行合理的艺术加工；观察类作文则要求在细致观察的基础上进行实事求是的写作，力求真实生动。我也没有强调细致的观察对写好习作的重要意义，没有传授他们正确的观察方法并充分激发他们的观察兴趣。

【一回成功的教学尝试】

我不想为自己的失败找借口，但我必须为成功的教学找方法——我决定指导学生写观察日记。

时值春末夏初，指导学生写观察日记，最理想的对象莫过于春蚕。这种小家伙憨态可掬，一生虽然短暂，却要经历“卵—虫—茧—蛾”的四次巨变，一定能激起学生浓厚的观察与写作兴趣。有了如此构想，我便马上着手四处觅来了大小不一的十几条蚕宝宝，特意找出一个大盒子，给它们安了一个舒适的“家”，然后在一个合适的机会把它们带进了教室，隆重地引荐给学生，并发动大家一起来给蚕宝宝写成长日记。

看到教室里来了一群如此特殊可爱的“小客人”，孩子们兴奋极了，班上旋即掀起了观察记录蚕宝宝的热潮。我在班级博客"虫虫乐园"中特意开了一个专题帖,供学生随时上传观察日记,与同学们分享自己的观察成果。

在本次主题观察活动中,我采用的是自主观察与集体观察相结合的方式,一方面鼓励学生自主观察蚕宝宝的生长情况及生活习性,每2～3天写一份观察日记上传"虫虫乐园";另一方面,我每周组织一次集体观察活动,将全班学生分成12个观察小组,将蚕宝宝分发到各组,然后指导学生进行零距离的细致观察,了解蚕宝宝颜色、大小的变化,观察蚕宝宝身体各部分的构造,熟悉蚕宝宝的生活习性。学生经过细致的观察,有了许多"意外的发现",他们满怀喜悦写下的文字生动而极富灵气:

(1) 桑叶上的小精灵

(批注:多么富有创意的称呼,喜爱之情自然流露!)

今天,也就是5月12日的周六写作班上,原本应该上阅读课,可是毛老师突然"蚕"性大发,让我们观察可爱的"小蚕客人",这可把我们给乐坏了。

毛老师一组一组地给我们分发蚕宝宝,让我们写观察日记。

我们组分到的蚕宝宝真不讲卫生,一来到我的课桌上就放下了一个小"地雷"——粪便。"地雷"长3 mm,宽1 mm,(批注:观察是如此细致,长度测量精确到了毫米。"放下一个小'地雷'"的说法,多有童趣呀!)"小蚕客人"用它的小尾巴扫了扫,把它弄到一个角落,然后再慢慢爬行。

在"小蚕客人"休息时,我趁机观察了它的外形:它像一个魔法师,不时的变幻着自己的体长。刚刚我量了蚕宝宝长3 cm,过了一会儿我又去量,发现是4.5 cm。这是怎么回事呢?噢,原来它会伸缩自己的身体啊!(批注:只有经过细致的观察,才会发现蚕宝宝身长变的秘密,将蚕宝宝比作是"魔法师",真是绝妙的说法!)蚕宝宝穿着一身白裙子,还嵌着两颗黑宝石,这会不会是一位爱美的蚕姑娘呢?它的身体分成9节,第二节却没有脚,宛如一个可怜的"残疾虫"。"小蚕客人"的脚上有一个小小的钩子,上面还长满了毛,这大概就是它能粘在我手上掉不下去的原因吧。它的尾端有一个小小的大约长3 mm、宽2 mm的小洞洞,它的"地雷"也是从那里放出来的。如果用人类的身体名称来讲,就是肛门。(批注:作者的观察细致到了数清蚕宝宝身体的节数和脚的只数，甚至还量出了蚕肛门的长度与宽度，也只有可爱的孩子，才会有如此“雅趣”呀！如此精彩的习作，真是令人有拍案叫绝的冲动。)

我希望蚕宝宝们能开开心心地成长。

才短短的一个星期，蚕宝宝就发生了这么大的变化，真令人感到惊喜万分！

……

以上习作除个别错别字外，没有经过我任何人为的“艺术加工”，但读来却是那么真实具体、准确生动。近在咫尺、细致入微的观察体验，激发了孩子们的写作热情，也赐予了孩子们丰富的写作灵感。“世界在眼中，缤纷在文中”，读着孩子们笔下诞生的一篇篇极富童趣的习作，不觉又联想到了朱熹老夫子的那句名言：“问渠哪得清如许，为有源头活水来。”多彩的生活，才是学生写作的真正源头，要激发学生的写作潜能，让他们思如泉涌，情如潮动，就必须引导他们关注生活、亲历体验。唯有身临其境，亲眼目睹，“耳濡目染”，才能形成对事物独特的、具有个体意义的认知和感受，形成一种“注入了生命意识的经验”。“以身体之，以心验之”，才能情动而辞发，说出真话、实话、心里话，写出景语、情语、绝妙语！鲜活而富有童趣的语言是从孩子内心流淌出的潺潺溪流，伴着淙淙水声，我将把观察进行到底，让体验成为作文教学永恒的主题。

【案例6－2】

探究观察类作文指导有效性的思考与实践(有删节)

2011版语文课程标准将“观察周围世界，能不拘形式地写下自己的见闻、感受和想象，注意把自己觉得新奇有趣或印象最深、最受感动的内容写清楚”列为第二学段的习作教学目标之一。与2001版的实验稿相比，它明确提及了“观察”二字，进一步强调了观察之于写作的重要性。的确，留心观察周围世界，是获取写作素材、丰富写作内容、觅得写作灵感的必由途径。

正如鲁迅先生在《给董永舒》结尾处所写“此后如要创作，第一须观察”。都说“生活是创作的源泉”，但对小学生而言，他们缺乏的往往不是“创作的源泉”——生活，而是善于观察、及时发现“源泉”的那双慧眼。所以，学习观察并学着将观察中的见闻、感受与想象用文字清楚地表述下来，是起步作文阶段的重要训练内容之一，它对学生写作能力的全面提升具有奠基性作用。为此，笔者在指导学生进行观察作文的写作方面，进行了一些探索，并且初见成效。

问题呈现：满纸“荒唐言”，谁解其中味

苏教版国标本三年级下册的《习作3》安排了一次观察作文：请学生做一个有心人，写写生活中有趣的发现。写作指导课上，笔者从指导学生审题入手，引领学生细细赏读了教材提供的例文，感受了例文选材的新颖与有趣，品味了表达的生动细致与联想的自然丰富，再三叮嘱学生回家后向例文的小作者学习，用心观察生活，寻找新奇有趣的发现，然后在第二天的课堂上写出一篇精彩的观察作文。满以为这样贴近生活、顺应童心的写作内容，辅以如此细致的指导，学生必会写出令人惊喜的佳作。心怀期待地批阅学生的习作草稿，当真是“惊喜”无处不在：

片段1：

“有一群蚂蚁正在成群结队地搬家。它们有的搬床，有的搬衣服，有的在搬面包，忙得满头大汗，还在说：‘坚持就是胜利，不能放弃。一旦放弃，我们冬天就会挨饿！快搬快搬！’”

片段2：

“一只蜘蛛看见了蚯蚓，它想：哈哈，送上门来的美食呀！它拼命往前追，想一口吃了蚯蚓。蚯蚓看到蜘蛛想吃它，就准备和蜘蛛对战。它收缩身子向着蜘蛛冲去。当蚯蚓滚到蜘蛛面前时，蜘蛛往前一扑，蚯蚓就被蜘蛛用腿踩住，成了蜘蛛的美餐。”

片段3：

“春天来了，我开心地来到池塘边。池塘里的荷花美极了。我轻轻地拂开一片荷叶，不禁喜出望外！原来，我养的小蝌蚪出世了。一只蝌蚪妈妈亲热地"亲"了一下一只灰色的小蝌蚪,谁知那只灰色的小蝌蚪一下子逃走了。我想它应该是害羞吧!"

……

篇幅所限,无法列举更多的"惊喜"。

不否认,读着这些文字,确有欢欣之感,因为学生的表达不乏亮点:他们都在有意识地用上一些生动贴切的形容词,他们大多能将排比、比喻、拟人等修辞手法运用得灵活自然,这对尚处于起步作文阶段的三年级学生来说,已是难能可贵。而在这些文字间跳跃的纯真童心、斑斓童趣,也不失为一道亮色。然而,读着这些文字,更多的还是"惊":作者1的经历太过离奇,竟"有幸"观察到蚂蚁"搬床"、"搬衣服",还能听懂蚂蚁的语言;作者2所见堪称惊心魂魄:能"用腿"将蚯蚓"踩住"并将蚯蚓当作"美餐"的蜘蛛,该是何等骇人?作者3更是身怀异能,竟使满池荷花易季而放,还在池塘里亲自养起了"蝌蚪妈妈"和小蝌蚪!如果说初读这些"有趣"的描述时还有些忍俊不禁,那笑过后的内心则如打翻了五味瓶,难辨滋味!扪心自问,这样"新颖"、"有趣"、"生动"的文字,真的是教者希望读到的吗?其实,观察作文中类似于这样的案例不胜枚举,学生闭门造车想当然的观察表述无奇不有。

叩问思辨:此中有真意,欲言先观察

一、学生层面:多彩世界,何以离儿童如此之"遥"?

儿童,原本置身于一个多彩的世界:日出日落,风起云涌,春花秋月,夏雨冬雪,鸟栖虫居,蜂飞蝶舞……这个世界,给予了孩子那么多可观察、可发现的"宝藏",可为何从孩子的文字来看,他们与真实的世界有着如此遥不可及的距离?

(一)熟视无睹——缺乏观察的兴趣与敏感

朱光潜先生曾指出:"特别新鲜有趣的东西本来在那里,我们不容易'见'着,因为我们的习惯蒙蔽住了我们的眼睛。"的确,对身边之物我们往往会因为熟视而无睹或不愿再睹。习作中,学生所选择的"观察"对象,大多是生活中极常见的事物。不少孩子误将"日常所见"等同于"细致观察",自以为"经常见到"便等于"了如指掌",无需"额外"花费时间去刻意观察。忙碌的学习已将孩子的大部分时间禁锢于书桌之前、校园之内,他们所谓的观察,也往往只是匆匆一瞥,由于缺乏观察的敏感,他们往往只能察觉“轮廓”,而无法发现细节。以蚂蚁搬家为例,他们往往只关注到蚂蚁搬家是“成群结队”的,至于这“搬家”队伍如何庞大、每只蚂蚁是如何“搬家”的,往往未加留意,待到写作时,便将人类搬家的生活经验迁移至蚂蚁,于是天马行空、胡编乱造出了一段令人哑然失笑的文字。

(二)目不斜视——缺少观察的方法和技巧

观察应该是一种有目的、有计划、比较持久的知觉活动。眼看、耳听、鼻闻、口尝、手摸、心觉,都是观察的有效方式。但在大部分儿童的意识中,观察就是看,目不斜视仔细地看即是观察。这样的误识,窄化了观察的内涵,也必会导致观察结果的片面性。而缺乏观察技巧的儿童,即便睁着大大的眼睛“仔细地看”,所见也是有限的,因为他们不清楚“看点”何在。同样以蚂蚁搬家为例,会观察的人,往往是多角度观察,他们会关注蚂蚁的数量,蚁群的外观、长度、动向;会关注蚂蚁个体在“搬家”过程中的表现;甚至还会挖掘蚁穴一探究竟。他们也许会进行持续的观察,将“蚂蚁搬家”看成一个事件,将其起因、经过、结果一一“察”明,这样便获取了丰富的写作素材。而绝大部分孩子由于缺少观察的方法和技巧,观察所得极为有限,在无话可写的情况下,也便只能急中生智,以丰富的联想建构出一个充满奇思妙想的童话世界——他们并不明白,真实客观是观察类作文的灵魂所在,这类习作的言语表达需要真诚真切,过于夸张的与事实不符的想象,只会“画虎不成反类犬”。

二、教师层面:作前指导,究竟在哪些误区中沦陷?

在批阅学生习作前,笔者对本次习作的指导过程颇感自得,因为笔者不仅结合教材提供的例文,从审题、选材、谋篇、表达等方面作了尽可能详尽的指导,还特意遴选了课外的精彩语段,与学生品读赏析,使学生充分感悟了新颖的选材和生动的表达对提高习作质量的点睛作用,学生学得兴致盎然。然而,作文草稿中出现的普遍性失实现象,却出人意料地宣告了习作指导的失败。问题的症结何在?

（一）重任务布置，轻兴趣激发

观察作文写作成败的关键在于作前的观察活动。三年级学生尚处于初学写作阶段，尚未形成独立获取写作素材的能力，也无较为稳定的写作动机。在未充分激发学生观察兴趣的情况下，为“节约”课堂教学时间，将极为重要的作前观察简化为一项回家作业留置给学生，是缺乏教学智慧的举措——即便学生有一定的观察兴趣，但当观察被冠以“作业”之名时，其趣味性已打折扣，学生的潜意识中已将其视作额外的负担；离开教师指导的观察活动，大多是无效或低效的，学生获取的写作素材有限，必然影响习作质量。

（二）重技法传授，轻观察体验

近日读到叶圣陶先生《对于小学作文教授之意见》中的一段话，颇令人深思：“小学作文教授之目的在令学生能以文字直抒情感，了无隔阂；朴实说理，不生谬误。至于修词之工，谋篇之巧，初非必要之需求。”比照叶老的习作教学观点，笔者方才意识到，“技法优先”这种本末倒置的指导方式，是导致本次作文教学失败的根本原因。本次习作，是学生写作观察类作文的处女作，教师理应将组织观察活动纳入课堂教学预设，使学生在教师的有序调控下亲历观察过程，体验观察对象的选择、观察重点的确定、观察角度的变换、观察方法的运用，并从中感受发现的乐趣，使观察体验成为学生进入写作情境的导引，激发学生积极的写作动能。

（三）重独特新奇，轻朴实真诚

在进行写作指导时，教师过分强调选材的新颖独特，过于倡导表达的新鲜生动，却未曾告知学生文字是心灵绽放的花朵，唯用“真诚”去涵养，“朴实”去浇灌，才能花开不败，以致使学生受到误导，认为本次习作若无独特新奇之处，便算不得优秀之作。于是，为迎合老师，学生便夸夸其谈、胡编滥造、矫揉造作，写出“满纸荒唐言”。

探索实践：世界在眼中，缤纷在文中

经过追问与反思，笔者对提高观察类作文指导的有效性有了更明晰的认识，并据此在班中开展了一次“给蚕宝宝写成长日记”的充满童趣的观察写作活动。

一、“小蚕客人天天见”——培养观察主动性

欲使学生具有观察主动性，养成留心观察身边事物的好习惯，首先要让他们充分感受观察的趣味性和必要性。趣化观察对象和观察情境，有利于学生真切感受观察的乐趣，从而激发其观察主动性。蚕，憨态可掬，短暂的一生会经历“卵—虫—茧—蛾”的四次巨变，其可爱多变的形象，能激发学生的观察兴趣。笔者将数十条大小不一的蚕“请”进教室，故作神秘地告诉学生：教室里来了一群特别的客人，它们是天生的魔术师，每天去看望它们，会收获很多惊喜。于是，看望(即无意观察)小蚕，便不知不觉成了孩子们每日学习生活中的快乐插曲。

二、“小小蚕儿大特写”——培养观察细致性

无意观察往往是比较笼统的，真正利于写作的应该是有意观察。要培养学生有意观察的细致性，就必须在观察活动中指导孩子掌握有效的观察方法，如目测法、耳听法、抚触法、测量法等；需让孩子明白，观察的侧重点可以是事物的外形(大小、长短、粗细、宽窄、厚薄等)、颜色、状态(静态、动态)、质地、结构、变化等；还需让孩子明白观察的有序性：或由近至远，或由远到近；或仰望，或俯视；或从整体到部分，或从部分到整体……在学生了解观察的基本方法后，再组织观察竞赛：将蚕儿分发到各组，进行零距离观察，比一比哪个小组观察得最细致，观察中的发现最独特、最有趣。在此基础上，进行“小小蚕儿大特写”的观察陈述。

“我们组分到的蚕宝宝真不讲卫生，一来到我的课桌上就放下了一个长3 mm，宽1 mm的小‘地雷’——粪便。它的尾端有一个小小的大约长3 mm、宽2 mm的小洞洞，它的‘地雷’就是从那里放出来的。如果用人类的身体名称来讲，就是肛门。”“蚕宝宝穿着一身白裙子，还嵌着两颗黑宝石，这会不会是一位爱美的蚕姑娘呢？它的身体分成9节，第二节却没有脚，宛如一个可怜的‘残疾虫’。‘小蚕客人’的脚上有一个小小的钩子，上面还长满了毛，这大概就是它能粘在我手上掉不下去的原因吧。”如此准确传神、充满童趣的语言，便是在上述观察活动中诞生的。近在咫尺、细致入微的观察体验，激发了学生的表达热情，也赐予了学生丰富的表达灵感，使他们拥有

了对事物独特的、具有个体意义的认知和感受,形成一种“注入了生命意识的经验”。

三、“每日播报新发现”——培养观察敏感性

培养学生的观察力,还应让学生明白:一个善于观察的人,会始终处于“发现”的状态中。用“初次的眼光与心态”去观察,即使是早已熟悉的人和事物,也会有新的发现、新的感悟。写作,就是要写出自己“不一样”的感觉,有自己的独立“发现”。为培养学生观察的敏感性,每天的语文课增加了一个特殊环节——“每日播报新发现”,由学生上台描述自己发现的蚕儿的新变化,然后全班投票评选“每日慧眼奖”。

“吐丝时,蚕宝宝的下半身牢牢地趴在盒子上,头高高扬起,从嘴巴里吐出一根根晶莹的丝,把丝从盒子的这边拉到盒子的那边,渐渐地,盒子的一角出现了一张白色的丝网。”“我们现在已经有7个结好的茧子了,一个个小巧玲珑的茧子就像是一个个小彩蛋,真可爱呀!”“你瞧,蚕蛾长得多像蝴蝶,它们身体两侧有一对翅膀,头上长着两条黑色的触须,像是两条可爱的小辫子,还有六条灵活的小脚,一直不知疲倦地挥啊挥,好像在向谁示威。”每一次的新发现,都使学生拥有最为热切的情绪和最为清晰的记忆,当他们的兴奋点处于最高潮时,思想、情绪、语言便会合在一条直线之上,形成了一组合力,他们内心潜伏着的言说的欲求就自然迸发。于是,蚕儿吐丝、结茧、化蛾的种种变化,都被他们敏锐地捕捉到并化以富有童趣的形象化语言,描摩得跃然纸上。

四、“成长日记我叙写”——培养观察持续性

持续的观察,有助于进一步培养学生的观察能力及留心观察身边事物的好习惯。持续的观察,也能帮助学生获取更丰富、更充实的写作素材。为培养学生观察的持续性,使学生不断巩固观察的基本方法及观察类作文的写作技巧,笔者在班级博客中专门开设了一个专题帖,在班上发起了“成长日记我叙写”的系列写作活动。学生可以小组合作,也可以个人单独为领养的蚕宝宝撰写“成长日记”,上传至专题帖,与大家分享观察成果,并供大家阅读评点。令人欣喜的是,两位学生的蚕宝宝观察日记还发表在了报刊上。

一次以蚕宝宝为观察对象的系列写作活动,拉开了观察类作文写作的

序幕。此后,笔者又创设了多个贴近生活的、能激发学生写作欲望的观察主题,如“老师的喜怒哀乐”“四季银杏树”“家乡风景连环画”等,使学生身心愉悦地投入到一次次观察写作活动中去。这正如方伯荣先生所说的:“高高兴兴看,勤勤恳恳记,开开心心玩,真真切切写,欢欢喜喜做,快快活活练。”学生在一次次观察与写作的历练中,逐渐将原本蒙蔽眼睛、思想和心灵的不良习惯一一摒弃,不断在新发现中获得言语思维、言语心态的调适,使言语生命逐渐强大起来。

上述两篇文章是同一个作者,稍加比较可以发现:前一篇(案例6—1)基本可归入教育(教学)叙事之类,后一篇(案例6—2)则是教育(教学)论文。后者是在前者的基础上提升修改而来,虽然它在理性思辨方面还略显薄弱,但是对比这两篇文章,还是可以给我们从教育叙事走向教育论文写作提供了许多有益的启示。

第一,问题从模糊到清晰。

可以看出,在案例6—1中,问题意识比较模糊;而到了案例6—2中,问题意识已经非常清晰。不用说在文章之中,即便是从题目的对比中也可以看出这两者的差异。“世界在眼中,缤纷在文中”与“探究观察类作文指导有效性的思考与实践”,前者是一个对称的文学化标题,没有问题,呈现的是“鲜花盛开”的繁荣景象;后者非常明确提出了问题:观察类作文指导无效或者低效,而且在思考与实践两个方面努力回答这个问题。什么是问题?前面我们说过,教育的问题表现为理论与实践、理想与现实、课程标准与学生实际的矛盾与落差。在案例6—2中,作者正是通过引用课程标准、叙述自己的教学实践等环节,通过学生写作的实际展示了这之间的矛盾和落差,让观察作文领域的问题显现出来。的确,不只是这篇文章,大多数教育叙事、教育札记类文章都是偏重于故事现场或材料的原始记录,来不及进行深入的思考与挖掘,因此,矛盾不集中、不显明,而在将它们提炼转化成教育论文的过程中,就必须反复、深入地思考这方面的问题,找出问题及其表现方式,这样的论文才找准了出发点和归宿地,也才能显现出研究与写作的价值。

第二,内容,从个别故事到一般道理。

可以看出,案例 6—1 是讲述了一个完整的教学故事。作者采取了倒叙的方法,从批阅学生"五花八门""闭门造车"的观察作文,发现这次作文失败了。然后回顾作文失败的原因,是作前指导对学情估计不够、方法不当。于是,重新开始新一轮指导,让学生在班上养蚕并指导学生观察与写作,于是成功了,学生写出了生动的观察作文。这就是一个故事,一个带有个性色彩的偶然故事。但是,到了案例 6—2 就不同了,它要阐述的不是一个故事,而是观察类作文有效指导的一般原理。因此,在这里,原有的故事不再是目的,而是论据,证明如何进行指导才是有效的。特别是在文章的末尾,文章写道,"一次以蚕宝宝为观察对象的系列写作活动,拉开了观察类作文写作的序幕。此后,笔者又创设了多个贴近生活的、能激发学生写作欲望的观察主题,如'老师的喜怒哀乐''四季银杏树''家乡风景连环画'等,使学生身心愉悦地投入到一次次观察写作活动中去"。这一段概括的叙述,让读者明白,这不仅仅是一次孤立的观察和指导,而且以同样的方法进行了多次成功的实践,可见,上述所说的几种指导方法,是具有普遍意义和价值的。这就使一次观察作文上升到具有普遍性的观察作文中去,即便是以一次作文为主要案例,阐述的也是观察类作文指导的一般规律。

第三,结构,从按照事情发展顺序到服从心理顺序。

教育叙事与教育论文,分属两种不同的文体,通常它们也有不同的结构方式。从上文可以看出这两者的区别。叙事,通常采用时间顺序,展开故事的开端发展与结局。案例 6—1 就是这样。而教育论文最常见的结构方式是体现认知过程的心理顺序,就是按照提出问题、分析问题、解决问题的认知心理顺序来结构文章。案例 6—2 就是这样。它首先提出了观察类作文指导中存在的问题,并以学生失败的文章为例加以说明,这是指出问题。然后,从教师指导和学生观察两个方面分析问题的原因,这是分析问题。接着,通过结合又一次的作文实践行动,提出了观察类作文指导的一般方略:培养学生观察的主动性、敏感性、细致性、持续性。这就是解决问题——观察类作文的一般策略。最后,小结上升,回应主题。乍看起来,案例 6—1 中叙事的骨架还在文章之中,但是,材料的性质已经发生了变化:这个故事本身已不是目的,而只是作为证明观察类作文指导方法的一个贯穿始终的论据,服务、服从于作者的认知结构而已。

第四,表达,从感性呈现到理性思辨。

教育叙事无疑是感性的,故事的呈现离不开人物细节和现场。教育叙事又是第一人称的,因此,还会穿插作者的心理感受和感情抒发,这样的文章更具有主观感情色彩。当然,在案例6—1中,有些地方直接大段地从正、反两个方面引用学生的作文,不仅占据了大量的篇幅,也使文章显得素材累赘,不够概括与凝练。到了案例6—2中,原来文章中的案例得到了一定程度的概括和压缩。同时,加强了理性思辨和学理分析的分量,从文中引用可以看出,作者还进行过一定程度的理论学习与文献研究。特别是《江苏教育》在发表案例6—2时,编辑对失败的作品和原因分析进行了整合和概括,学生作文引用的篇幅减少了,这有效淡化了文章中过多的感性描写成分,有力地强化了文章的理论概括色彩,当然,总体而言,作为论文,案例6—2的思辨性还是显得比较薄弱的。

参考文献

[1] 周如俊. E网反思随笔促我成长[J]. 信息教育技术,2006(6)

[2]张菊荣,焦晓骏. 许丽,我原想撷取一枚红叶,发生在教育在线的故事[M]. 福建:福建教育出版社,2005

[3] 唐国均等. 构筑理想的精神家园——博客与教师专业成长研究[J]. 江苏教育研究,2010(11)

[4] 徐斌. 徐斌:无痕教育[M]. 北京:首都师范大学出版社,2011

[5] 管建刚. 管建刚谈教育写作[EB/OL]. http://www.pep.com.cn/xiaoyu/jiaoshi/jxyj_1/jxxz/201207/t20120724_1133912.htm

[6] 毛李华. 探究观察类作文指导有效性的思考与实践[J]. 江苏教育(小学教学),2014(2)

体裁，这是讨论教育写作无法回避的问题，就像瓶子与水一样，无论写作教育问题还是写作教育之痛，无论总结教育经验还是升华教育理论，都得有个装水的“瓶子”，就是体裁。教育论文、教育随笔、教育日志、教育笔记、教育札记、开题报告、结题报告……有人甚至不厌其烦地介绍了 20 多种，这样的静态介绍大多没有什么新意。

教育写作用什么体裁，不仅与内容相关，而且与研究的方式紧密相连。回到原点来思考，教育研究大体有三种方式：思辨的、实证的、生活体验的，与之相协调的也是三类体裁、三种哲学思想。“表”述如下：

哲学的方式——哲理研究，以教育论文为代表的理论思辨类文章；

科学的方式——实证研究，以实验报告为代表的科学报告类文章；

文学的方式——生活体验研究，以教育叙事案例为代表的叙事随笔类文章。

这样来认识写作的体裁样式，让我们摆脱了“虫瞰”的局限，避免了只见树木、不见森林；让我们加入了“鸟瞰”的行列，于是就有了更辽阔的视界。如此，无论采用什么体裁写作，你都会胸中有全局、手中有技法了。

第七章　体裁论——教育写作写成什么

第一节　研究方法与写作体式

在解决了教育写作写什么的问题之后，我们再来讨论用什么体裁样式写的问题。教育写作选择什么样式，乍看起来是个写作体裁问题，很多讨论教育写作的书刊也的确就是这样阐述的。但笔者认为，体裁不是一个孤立的存在，作者也不能随心所欲地选择写作体裁。唯物辩证法理论告诉我们，内容与形式是相互依存的。内容决定形式，形式也在一定程度上对内容产生制约作用。对于教育写作来说，作者的写作样式选择不仅与教育研究的内容、而且与教育研究的方式方法紧密关联。比如，实验报告一定是教育实验之后的成果表达，教育叙事也得经历生活体验研究。因此，在具体分析教育写作的常见体裁之前，我们首先得对教育写作与教育研究方法之间的联系进行一些考察。

教育研究的方法是多种多样的，从不同角度、用不同标准，会有不同的分类结果。比方，从研究目的的角度来划分，有应用研究与基础研究；从研究发生的时态来划分，有实然研究与应然研究；从研究者职业状况的角度来划分，有专业研究与业余研究；从研究侧重是性质还是数量的角度来划分，可分为定性研究与定量研究……诸如此类，角度与标准不同，分类的结果也不一样。教育写作有时被统称为教育论文写作，这个“论文”的概念下，包含了很多的体裁：教育随笔、教育日志、教育札记、教育论文、实验报告……有的学者甚至将其细分为几十种之多。这样非常繁琐和复杂的分类容易使人只见树木、不见森林，纠缠于各种体裁的细微而具体的差异，而忽视其本质属性和根本特点。因此，在这里，我们想回到原点、回到基础，从总体上分析教育写作的体式与教育研究的方式之间的相关联系，为教育写作的体裁研究提供一种新的维度。

我们认为，在教育研究的方式与教育研究的表达体式以及教育写作的体裁之间存在着这样的内在联系：

哲学的方式——哲理研究，以教育论文为代表的理论思辨类文章；

科学的方式——实证研究，以实验报告为代表的科学报告类文章；

文学的方式——生活体验研究，以教育叙事、案例为代表的叙事随笔类文章。

下面，我们从教育研究方式的角度对教育写作的表达样式进行一些具体分析。

一、哲学的方式与理论思辨类文章

教育研究的表达方式中，哲学的方式是最常见的方式。这是哲理研究的成果表达。所谓“哲学的方式”，是指运用哲学的视角及其思维方法研究教育的成果表达，其体裁主要为狭义的教育论文。我们认为，教育成果哲学的表达方式首要特点是思辨性。体现这种表达方式的文章以理性思辨见长，以理论创新为根本追求。理念、理论、理性是这类文章的关键词，运用概念进行判断和推理是它的主要话语方式，归纳、演绎、分析、类比等是其基本的论证方法。理论思辨类文章往往围绕某个概念或者判断表征的问题进行深入的、全方位的思考与挖掘，充分阐释自己的思考和认识，带有自我思辨、自我理解、自我意识的特点。理论思辨类文章的第二个特征是严密的逻辑性。思辨类文章不同于叙事随笔等文章，而遵循一定的理论谱系和分析框架，有一套专业的学术话语系统和概念体系，带有鲜明的理论色彩和学术味道。这类文章或者是对实践的总结提升、理论概括，或者是运用理论思维的方式对未来发展趋势的推理与研判。所以，这样的文章不仅对现实的解释具有一定的理论深刻性，有的还能对未来进行分析和把握，具有一定的预见性。理论思辨类文章的第三个特征是概括性。哲学以包括自然、社会和人类思维在内的整个世界的最一般规律作为自己的研究对象，因而其理论概括具有一般性和普遍性。表现在思辨类教育文章中，它具有形而上的特征，即不是研究教育教学的具体措施与微观对策，比如一节课如何上、一个学生如何转化、一种教法如何应用，甚至一个词如何教、一道题如何做；而是对教育教学中普遍现象的哲学透视和概括，对规律的理论总结与诠释。可见，理论思辨类文章属于基础研究而非应用研究，侧重于解决教育中一般的、普遍的价值与知识，回答教育基本的范畴问题。

理论思辨类文章一般可以分为以下三类：

一是溯源追问型。回到本源，叩问本质，是经典的哲学思维。体现在教育写作中，这类文章一般是对教育及其相关要素本源的追问，比如教育是什么、学校是什么、课程是什么、教学是什么、课堂是什么、儿童是什么等等。文章的选题一般表现为对教育范畴相关要素的本质属性的思考与辨析。概念是事物的逻辑存在方式，理论思辨类文章常常运用概念诠释的方法，回到概念也就是事物的原点，运用发散思维的方式，全方位考察其基本属性，辨析其内涵与外延，重在讲清“是什么”、“有哪些”，并折射出一定的教育观。从下面这些文章的标题可以看出，它们都属于溯源追问型思辨文章：

《基于生命化教育立场的语文教育的再思考》（张文质，《上海教育科研》，2014 年第 6 期）

《思想力：校长治校的应然素养》（夏心军，《江苏教育·管理》，2014 年第 4 期）

《办学理念的内涵与结构分析（沈曙虹，《江苏教育·管理》，2013 年第 10 期）

《也谈普高的性质、目标与任务》（山子，人大复印资料《中小学教育》，2014 年第 5 期）

《教师研究的性质》（郑金洲，《上海教育科研》，2010 年第 4 期）

二是价值反思型。如果说溯源追问型文章主要是讲清概念所反映的事物“是什么”的话，那么，价值反思型文章侧重于讲清事物的“为什么”。从哲学的角度观察,人类的一切认识行为可以归结为对真善美的价值追求。但不同的学科价值追求又有显著的差异性。科学以求真为己任,艺术以求美为特征,而哲学则以求善为根本。表现在教育写作方面,哲理思辨性文章以考量教育范畴内相关要素的价值和意义为诉求,对一些教育现象作出价值辨识和价值判断。价值和意义是以"善"为标准和尺度的。哲学关于"善"的表达也就是大众话语中通常所说的"好","好"就是"善"的生活化语言表达。比如,什么是好的教育、好的学校、好的课堂、好的教师等等,这些都是关于教育价值的追问。有人说,教育文章可以分为价值研究和事实研究,很显然,思辨类文章属于价值研究,而非教育事实的研究。

从下面这些文章的题目就可以看出文章的价值反思属性:

《促进公平:教育政策首要的价值取向》(董圣足,《上海教育科研》,2014 年第 5 期)

《衔接教育,一个不该出现的概念》(朱治国,《上海教育科研》,2014 年第 5 期)

《什么样的教育管理知识最有价值?》(褚宏启,《中小学管理》,2013 年第 10 期)

在价值反思型文章中,除了像上面这些文章对概念所反映的事物作出价值判断和分析阐释之外,很多情况下,是通过对相近或相反的概念进行比较的方法,进行价值的辨析,最后作出价值判断与价值选择。比如,下面几篇文章就是这样的:

《从因材施教到商材议教》(孔祥渊,《上海教育科研》,2014 年第 6 期)

《从快学习到慢学习——尽享营养的学习盛宴》(金惠,《教学与管理》,2013 年第 2 期)

《中小学校长专业发展应超越"速成"走向"养成"》(杨斌,《教学与管理》,2012 年第 10 期)

三是理论应用型。这是在哲学思想和方法论指导下对教学范畴的思考与透视,而不同于简单的经验总结和做法介绍。哲学,不仅具有世界观的价值,而且具有方法论意义。因此,表现在教育写作方面,理论应用型文章就是在哲学思想和方法指导下对教学问题的分析与解释。与一般的课程、教材、教法类文章不同，这种文章虽然会涉及一些具体的教学案例，但它只是证明或阐述理论的论据。即便是涉及具体问题，也是从关注主体、把握关系、判断状态这些范畴去分析与研究，体现的是一般与个别的哲学关系。在论证方式上，则是从理论出发，运用演绎推理，基于本质属性和价值判断的视角对引用的案例进行分析，不但要叙述案例是怎样的，更要追问为什么是这样的。如果说这是由一般到个别进行演绎思维的话，还有一种就属于归纳的思维方式：通过对具体案例的分析归纳，由个别到一般，由感性认识上升至理性认识。例如：

《学校发展规划为什么难以奏效?》(楚江亭，《人民教育》，2014 年第 5 期)

《教师工作压力与职业倦怠关系研究》(翁伟斌，人大复印资料《中小学管理》，2014 年第 7 期)

《用课文的方式教课文》(陈娟，《上海教育科研》，2014 年第 4 期)

以上这些都属于用哲学思维和方法观照教育教学领域的文章。尤其是《用课文的方式教课文》，它从“课文”这个概念出发，分析课文的本质是什么，然后结合案例进行分析上升。这看起来是教法的问题，其实是哲学方法的具体应用。

以上，为了分析的方便，我们把哲学思辨类教育文章分成了三类进行研究，但是实际上，很多文章并不是单一运用一种方法，而是综合运用多种方法。比如，《“慕课”、微课与翻转课堂的实质及其应用》(王秋月，《上海教育科研》，2014 年第 8 期)一文就是这样。文章首先回到思维的逻辑起点，进行概念的本源思考——“慕课”、微课、翻转课堂的本质是什么，然后分析这些课的意义，进行价值追问，最后是关于应用的思考与建议。很显然，这是一篇综合运用了反思追问、价值分析以及推理分析等哲学思想方法的文章。

理论思辨类文章具有思想深刻、逻辑严密、概括性强等特点，但这类文章也带有明显的弱点与劣势，就是过分追求理论性而离开具体的教育场域，因为所谓的理论框架和价值谱系以及文章格式的束缚，而使文章缺少鲜活的生活气息。对此,有人批评这类文章为教育科学研究中的“新八股”现象,“这种教育著述的‘新八股’现象,从表面看只是一种形式,实际上,‘天下定于一尊’的形式本身往往会束缚人的创造性,窒息新思想、新观点的萌发。在我们强调学术规范并以此扼制不良学风的今天,教育著述的规范化似乎无可非议。然而,问题在于,著述规范的单一化,一方面限制了研究者才思的发挥,另一方面又极易形成脱离教育实践的格式化研究”。

二、科学的方式与科研报告类文章

有人说,教育研究就是两点:丰富意义和寻找结构。如此,哲学方式中的思辨性文章属于丰富意义的研究,而教育研究报告则属于寻找结构的研究,当然它也要通过结构来显示意义。从表达体式上来观察,研究报告是体现科学性表达方式的代表性体裁。所谓“科学性表达方式”,“是指研究者利用伦理学、生物学、生理学、心理学、统计学等学科理论资源,通过总结与归纳教育现象背后的普遍性、一般性的规律,用科学的一套话语与概念,来表达教育研究的成果”,它也是教育写作中经常使用的一种方式。科学表达类文章一般是通过观察、问卷、访谈、测量等方法,通过数据和量度来描述研究的内容特征或变化,其把握与反映的往往是一类具体事物的属性、特点与情状。

与理论思辨类文章相比,科学研究报告也需要理性的分析,但不以追求理论创新为目的,而是以求真或者证伪为目的。它也要反映教育研究的成果,但更要反映获得这个成果的过程与方法。支撑其发现结论的不是生动具体的故事,也不是逻辑推理得出的结果,而是对所研究问题进行的种种观察或测量的统计数据。相比较教育随笔、教育札记等体裁样式,教育科研报告要求最大限度地降低文章中的个人因素和感情色彩,更客观、更冷静,因而也更具科学性。有人把教育研究报告分为调查报告、实验报告、文献研究报告等几类,尽管它们之间也许有些区别,但是,就支撑结论是依靠定量分析和精确数据统计及其呈现方式而言,它们的原则要求是基本一致的。

科学性表达方式的研究基础是实证的方法。实证研究是 19 世纪末 20

世纪初兴起的一种哲学思潮和研究方法，它诞生之后首先被用到心理学等研究领域。运用心理学的方式方法进行教育研究成为这一阶段教育研究的风潮。与静态思辨的理论研究方式不同，实证的研究方法更加强调研究的客观性和规范性，因此它所得到的结论较少主观随意的色彩。但实证主义研究的弊端和局限性也是非常明显的。教育面对的是世界上最复杂的人，教育的过程往往带有情境性特征，而且不容易重复验证……因此，纯粹运用对待自然科学的态度与方法来对待以人为中心的教育研究，一是容易陷入自然主义的误区，二是这样的方法也不能解决教育研究中所有的问题。因为，教育的特点和规律不都是具有外在的可观察、可测量的特征。有专家指出："在教育科学追求科学化的历程中，……伴随着实验、调查、测量乃至智力测验等实证主义思维方式、方法在教育科学领域里的扩张与推广，教育价值研究被教育事实研究所取代，自然科学方法论成了教育科学科学化的根本性依据与逻辑。自然科学方法论在没完没了地追问教育是什么、机械地寻找法规般的通则、不厌其烦地肢解与细化教育科学的所谓'科学化'的过程中，不仅使教育科学完全漠视'什么是应该追求的'这一价值判断问题，而且使教育科学似乎连'教育是培养人的'这样一个最基本的常识都忘却了。"

三、文学的方式与教育叙事类文章

如果说偏重于实证的教育研究报告归属于科学表达的话，那么教育叙事、教育案例、教育随笔等体裁则可以划为文学性表达的范畴。"所谓文学性表达，是指研究者通过亲历教育活动场景，借鉴文学性写作文体，将教育研究的内容按照相应的原则组合成整体性的成果，使教育研究的表达所使用的语言既不同于日常生活语言，又区别于学科化的话语，从而达到表述教育思想或教育实践的目的。"可见，文学化表达绝不仅仅是教育叙事和随笔札记这几种方式。文学化表达甚至包括教育的诗歌和小说等多种体裁。只不过在当下，教育叙事和随笔成为了教育研究中文学化表达的主要样式而已。当然，教育研究中文学化表达的诸多体裁毕竟不是文学作品。文学是以形象塑造为目标的，教育叙事、教育随笔等只不过是借鉴了文学的形象描写与再现的手法，展示事物的形象和场景，其根本目的在于再现其承载的教育价值与意义。文学不仅可以集中概括和嫁接,而且可以虚构和想象。而教育叙事必须忠实于生活的真实,完全不可以进行脱离生活真实的加工和虚构。此外,它们之间还有一个重要的区别是:文学作品的意义必须通过故事和情节自然而然地流露出来,而不能由作者说出来;但是教育叙事则不然,教育叙事是将理性的思考灌注于形象描述与故事之中,在感性直观的叙事中充满理性的意蕴——教育叙事的价值和意义不仅可以说出来,而且必须说清楚、说深刻,体现作者反思的深刻性。

教育叙事所代表的生活体验的研究方式,保持了教育与生活的“零距离”,让教育研究走下了圣坛,走出了经院,来到了普通教师中间;使教育研究放下了理论的庄严面孔,以亲和的姿态对待普通教师的研究与写作,因而受到了基层教师的欢迎和爱戴。

教育叙事所代表的文学化表达方式的研究基础是生活体验研究,其理论基础是现象学和解释学理论。教育叙事等生活体验写作不仅要求再现客观的生活场景,而且要求将描述与解释结合起来,将内心体验与外在现象结合起来,通过场景和叙事,直观地显示教育的价值与意义。而这正是现象学和解释学的理论要求。

当然,教育叙事研究也有难以掩饰的困惑和不足。这样的研究往往比较零碎和分散,缺少系统设计和规范化;同时,案例和故事有或然性,往往难以重复验证。面向实践与面向自我、理论创新与指导实践等教育研究中的多重价值就难以满足。而且直观的价值因为缺少了理论的提升与概括,也在一定程度上影响了结论的深刻性与普遍性。

总之,哲理的方式、科学的方式和文学的方式,是教育研究表达的三种基本方式。哲理的方式是用概念和判断来表达思想,更多的是本源思考与价值分析,是追求教育的善的尺度;实证研究偏重于用数据的定量方式来表达思想,是追求教育的真的尺度;而文学化表达侧重于用故事和形象表达思想,更多是通过美的方式来追求教育的善和真。

第二节　教育论文怎样写

一、教育论文的属性与特点

这里所谓的教育论文，就是本章所说的理论思辨类文章。它是研究教育现象、总结教育经验、揭示教育规律、阐述教育成果的论述性文章。教育论文也属于学术论文的范畴，与其他论说性文章一样，教育论文也需要通过论点、论据，运用概念、判断、推理的方式来论理说事。所不同的是，教育论文所研究和表达的内容是关于教育的问题。教育论文有广义与狭义之分，广义的教育论文泛指所有的教育写作样式。这里所说的教育论文，是狭义的，是与教育研究报告、教育随笔等体裁相并列的文章样式，也就是通常所谓的教育学术论文。这是教育报刊应用最广泛的文章品种，其基本特点是：

科学性。科学性是教育论文的生命。科学性首先是指内容的科学性。教育论文是教育科研的成果展示，任务是要揭示教育发展的客观规律，探求客观真理，建立和丰富教育理论，使之成为教育教学改革的指南。这就要求论文坚持科学态度，尊重客观事实，不能带有个人偏见，不能主观臆断或凭空说教。文章所表达的研究成果或得出的结论，必须是真实准确、符合教育的规律。同时，文章的表达也必须概念准确、判断恰当、推理连贯。文章的论点，必须以切实、准确、真实的科学依据为前提；论据，要求要在周密地观察、调查、实验的基础上，尽可能多地占有材料，以最充分、典型、新颖、确实有力的材料（理论材料和事实材料）作为立论的依据；论证，应是系统的、完整的、首尾一贯的，是经过周密思考，严谨而富有逻辑效果的论证，它包含内容上的充实、成熟、先进、可行，同时，文章的表述准确、明白、全面、无懈可击。如果失去了科学性，教育论文就失去了生命。

创造性。创造性是衡量教育论文价值大小和水平高低的主要标准。教育论文的创造性表现在论文有自己的独到见解，敢于革新陈腐的教育思想、内容和方法，有创新意义。能在对教育领域的现象进行观察、调查、分析、研究的过程中，发现别人没有发现或没有涉及的新问题；能对别人研究过的问题采取新的角度或方法，提出具有理论意义或实用价值的新观点或新结论；能在综合前人研究结果（或经验）的基础上加工提炼，开掘新意；能在别人争论的课题中或出现分歧的问题上进行比较分析，在弄清彼此分歧、争鸣点的基础上，作出与已有结论不同的结论；能用新鲜的材料（事例、数据、史实、观察所得）来证明已证明过的问题，探索新意向；能运用中外教育领域里的最新信息资料、情报，以及教育科学研究的最新成果、经验、理论、概念，增强教育论文的时代色彩或现代意识，从而提出新思想、新观念、新理论、新设想，探索新体系、新方法，开辟出新的改革之路，推动教育发展的新进程。

理论性。理论性是教育论文深度的标志。教育论文的理论性是指论文的理论色彩，即用辩证唯物主义和历史唯物主义思想，以邓小平理论、“三个代表”重要思想和科学发展观为指导，以党的教育方针以及国家关于教育的法律法规为依据，分析研究教育现象和问题，形成有理论高度的论文。在具体表达科研成果上，要符合教育规律、教育原则的新要求；要从具体事物出发，把感性的东西上升到理论高度来分析，作出科学的结论，做到以理服人；要在对教育领域的现象和问题的探讨、论证和表述的过程中，运用现代教育学、教育心理学、学校教育管理学和专家对教育的论述以及专业性名词术语、理论概念，并溶化或融合为论文的内容，使论文具有较浓的理论色彩。但教育论文又不能为了所谓的理论性而将简单的问题复杂化，将明晰的内容搞得晦涩难懂。要用通俗简明、生动形象的语言让读者感到平易能读、平实易懂，使论文发挥交流、传播、推广科研成果的作用，进而转化为社会生产力。

实用性。实用性是论文价值和功能的体现。教育论文是对教育实践问题的解读和解释，这种解读和解释是通过理论的方式得出的科学结论，既然是科学的理论，就应当具有指导实践的价值和意义。教育论文绝不是脱离实际的空洞理论，也不是理论工作者的文字和概念的游戏，而是来自实践的归纳和提升，是教育规律的揭示和表达，是指导教育实践、解决教育问题的工具。读者通过教育论文的阅读能够获得思想的启迪、方法的指导，给工作带来方便和利益。这就是教育论文的实用价值。对于广大中小学教师的论文写作来说，我们更应当提倡这样的功能价值观。

二、教育论文的结构形式

长期的科学研究实践中，论文已形成了相对固定的结构形式，这种结构形式如下：

中心论点
- 总提
  - 绪论——文章的开头部分
  - 说明研究的背景及目的意义
- 分论
  - 本论——文章的主体部分
  - 运用各种论据论证中心论点
  - 1. 分论点＋论据
  - 2. 分论点＋论据
  - 3. 分论点＋论据
- 总结
  - 结论——文章结尾部分
  - 概括全文主要内容或观点

当然，除了论文的主体部分之外，还包括前置和后置。前置包括摘要、关键词，后置包括参考文献、附录等。

三、提高教育论文写作质量的路径

关于论文写作的技术问题，已有太多太多的文章进行论述，比方选题如何创新、构思如何精巧、标题如何惊人、语言如何逻辑严密……所以在这里我们侧重研究的是如何提高论文写作的质量。笔者认为，要提高教育论文写作的质量，至少要重视以下几点：

（一）选题要对准问题、结合课题

论文写作，首抓选题。所谓选题，是指关于论文写作的题目。当然，这里的题目，并不一定就是论文的标题，而是指拟写论文的重点内容和大致范围。有道是“题好一半文”。的确，选题是论文写作的基点，亦即论文写作与构思的初始环节，它不仅决定了论文的主要论述范畴，而且在一定意义上决定了论文的价值和意义。教育论文不是装点学校门面的景点,也不应是个人获取名利的敲门砖,而是对教育现实问题和矛盾的解释和回答。社会转型时期,教育有很大的发展与变革,也有太多的困惑和挑战。面对这些困惑与挑战,谁给出的答案最有说服力、最能解决实际问题,谁解决的问题最难,谁的论文就最有质量和价值。相反,如果回避现实矛盾与问题,只是玩空头的文字游戏,或者从洋人那里搬弄几个新概念来说事儿,这样的论文再多也只是学术泡沫,没有多少价值和意义。从本质上来说,所谓论文的创新性,就是运用已知来对未知世界进行的探索和解释,从而对问题作出合乎逻辑的回答。所以,真正高质量、有价值的教育论文应当从问题开始。在写作过程中把论文的选题与教育的问题结合起来,指向现实问题的解决,这样的论文才是好论文。当然,不排除有些教育文章是作者在学校生活情境中的灵光一闪、有感而发,但真正高质量的论文一定是教育科研的产物,是作者长期深入研究和系统思考的产物。而且,教育论文的写作本身就是教育研究的过程和方法。因此,我们认为,要写出高质量的教育论文,还得将论文选题与学校的科研课题结合起来,做到现实问题、论文选题、科研课题同时考虑、同步启动,不要等到结题时才想到论文写作,甚至离开课题这座富矿去另起炉灶。什么是课题?课题是教育研究的开始,是教育问题观察思考和研究的规范化与专业化。把论文选题与科研课题相结合,也就是在一定层面上提升了论文选题的现实针对性。这就是论文写作中选题、问题、课题三者方向的同一性。将论文写作与科研课题结合起来,还可以实现论文写作的系列化和集束化,从而形成自己的研究与写作的特色。因为把论文写作建立在课题研究的基础上,不仅成果的记录与论述可以成为论文,而且可以深化研究并记录这一过程,实现一题多作或小题大做,实现教育研究的成果与过程的统一,形成主题相近、内容相关的系列化论文。

(二)用专题阅读提高写作的精气神

阅读与写作,是一种相互补充、相互照耀、相得益彰的精神活动。不少有成就的学者对此都有论述,比如李镇西说,所谓“阅读”,就是任心灵自由地飞翔;所谓“写作”,就是让心泉自然地流淌。我们这里所说的教育论文的写作，同样也是这个道理。只不过，论文写作过程中的阅读，应当是专题化的阅读。结合论文写作和课题研究开展的专题阅读，是提高论文理论水准的非常便捷有效的途径。专题阅读不是泛泛而读，而是一种定向阅读。这个“向”就是论文选题所确定的方向和范围。天下知识汗牛充栋，无论花费多少时间与精力也难以尽读，因此，必须有所选择。这里的定向阅读是一种指向论题和论文写作的选择性阅读。在论文确定的选题范围内，选择相关的书刊进行阅读，更有针对性，更容易吸收与运用，所以也更有效率。专题阅读还是一种研究性阅读。所谓研究性阅读，就是为了研究的阅读。通过阅读，不仅可以了解选题范围内的知识积累，而且可以了解这一领域目前的研究成果与水平，在这样的基础上进行的研究和写作，可以获得更高的起点与更新的视角。

专题阅读还是一种应用性阅读。这种阅读的目的非常明确，就是寻找理论的武器，并运用理论的武器对教育的现实问题进行解释和解读、思考与写作。在一定意义上说，论文，其实就是对教育领域里发生的现象进行的解释和解读。须知，教育论文的重要特性就是它的理论性。理论性的获得自然需要对相关理论进行学习与吸收。当然，我们提倡的专题阅读绝不是为了拾人牙慧，运用几个理论的概念来包装文字，而是为了从根本上获得一种理论的视角，占领思想认识的制高点，获得对问题认识的洞察力和穿透力。

（三）抛弃急功近利的写作倾向，用反思与坚持孕育文章的生命价值

教育论文的写作者，多为专业的教育理论研究者或者广大中小学教师。在现行的评估制度下，不少作者的初衷难免带有功利的因素。人非圣贤，孰能免俗？的确，论文与职称、奖金挂钩，其中的诱惑谁都难以抗拒。但职称论文、奖金论文往往是速成的，难有高质量。真正高质量的论文，还需抛弃急功近利的倾向。真正有志于研究和回答教育的现实问题，当把论文写作当成一件既有意义也有意思的事，孜孜以求、锲而不舍，才可能写出真正的大作。在新的历史时期，在新课程背景下，教师越来越需要精当的专业知识、熟练的专业技能和深厚的专业素养。而这一切，需要在工作之中不断地学习、实践、反思，需要基于实践的岗位研究。而论文写作正是岗位科研的

催化剂,是促进学习、反思的推进器。利用论文撰写这种形式,促使自己对教育教学的实践进行咀嚼和反思,从中悟出能够改进和指导工作的道道,这对于提升自己的专业水平和素养,满足职业的规范和要求,无疑是一条捷径。许多成功者正是抱着这样的动机和心态,积极进行科研和论文写作的,他们不仅超越了自己,甚至也超越了同行,成为各种层面的教育教学骨干,成为专业发展的领军人物。如果再进一层,把论文写作当作了一种兴趣、一件乐事,像一位教师所说的那样,“写作是思考与实践的结晶,能够体验一种孕育与分娩的喜悦。投身其中,就是投身教育,投身生活,不仅可以享受职业的快乐,体验事业的成功,而且可以在追求和创新中享受职业的幸福感、自豪感和成就感”。以这样的心态写作,或者论文写作进入这样的境界,也许还真的能写出一些令人惊叹的高质量的传世之作。

第三节　科研报告怎样写

科研报告是教育写作中的常用体裁,特别是随着各地教育科研的深入开展,以及教育行政部门的考核导向,各层次的立项课题雨后春笋般诞生,从课题的申报、立项到课题的开题、结题,不仅是实证性研究,即便有些经验性总结和个案研究,也适用教育研究报告这一体裁。

一、科研报告的功能与特点

科研报告属于科学表达方式的一种,它是用来进行教育科学研究和描述教育科研成果的文章,它既是教育科学研究的必经过程,又是描述教育科学研究成果、进行学术交流的工具。如果把教育科研报告仅仅理解为研究成果的表达方式,显然是片面的。写作的过程,也是研究的过程,是课题研究的一个重要阶段。撰写报告,也是一种研究的手段。有经验的研究者总是在开题之初将研究结果的报告放在心中考量,而不是等到研究结束之后再来考虑如何撰写报告。很多时候,理论观点的提炼、教育规律的揭示,都是在撰写科研报告的过程中反复思量与讨论才悟得的。教育科研报告是科研成果的载体，是研究者思想观点、理论概括的重要物化形式。借助于这种物化形式，才可能实现超越时空的交流与分享，让教育研究的成果社会化、公开化，以获得社会的认同和评价，同时也才便于进行学习借鉴、推广应用。

教育科研报告的形式是多样的。我们这里主要讲的是实验、实证研究的报告。实证性科研报告根据其研究方法，又可分为教育调查报告、教育实验报告、教育文献研究报告这三类。基础教育领域常用的课题研究报告，大多数属于实证性研究报告和调查性研究报告。至于文献研究报告，像一些专题的研究述评等等，只不过是调查和研究的对象以文献为主，其他在形式上与上述两类报告也是大同小异。教育研究报告与上节所论的狭义的教育论文有什么区别？从论证的方式上来看，教育论文是从材料中提炼观点，或者先有观点，然后再用理论或者事实来证明这个观点，即通常所说的“观点＋材料”。教育研究报告也是要提炼观点的，这个观点表现为报告中的研究结论，但这个观点一般不会出现在文章的开头，而是在末尾。而且，证明这个观点的材料主要不是表现为案例的事实或者理论，而是需要通过调查与访谈、观察与测量的手段获得的数据或事实。几乎可以这样说，用理论还是用数据来证明，这是教育论文和研究报告特别是实证报告的重要区别之一。教育论文的写作可以在教育实践之后进行思考与写作，实践之前无需有科学的规范和规划；而科研报告必须在科学的规划和严格规范的研究之后才可以写作。从结构方式来看，教育论文常常是由果推因，就是首先提出中心论点，然后再运用事实和理论对这个中心论点进行分析与论证，提出解决问题的方法与对策。而科研报告则是由因而果，先提出问题以及研究这个问题的原因与价值（这就是所谓的问题的提出，而不是结果的倒推），然后进行科学的假设和验证，在验证的基础上才可能发现结果，得出研究的结论，更强调得到研究结论的时间顺序与流程。

二、科研报告的一般结构

从教育写作的各种体裁来看，科研报告算得上是格式最严格的体裁了。虽然这种体裁的要素也不是一成不变。从各类研究报告的主要组成部分和结构顺序来看，一般包括前置与主体这两个部分。所谓前置，就是论文的题目、署名、内容摘要、关键词等要素，这里我们不去详细讨论。就主体部分而言，一般包含以下几个要素。

（一）问题与背景

问题与背景部分，也有的文章称为前言或绪言，还有的表述为“问题的提出”。这是研究报告的开端部分，一般要阐述四项内容：(1) 本课题研究的动机、目的、意义；(2) 当前本课题在国内外研究状况以及要解决的问题实质；(3) 研究假设及理论基础；(4) 对课题中有关重要概念及术语的解析与界定。

不同类型的研究报告，前言部分阐述的内容有所不同。

调查报告：前言部分主要写明该项调查目的、原因、意义。

实验报告：前言部分主要交待实验的缘由、目的、相关课题研究背景、提出假设等。

前言也有的文章使用“问题的提出与背景”这样的标题，主要是说明该课题研究的学术地位，在教育理论和实践中的价值，以及对以往同类研究文献作准确、概要的叙述和富有针对性的评论。要求文字叙述简明扼要，开门见山，有吸引力。有争论的问题，不仅需要摆出自己的观点，而且需要引述对方的观点，以便读者作为背景参照，了解争鸣的来龙去脉。

（二）过程与方法

这里已经进入了研究报告的主体部分。研究的结论是否具备科学性、真实性，与开展研究的过程和运用的研究方法密切相关。因此，几乎所有的研究报告都必须有“过程与方法”这部分内容。无论是调查报告或是实验报告，都要讲清楚研究对象的样本容量、取得方式、设备条件、观测指标、研究时间、控制条件、调查项目或实验因素、测量工具、操作步骤、统计方法等问题。实验报告中的方法叙述，可根据实验进行的先后顺序排列，也可按报告内容上的逻辑顺序插入方法来叙述。调查报告的叙述，一般按调查材料的逻辑顺序来写，事实的穿插服从于逻辑。阐述要由表及里地深化分析，使课题中提出的问题趋于明朗化。如果研究方法上有新的创造，要尽量写得清楚、具体。若是采用别人已用过的方法，必须注明出处。交待方法既便于别人的鉴别，让人模仿操作，或第三者验证，又能增加研究的可信度。

这部分要求条理分明、表述准确，但又重点突出，避免流水账。

（三）结果与分析

陈述研究结果是研究报告的关键部分。结果是根据研究过程中搜集到的资料、数据进行整理后向读者展示的客观事实。它告诉我们最终得到什么，这些东西是什么。结果可用图表直观表达，也可用文字简要说明。各种原始数据必须经过统计处理，用频数表、均数（或百分率）、标准差、相关系数等表示出来。选取的数据要与表达结果有关，能揭示教育条件与教育现象的某些规律性的东西。

分析是在展示研究结果的基础上，进一步从理论上对结果进行分析、比较、综合、推理，展开合乎逻辑的论证。分析部分体现研究报告的理论水平，研究者必须充分利用原有的材料和方法，善于从理论的角度，加以全面而透彻的分析，以增强结果的说服力。分析时还可举一些典型事实，以帮助读者更好地理解研究结果。

这一部分的内容以事实和数据为主，力求做到逻辑严密完整，文字简洁明快，论证透彻精辟。

（四）讨论与建议

这是指本课题研究过程中存在的一些问题，以及由研究结果而引发出的分析、思考。凡是与课题有关的问题都可以提出讨论。如可讨论本次研究结果的理论分析、研究方法的科学性与局限性、研究成果可靠程度与适用范围等；也可指出本次研究解决了哪些问题、有什么不足之处、还存在什么问题，以及在研究过程中又发现了什么新问题、新线索需要进一步研究等；还可以对研究结果提出怀疑，或对教育工作提出研究的建设性意见。

（五）结论

结论是整个研究过程的结晶。它是在研究结果的分析或讨论的基础上，经过推理、判断、归纳而概括出更高一个层次的成果或观点。结论指出研究结果说明了什么、今后该怎么办等。结论的内容主要包括：归纳总结研究所获得的成果或观点;提出在现有研究基础上可继续开展的研究问题或方向;对某些教育现象的展望;进行研究工作的简要评价,等等。

结论往往以条文的形式进行表述,语言要求精炼、准确、严谨和富有表现力。结论可以是肯定的,也可以是否定的,但必须是观点和材料相统一。

三、科研报告的写作要求

首先,始终围绕问题展开构思,这是科研报告写作的方向性问题。“与一般的论文形式相比,研究报告的形式更为严谨,表述更加强调规范,更注重表达形式的统一性和格式化”,而且更加强调问题意识。因此,切忌为了流程的需要而忘记了报告的方向与宗旨。问题是研究的起点与动力,也是研究报告写作贯穿的主线。写作中必须要围绕问题来进行结构,问题的提出、问题的分析、问题的讨论、问题的解决,是研究报告贯穿始终的主线。千万不要被程式化的枝枝蔓蔓挡住了心中的视线。

其次,写作中注意把握重点、突破难点。研究程序的科学规范是开展研究的前提,但科研报告的写作切不可因为程式的束缚而平均使用力气,使科研报告成了一本流水账。对于研究与写作中的重点、难点、关键点,必须深入思考、重点突破。比如,研究课题中的关键概念是否准确,能否界定清楚,不仅是研究的关键,也是写作的关键。如果不将核心概念界定清楚,不仅给读者的阅读带来不便,也会影响文章的科学性与准确性。比如,《关爱教育理念下中“体验式德育”》一文的“体验式德育”是一个关键概念,文章的第二部分专列标题“‘体验式德育’的校本化理解”,对这个概念进行界定:“‘体验式德育’是通过创设情境、主体参与、自我体悟的方式,让学生在亲身经历和实践中有所感悟,获得成长一种学校德育方式。”之后,整篇文章的论述都围绕这个校本化概念展开。还有研究的成果是否有所创新,如果有创新,是表现在理论上还是在实践上,都要深入思考、反复考量。尤其是理论创新,必需结合相关背景和文献研究,结合研究中扎实的数据和案例进行阐述,才能让人信服,切不可夸大其词。

第三,追求有规则的自由,在规范中求突破。研究报告尽管没有一成不变的格式，但毋庸置疑，这是教育写作的各类体裁中格式最严谨规范的一种。这种规范是在研究的过程中逐步形成的规矩，这对于科学地表达研究的成果，对于大家的阅读和接受，对于成果的推广与应用，都是有益的。但毫不讳言，固定的程式也在一定意义上限制了作者的写作自由，很容易走流程，变成琐碎的研究过程的简单记录，导致重点不突出，使鲜活的研究变成了味同嚼蜡的报告，这样的报告主次不清、详略不明，没有多少价值。还有的分不清工作报告与研究报告的区别，将琐碎的开展研究的与专业性无关的工作流程作为学术成果来报告。要有所突破，就不要把科研报告简单化，只讲"其然"，不讲"其所以然"；只讲事实，不去揭示规律。比如，只提出实验结果，没有对实验结果作出深入的分析，从中揭示规律；只讲"是什么"，不讲"为什么"。

当然，从根本上来说，高水平的研究是高质量报告的基础。高质量的科研报告不是单纯依靠写作技术可以获得的。因此，要真正写好科研报告，首先要做好研究的科学设计，有明确的研究目标。其次，采用科学的方法，并且在实施中严格履行程序，保证实施的质量。之后，在材料的处理分析中，还要一丝不苟地去伪存真，分析得出可靠的结论。否则，是不可能得出高质量的研究结论的。

第四节 教育叙事怎样写

一、教育叙事的双重属性

近年来，教育叙事成为校本研究中一种非常流行的方式，也成为众多报刊读者非常欢迎的一种体裁。我们这里所讲的教育叙事，属于教育研究成果中的文学化表达方式中最有代表性的体裁。所谓"教育叙事"，从字面上来解释就是讲教育故事，是基层一线的教育工作者叙述他们日常教育和教学工作中亲身经历的、有意义的故事。其实，细细分析可以发现，教育叙事有两种含义,它既是一种研究方式,也是一种文章的体式。仅仅认为它是一种研究方式或是一种文章体裁,都是有失偏颇的。有学者认为,“教育叙事通过叙事的方法来寻找教育的意义和价值所在,它是研究者(主要是教师)以叙事、讲故事的方式开展的教育研究。教师通过对有意义的学校生活、教育教学事件、教育教学实践经验的描述与分析,从而发掘或揭示内隐于这些生活实践经验和行为背后的教育思想、教育理论和教育信念,发现教育的本质、规律和价值意义”。其实,教师研究的过程也是从生活中搜集材料、精选材料、构思写作有意义的故事的过程。这个故事写出来就是一种教育文章。可见,作为研究方法和文章体裁的教育叙事两者之间具有很强的同一性。当然,这两者也不是一回事,作为研究的教育叙事是文章写作的前提,作为文章的教育叙事是研究的成果表达。正因为这种过程在很大程度上是重合的,人们往往容易忽视其中的一方面,以致出现只把它看作研究方式,或只把它看作文章体裁的情况。

二、教育叙事的文体特点

请看南京致远外国语小学季锋老师的这篇教育叙事:

【案例 7－1】

对,就是这家生意好!

每当我走过南京晓庄学院第一实验小学门口的那家面馆时,我都会情不自禁地想起一个叫作J君的少年的微笑,还有他掷地有声的语言:“老师,就是这家的生意好!”“我以后也要这样做生意。”……

一转眼,已经十一年过去了,不知道J君现在怎么样了?当时还是四年级的他,却着实让我们每一个老师都担心过、费心过……由于家庭的原因,他的心理和他的身体一样早早地成熟了。小学五年级,一米八〇的个子,平时上课时一副爱理不理的样子,作业完成得也是非常马虎。我们好几位老师都邀请过家长来谈话,但是电话里说好,家长却从来没有来过。无奈,我们只好前去家访,结果不但没有遇到家长,连孩子都觉得家长似乎完全放弃他了。就在家访的第二天,他对我说:“老师,别管我了,我就是笨。将来有初中就读,没有初中,我就开个麻将档,混一辈子吧!”望着他稚嫩的脸庞,听着他一字一句的说话,我想:我不能放弃这个孩子。

2003 年的新一轮课程改革掀起了以人为本的浪潮,很多教师都在围绕新课程改革提出的理念进行创新的、发展的教学模式的研究,而研究性学习就是其中一个非常热门的项目。我们班在学校的号召下,成立了多个研究性学习的小组,大家围绕各种各样的问题展开了研究:“为什么狐狸总是给人奸诈的印象?”“车轮为什么不是方的?”……在我的引导下,J 君也和自己的伙伴找到了一个研究课题——“为什么这家面馆的生意这么好?”没有想到 J 君这样有做生意的头脑,观察到了学校附近两家几乎是门对门的面馆生意的差别。看到这个课题后,我主动说:“今天中午我请客,我和你以及你的伙伴一起去感受一下这家面馆。”可能从来没有老师请他吃过饭,即使是一碗面条,他和他的伙伴兴奋极了。但是我话锋一转:“咱们不是仅仅去吃面的,要准备好研究的问题,做好采访的准备哦!”于是我又和他们一起设计表格,讨论采访对象……最后,利用两天的中午,整体感受了两家面馆的从卫生到门面装潢,从服务态度到面条口味,从价格对比到后场细节等等情况。最终形成了一篇长达 2000 字的总结报告。

或许是兴趣的激发,这个研究课题最终在全校评选中获得了“十大课题奖”,小组的每一个成员不但在晨会上得到了校长亲自颁奖的“优厚待遇”,而且他们的语文综合实践的成绩一栏上得到了一个“优”。这是他上了二年级以来的第一个“优”。当他依然酷酷地接受了校长的嘉奖之后,面无表情的脸上闪过一丝红光,这时,他的眼光扫向了我,然后微微地一点头。我知道,这个孩子得救了。

果然,在后来的教学中,我抓住了这个获奖的机遇,更多地熟悉他的生活,帮助他学习。每当遇到一些困难,我总是激励他,可以和那个面馆的老板一样做到最好。而“就是这家生意好”成了我和 J 君每当在遇到挫折和困难时的口头禅。后来他顺利地小学毕业,进入中学就读,听说目前他在一边学习一边做生意……

《义务教育语文课程标准(2011 年版)》有这样的文字:“语文课程丰富

的人文内涵对学生精神世界的影响是广泛而深刻的,学生对语文材料的感受和理解又往往是多元的。因此,应该重视语文课程对学生思想情感所起的熏陶感染作用……"J君在生活中学习到的语文远远比我们教材里的语文来得广博、来得真实,从而更加容易激发其学习的欲望。语文课程的特点就是综合性、实践性。并不是每一个孩子通过语文学习都要成为文科状元,都能写出一手好的文字……而是在不同层次上的发展、成长。没有最好,适合才好。课程改革的意义正在于此。

对,就是这家生意好!

从这篇文章可以看出教育叙事首要的特点是:使用第一人称叙事。在这篇文章里,这个"我"就是季锋老师自己,这是一个真实的而不是像文艺作品那样的虚构人物。教育叙事是立足于自身的研究,是教育研究者叙述自己教育的经历与感悟,在这里,作者不仅是线索人物或故事的见证者,而且是故事的主要角色,是事件的直接参与者。如果是线索人物或见证者,只是起到故事结构的关联穿插作用,在故事矛盾冲突、故事展开方面作用并不大。而教育叙事则不同,它叙的是作者自己的故事,"我"不仅是亲历者,而且是亲为者,"我"思、"我"想、"我"为等都是故事的重要组成。像这篇文章中,作者循循讲述转化J君的故事,他不仅是故事的见证者,而且是整个研究性学习的启发引导者。

第二,叙真实的事。教育叙事之故事,应当是已经发生的或者正在发生的。像这篇文章中的故事虽然过去十多年,但时间的逝去越发体现其真实的本质。其中的人物、时间、地点这些要素的交代更加显示了其真实的特征,只是出于保护学生隐私的需要,才将学生的名字用J君替代。有学者认为,教育叙事可以是真实的叙事,也可以为"虚构的叙事",对这种观点笔者不能认同。我们认为,既然是教师叙述教育教学生活中发生的事,就应当是真实的,是"讲述叙事者亲身经历的事件"。当然,这里并不排除对故事的素材进行适当的加工,使材料更集中、细节更生动,但其基本事实框架应当是真实的。而且,教育叙事是一种基于校本的教育研究方式,科学来源于真实，只有通过真实的故事才可能得出科学的研究结果。

第三，采用叙述和议论相结合的方式。教育叙事其实是一种写实性的记叙文，故事是文章的主体。讲故事的语言表达手段就是陈述。陈述能够以简洁的语言将事物的轮廓反映出来，不像描写那样具体入微，花费太多的笔墨。教育叙事毕竟不是文学作品，无须像文学作品那样描写事物详尽的形态和过程。须知，教育叙事中的故事只是蕴含学理的引子，目的还是为分析、挖掘隐藏在故事背后的思想和理念、价值和意义。所以，教育叙事就不仅需要叙述，而且可以有分析和议论，通过叙事来进行反思，进行理论的分析和归纳，表达自己对教育的理解和感悟，并在这一过程中提升自己的专业水平。像这篇文章中，作者除了叙述一个让他难以忘怀的生动故事，除了将自己的反思与感悟寄于其中之外，还不时从故事中“走”出来，发表自己的议论。比如：“J君在生活中学习到的语文远远比我们教材里的语文来得广博、来得真实，从而更加容易激发其学习的欲望。语文课程的特点就是综合性、实践性。并不是每一个孩子通过语文学习都要成为文科状元，都能写出一手好的文字……而是在不同层次上的发展、成长。没有最好，适合才好。课程改革的意义正在于此。”近年来，教育叙事受到了业界尤其是读者的广泛欢迎。原因就在于这种源于草根式的研究与基层读者的接近性，使读者感到教育研究文章的亲切动人。而且这种讲故事、说学理的方式对那些习惯于概念推理判断的论文无异于一种反叛，给教学研究的成果表达领域吹来了一股清新的风。

三、如何写作教育叙事

第一，拥有故事。所谓拥有故事，就是要充分占有教育故事的素材。教育叙事的素材不能虚构，必须来源于平时工作中的教育观察和经历，因此，我们要做到眼勤手勤，将观察的结果或亲历的过程通过教学日志、备忘录等方式记录下来，反思其中存在的价值，成为日后写作教育叙事的素材。

第二，精选故事。尽管有人说教育是一块肥沃的土壤，是一块孕育和诞生故事的地方，但是，我们平时积累的素材中那些真正“有意义又有意思”的故事并不是很多。因此，我们要对占有的材料进行反思，研究其价值和意义，看看哪些具有典型意义，可以提炼明确的主题，能够整理成教育故事。这类故事最好能够有情节，有内在冲突，起承转合，闪转腾挪，隐含一定的教育学意义。这样的素材才具备教育叙事的基础。如果不生动，或者虽然生动但没有太多的教育学意义，都难以成为好的教育叙事的题材。

第三，反思故事。教育叙事不是为了叙述一个娓娓动人的故事，而是为了对这个故事的意义进行分析和解释，进而达到反思教育教学，认识教育的本质和规律，促进专业发展的目的。正如有的专家指出的："叙事研究的根本特征在于反思。教师在叙事中反思，在反思中深化对问题或事件的认识，在反思中提升原有的经验，在反思中修正行动计划，在反思中探寻事件或行为背后所隐含的规律、理念和思想。离开了反思，叙事研究就会变成为叙事而叙事，就会失去它的目的和意义。"因此，在拥有了教育叙事的基本素材之后，要从理性的高度对它进行反思，挖掘潜藏在故事背后的价值和意义。反思故事是关系教育叙事的写作是否成功的关键。

第四，结构故事。所谓结构故事，就是构思故事的表达。即便是完整的故事，如果平铺直叙，像报流水账那样，也不能吸引读者，所以，还得对故事的叙述进行结构安排，谋划如何讲述这个故事才能更生动、更形象、更有效果。比如如何开头，是顺叙还是倒叙，怎样展开故事，怎样解决矛盾，细节如何安排……如此等等，在动笔写作之前就应当进行深入构思。郑金洲认为，教育叙事有三种展开的方式：一是按照事件发展的时间顺序陈述，二是从教师的视角夹叙夹议地陈述事件的全过程，三是从学生的视角进行叙述。上述案例中的作者可以说是一个讲故事的高手，这个故事的生动与他结构故事的能力密切相关。首先，他采取了倒叙的手法，把故事的悬念置于开头：每当我走过南京晓庄学院第一实验小学门口的那家面馆时，我都会情不自禁地想起一个叫作J君的少年的微笑，还有他掷地有声的语言："老师，就是这家的生意好！""我以后也要这样做生意。"……然后，充满深情地回忆与J君共同开展"为什么这家面馆生意好"的课题研究的完整过程。故事蕴含深刻的意义，而且不乏生动曲折，在文章的最后再次将题目"对，就是这家生意好"点出来。

四、教育叙事与教学反思、教育案例的联系与区别

教育叙事、教学反思、教育案例是意义相近、写法相似的三种常用教育文章。有时人们经常不加区别地使用这些概念。当然，从广义的范围来讲，把教育叙事也看作教育反思、教育案例也没有太大的差错。但反之，将教育案例和教育反思也看作教育叙事，那就不是小错而是大错了。可见，将这三种教育文章各自的特点与相互联系分析清楚还是很有必要的。尤其是教育叙事这种样式，与教育反思和教育案例都有联系。初看起来，教育叙事既是一种反思，也是一种案例，但案例和反思绝不等于叙事。

第一，教育叙事与教育反思。相同之处都是教师对已经过去的教育教学行为的回顾和思考、透视与分析的记录。教育叙事当然也强调反思，但它是以故事为陈述的主体，其反思建立在故事的基础之上；而教育反思当然得建立在教育教学行为之上，可以是故事，也可以是其它的教育教学行为。比如，大到一门课、小到一个教学环节，成功还是失败，成功的原因、失败的教训是什么，记录下来就是教学反思，但这并不是教育叙事，因为其中并没有什么故事。

第二，教育叙事和教育案例。广而言之，教育叙事也是一种案例，但教育叙事之案例是叙述者本人的案例。教育叙事必须是教育工作者以第一人称叙述自身的经历和故事，主观色彩比较强烈。而教育案例这种体裁虽然取材可以来自自己，但更多的是整理叙述他人的“故事”，这是一种第三人称的叙述，因而比较客观科学。教育案例是一种教学资源的积累和开发，案例写出来是为了作为教育教学资源来供使用，让更多的人从这个案例的学习、借鉴中受益。因此，教育案例虽然是个案，但强调具有普遍性的典型意义，能够起到举一反三的作用。而教育叙事首先是一种个性的自我反思，是通过自身的故事来解释潜藏在其中的教育原理，强调故事的独特性。尽管发表出来可供他人阅读思考，但初衷仍然是为了自己的教学改进和专业发展，而且也不一定非得具有普遍的典型意义。教育案例虽然也可以是一个故事，但案例不一定就是故事。教育教学中有意义、可推广的新鲜做法也可以成为教育案例。即便是讲故事，两者对故事的要求也不同。教育叙事叙述

的故事要求“有意义又有意思”,最好有情节冲突,具备故事的基本要素。案例所选择的故事,当然有趣更好,但这不是它对故事的根本要求,案例的故事重在其典型性,有普遍价值和意义,尤其要含有内在的问题和矛盾。这样才能为分析案例并运用案例进行教育培训发挥作用。教育叙事和教育案例的结构方式也不同。教育叙事多采用“故事+反思”的结构方式,而案例的结构是“背景+故事+问题讨论与启示”。前者重在讲故事,在故事的基础上反思;后者必须介绍案例发生的背景(时间、地点、原因),在案例之后便于展开讨论,阐释案例,留给人们启迪。当然,教育叙事也可以在故事的展开之中开展反思,不一定非在讲述完整的故事后再加一个反思的尾巴,这就与案例的写法区别更大了。此外,教育叙事是自己叙自己的故事,自己就是故事的主角,努力表现自己的内心世界,表达比较感性灵活,甚至带有一定的情感性,自己是故事的主角,也是评价的权威。而案例则较少具有主观性,更多具有客观性,表达更趋向客观冷静,结论更带普遍性和启发性。

第五节　教育随笔怎样写

一、随笔与教育随笔

随笔是什么?《现代汉语词典》指出:它是“散文的一种,篇幅短小,表现形式自由灵活,可以叙事可以抒情可以议论”。其实,随笔是中国古已有之的一种文体。宋人洪迈《容斋随笔》自序云:“予老去习懒,读书不多,意之所之,随即记录,因其后先,无复诠次,故目之曰随笔。”洪迈的解说可以说是关于随笔的最古老的定义。清嘉、道年间的《〈冷庐杂识〉序》也有一段涉及“随笔”定义的文字:“暇惟观书以悦志,偶有得即书之,兼及平昔所闻见,随笔漫录,不沿体例。”古人认为,随笔内容是观书、阅世之所得,随笔的文字是随着思路率性而作,随笔的文体是开放式的,不受传统规矩的约束,随手写来,不拘一格。当然,随笔的活力还在其又是一个不断丰富发展的文体。随笔的发轫时期，不过“观书、阅世”偶有所感的随记而已，并不承担针砭时事和社会批评的责任。五四新文化运动以来，在鲁迅、周作人等现代文化先驱的积极倡导和亲身实践之下，随笔这种古老的文体得到了弘扬与发展，并丰富了内涵和形式。随笔因其写作的随意、表现的灵活和承载的方便，成为社会公共知识分子非常喜欢操作的一种文体，甚至成为知识分子参与社会文化生活的一种特别“言说方式”。正是在这个过程中，随笔的现代文体特征也逐步显现出来。改革开放以来，应和着思想解放的运动，以巴金的《随想录》为开端，随笔这种体裁得到了蓬勃发展。特定历史时期的思想随笔，以反思的视角，独立的精神和自由的抒写为主要特征，回应了社会巨变时期人性的激荡和思想的波澜，成为这一特定历史时期的思想回音。新时期随笔写作日渐繁荣，随笔作者越来越多，并且出现了经济随笔、思想随笔、学术随笔等新的枝蔓。教育随笔，堪称其中的茁壮成长之作，从一线教师到专家学者，随笔作者人数之多，为其他文类所不及。

教育报刊上的随笔作品，书店里的教育随笔著作，景象繁荣，蔚为壮观。有学者研究指出，教育随笔的兴起，不仅昭示着一种文体的兴盛，而且反映了一个新的研究范式的诞生，并且出现了一个“随笔体”的研究人群。“这个人群早在 20 世纪 90 年代开始崭露头角，新世纪以来逐渐形成了一个思想个性和言语特色两者鲜明的学者兼教师的专业学术群体。其中包括教育学学者、著名特级教师和高校其他人文学者三部分。以肖川、刘铁芳、朱永新、郑金洲等为代表的教育学学者，从自己的学术基地出发，以深邃的专业目光省察教育世界，摒弃饶舌术语，用感性的言语探究教育的底蕴；以吴非（王栋生）、李镇西、赵宪宇、李希贵、程红兵、张文质等主体为特级教师的群体，置身教育‘场’内透视纷纭事相，入木三分、颇见力度；钱理群、孙绍振、陈平原、王富仁等高校人文学者，走出狭义的学术圈，站在教育学术‘界’外清醒感悟教育背后的历史风云，笔触所至，处处流露纯正的人文情怀和深厚的学术底气。”研究教育随笔及其写法，不仅需要了解随笔及其历史，也要把握今天的发展态势。因此，分析这一古老文体的遗传基因，了解随笔写作的普遍规律，把握这一新生枝蔓的生长趋势，掌握教育随笔的个性特点，对于我们准确掌握教育随笔的特殊规律和写作要领,具有十分积极的意义。

二、教育随笔的特点

什么是教育随笔?这种古老又新生的文体,有什么特点?对此,很多学人都有论述。有教师这样说:"随笔,可以想到就写,是心灵漫步于林荫小径的一段旅程。随笔,可以有感而发,是思维在大脑的田园里徜徉后的足迹。随笔,是对自我的检测,对生命的追问,对灵魂的拷问。随笔,是与良心对视后的反思,与幸福接轨后的惬意,与烦忧触摸后的释然。"也有人认为,教育随笔是教育教学的实践叙说,是"教师们记录生活,记录工作,记录学习,记录人生的精彩"的方式,是"改变教师的行走方式"。著名教育学者潘涌则借用体育术语,将随笔的文体特征概括为"短平快"。如此种种,都是一种形象化的解读,难以准确揭示教育随笔这一文体的基本特征。在此,我们拟从传统文体学的角度,来对随笔的特点进行一些分析和讨论。

第一,选材自由无拘。教育随笔是作者在教育这块土壤里笔耕的成果。教育是一块广袤且肥沃的土壤,教育随笔在这块土壤里尽可以纵横驰骋,信笔畅游。其选材从高等教育到义务教育、从普通教育到特殊教育、校园内外、课堂上下,以及教育与社会,或者社会与教育……只要有事可叙,有感而发,有情可缘,都可以随时记写,落笔成文。它不像教育新闻的选材那样讲究新异性、重要性、导向性,大事小事,新闻旧闻,无拘无束,只要有感而发,尽可以下笔成文、灿烂成章;也不像教育叙事那样要求有故事、有情节,哪怕是只言片语,随感而发,同样可以串珠成链、缀而为文;更不需要像教育论文那样对材料反复掂量,看观点是否出新,是否符合学理,能不能用以论证。

第二,结构的不拘一格。大凡文章总有一定章法,只不过有的规矩严格,有的相对自由。文章结构布局也就是如何安排材料,不同体式的文章在长期的积淀中形成了各自的结构规范,这种规范就是文体质的规定性。比如论文的结构是"本论—分论—结论",也就是按提出问题、分析问题、解决问题的方式结构文章。循序而来,不可颠倒错乱。新闻(消息)则要遵循倒金字塔的结构方式:"导语—背景—结论"。乱了结构就是犯了规矩。而随笔则自由随便得多,没有这些不可逾越的雷池。所以,有人用随时、随意、随心来归纳随笔的特点，也不无道理。的确，随笔的结构比较灵活，常常以小见大，率性而为。兴之所至，心之所想，皆可以下笔为文，大可不必循规蹈矩。肖川教授在论随笔与论文的区别时说，“随笔与论文二者相对而言，前者可以更富于思想，而后者则更需要学术研究的支撑。随笔可以更多的‘大胆猜测’，放肆为文，而论文则更需要‘小心求证’，言之有据。论文中一定要包含思想，但它要让‘思想’令人信服，就需要严密和充分的论证。在由艺术到科学构成的人类把握世界和表达自我的连续体中，随笔更接近艺术这一端，而论文则倾向于科学这一极”。随笔与教育叙事的结构方式也有鲜明的区别。教育叙事既然是讲故事，就得有一个完整的故事，在叙述完一个完整的故事之后，再从学理的角度进行一些反思。因此，教育叙事比较典型的结构方式是：故事＋反思。而随笔也可以讲故事，但不一定要完整的故事，也不像“叙事”那样讲自己的故事。即便是讲故事，随笔与叙事着墨的重点也不相同，叙事重在讲故事，而随笔则重在故事引发的思考与联想，常常从故事生发开去，信马由缰，任意驰骋。

第三，表达的自由灵活。随笔是思想的自由舞蹈，夹叙夹议，笔调灵活。意到笔随、灵动自如，兴之所至、趣之所使。可以有议论，有记叙，有抒情，有描写，有引证，有对话，营造出一个开阔舒展、情理兼备的论理系统，呈现出知识之美、智慧之美、思想之美、情趣之美。从语体风格上来说，随笔的语言更接近文学语言，常常将思想与情感、激情与理智、美感与韵味融为一体。自由舒放的语言表达、深刻的思考和自由的思想，这样无拘无束、灵活自由的表达风格，正体现了随笔这种不拘一格的文体特点。总之，教育随笔是一种自由的文体，用李镇西的话来说，就是：教育理论可以朴素地阐释，教育情感可以诗意地抒发，教育过程可以形象地叙述，教育现象可以激情地评说。

三、抓住写好教育随笔的关键

（一）把握好知性与感性的关系

教育随笔，文类当归属于文艺散文，感性描写、形象表达是它可以触摸的外在特征。但教育随笔又不能等同于单纯的文艺散文，它不是以写景抒情、状物言志为旨归。所以，叙事描写的感性特征只是其美丽的外壳，随笔的真正魅力在于知性的内核,尤其是成熟睿智的思想光芒。优秀的教育随笔同样该是这样。它往往在看似诗意的叙写之中,表达作者对教育的本真感悟和理解,迸发出对教育现象的爱恨情仇。那些优秀的作者,总是力图“用感性的文字表达理性的思考”,“创造出一种融哲学的理趣、散文的韵致和宗教情怀于一体的表达风格”。的确,阅读那些优秀的教育随笔,常常能够感受到它所表达的真理与真情交织在一起,于感性叙说中放射出知性的光芒。知性的美是一种睿智的美丽,让人能够感到触手可及但又那么有内涵,而不是张扬或放肆。难怪有人说,教育随笔是一种“诗化的教育学”,它总是善于捕捉教育生活中那些看似不相连的生活细节和思想的碎片,并将它们串联起来。随笔要表达对教育的理解,但这种理解不是直露的陈述,而是通过细节来彰显,通过蕴含在文字背后的故事来传达,在无痕中体现思考的深度和思想的高度,从而体现知性与感性、思想与情怀、科学与艺术之间的和谐统一。

(二)批判与建设

随笔当然要以自己的方式来弘扬真理,阐述学理,宣释正确的教育理念。但是,教育随笔绝不能承载将教育理论形象化、故事化、系统化的任务,而应当侧重对教育现实问题的解剖和回应。对于各种教育的异化现象,或者是“非教育”“反教育”,教育随笔也应当像匕首那样敢于解剖,像投枪那样敢于直面。现在有些学者提倡一线教师与学生共写教育随笔,当然,这对于教师养成反思的习惯,促进教师的专业成长大有裨益,但是,我们须知,随笔绝不能仅仅局限于教师的反思工具,它还应当是知识分子的公共话语平台,通过这一平台来审视教育、言说教育、完善教育。教育随笔,虽然也属于议论性文字,但是绝不可像官方媒体节庆的社论那样,烟花爆竹,歌舞升平。总之,反思意识与批判精神应当也可以成为教育随笔的精神特征。

(三)在遵循共性中张扬个性

选材的不拘一格,结构的兴之所至,表达的自由随意……这些随笔的共性当然应当遵循。但是,随笔毕竟是一种个性化色彩很强的文体,即便作为一种公共言说的平台,也应当追寻以自己的独立方式、个性姿势发言。实践证明,那些大家的教育随笔,正是因为和而不同才赢得了读者的青睐。著名文学评论家王干说:"随笔即人。"阅读名家的随笔,可以发现其中鲜明的个人烙印。"作为新教育的研究者和实践者,朱永新教授的随笔是'洋溢着理想与激情的教育诗篇',晓畅清澈、宽厚与诗化的情调、韵致天然合一,恰如他粲然的微笑和邃远的明眸。肖川教授这位'力图用真诚文字,将平淡如水的岁月定格为永恒'的学人,熔哲思、诗意、学理和深情于一炉,集空灵、明快、沉静和丰盈于一体,日臻诗化教育学的审美化境。青年才俊刘铁芳,笔端流泻的是源自心灵的诗情和智慧,大气、蕴藉、缜密而又活力横溢,凸显出超俗的诗性品质。吴非这位因思想而美丽的随笔名家,在时而傲骨愤世、时而深沉凝重、时而幽默调侃的言说中,让你的灵魂为之震颤。另外,宁谧深邃、闪烁诗性光彩的张文质,率性而作、直截明快、充溢浓郁学术气息的郑金洲等等,这些走向'个体性教育言说'的学者人群,以日渐饱满和清新的表述风格,极大地拓展了教育研究的话语空间,构成了中国教育研究界独特的学术风景。"当然,个性化的随笔来自独立人格和深厚学识的支撑。肖川说,随笔的写作从炼题、立意到起论、收尾,一招一式,闪转腾挪,都体现着作者的学识修养、艺术才情和人生境界……只有观览之博,运思之精,体悟之深,方能自出机杼,领异标新。这种说法的确是切中肯綮的。

参考文献:

[1] 刘尧. 我国教育科学研究问题反思[EB/OL]. http://theory.jyb.cn/lltw/200905/t20090526_276644.html.

[2] 熊和平. 教育研究的表达方式[J]. 教育研究,2012(4)

[3] 张肇丰. 从实践到文本[M]. 上海:华东师范大学出版社,2011

[4] 季锋. 对,就是这家生意好[J]. 教育视界(智慧教学),2014(试2)

[5] 冯小仙等. 关爱教育理念下的"体验式德育"[J]. 上海教育科研,2014(8)

杀青，不是写作的完工；发表，才是教育写作的最后一道工序。要实现价值的“惊险一跃”，要让你的声音穿越时空、走向未来，就必须发表。“不经公开发表的研究成果是毫无意义的”，斯腾豪斯的话深刻而到位。但发表就像是谈恋爱，不是一厢情愿的事，需要作者与编者的两情相悦。如何才能赢得编辑的“芳心”，做到有的放矢，投其所好？这里为你讲述了许多编辑部的“故事”，分析了我国主流教育报刊的性格特征，披露了报刊的编辑出版流程和编辑选稿的真正标准。

了解了这些再投稿，减少了几分盲目，增加了几多机会，你的思想就可能与更多的人相遇，成为涓涓细流、朵朵浪花，汇入人类文化的历史长河之中，成为一个时代的教育记忆。

第八章 价值实现论——教育文章的发表

第一节 “惊险一跃”:公开发表与价值实现

文章杀青,还不能算是完工;把稿件投寄出去,让文章发表出来,实现文章价值的“惊险一跃”,才是教育写作的最后一个环节。对于发表的意义,实践中存在不少误区。有人认为,教师写作,是为了自己的专业成长,是丰富自己的精神世界,这就够了,何必一定要追求发表?也有人认为,现在网上到处是代写论文、保证发表的广告,报刊上收费稿、关系稿、人情稿满天飞,这样的发表有什么意义?应当承认,这些都是真实存在的情况,但我们绝不能因此抹杀公开发表的意义和价值。当然,我们这里讲的发表,是指在那些学术品行端正、学术水平较高、学术声誉较好的主流的正规报刊的发表。这样的发表才是真的发表,才能实现文章价值的“惊险一跃”。

第一,虽说教师写作是为了自己的专业发展,为了丰富自己的精神生活,但是这种成长绝不是自说自话的孤芳自赏。为了更好地发展自己,教师需要让更多的人听到自己的声音,同时,自身也需要倾听更多人的声音。写作,既是一种个人行为,也是一种社会行为。文章不仅是自己心灵轨迹的记录,更是一种社会交流的工具。只有发表出来,文章才能成为交流的桥梁和工具,存在于个人大脑的隐性知识才能成为显性知识,个人的知识才能成为公共的、可与同行分享的知识。公开发表,不仅可以惠及他人,作者自己也可以突破时空的拘囿,在更大的时空范围内获得信息的反馈,获取读者的精神滋养。

第二,公开发表,也是获得社会认可、体现自身价值的专业渠道。人总有渴望被认可的需求,这是实现人的社会价值和人格尊严的体现。教师,作为一个知识密集、专业技能要求很高和充满社会期待的职业,当然更需要得到社会的认可。这种认可固然可以通过日常的工作,比如备课、上课、与学生交往来实现,但专业文章的发表,更具有权威性和专业性,认可的范围更广。知名的教育教学类报刊,在业界享有很高的专业信度。在长期的办刊实践中,专业报刊不仅积聚了一批专业人才,更重要的是它们所持的录用文章的尺度,虽然看不见摸不着,但是却代表了一种社会认同的专业水准。谁能在这些报刊上把文章发表出来,就表明了你在这个领域里所达到的专业水准和获得的学术认同。所以,教师的专业发展,不仅需要得到学生和家长的认可,还要通过发表来获得专业的学术认可。

第三,公开发表,还是影响行业发展、实现文化积累的重要举措。教育文章是教育研究成果的物化形式之一,能够公开发表,总得有一定的创新之处,或在理论上有新的见解,或在实践上有新的探索。公开发表的文章不仅可以影响和指导教育实践,而且可以丰富教育研究的理论与实践成果。公开发表使个人知识变成了公共知识,使它们以文献的形式存储下来,就可以穿越时空,成为一段教育与文化的历史记忆,成为人类文化的浪花。而人类文化发展的历史长河正是由这样的朵朵浪花汇聚而成的。

第四,公开发表,还可以让作者获得一种持续开展研究与写作的动力。笔者曾专门就教育写作做过一个调查,几乎所有的作者都清晰地记得第一次发表文章的情景。公开发表给他们带来的那种高峰情感体验在很长时间内都伴随着他们,成为激励他们不断坚持下来的精神动力,甚至在一定意义上影响他们的人生方向。尽管随着时间的推移,随着文章发表的数量增加,作者的兴奋感也许程度有所消减,但是,每一次发表带给人的一定是正能量,是一种源于心灵深处的动力,这是毋庸置疑的。管建刚就这样说过,如果没有发表带给人的刺激,恐怕会有很多人在第一阶段就坚持不下来,被淘汰,被淹没。正是出于这样的理解与经验,管建刚作文教学成功的重要经验之一就是创造更多让学生发表的机会,让学生从中获得写作的动力。

公开发表的意义已经为不少人所认识。最早提出“教师是研究者”的英国行动研究学者斯腾豪斯曾多次强调教师的研究成果公开发表的意义：“研究是一种系统的、持续的、有计划的自我批评的探究，这种探究应当进入公众的批判领域”，“私下的研究在我们看来简直称不上研究”，“未经发表的研究对他人几乎毫无用处”，因为“它得不到公众批评的滋养”。我国知名学者刘良华也强调发表的意义，他认为，一种称得上研究的活动就应该争取公开发表，以便进入公众对话的一个部分。公开发表的价值还在于，一方面它为批评打开了一扇门户，使经由批评而得到改进成为可能；另一方面，它将传播研究的成果而可能带来课程知识的增长，并因此而便于他人利用已有的研究成果。“教师能不能够公开发表自己的声音，几乎成为影响教师行为的关键要素。”

第二节　有的放矢：把握报刊的“性格特征”

发表，不是一厢情愿的事情，除了作者选题精当、精心构思、精彩呈现之外，还需要得到报刊的呼应。这就像谈恋爱一样，发表也需要双方情投意合，需要作者与报刊的成功合作。因此，要顺利实现稿件价值的“惊险一跃”，就不能盲目将稿件投寄出去，而必须深入了解教育报刊的内容、定位、办刊特色等相关情况，做到你投出的正是报刊所寻觅的，也就是投其所好、有的放矢。需要界定的是，这里所说的教育报刊，是指以教育信息和文化为传播内容，以服务师生的精神成长为宗旨的连续出版的纸质媒体，是中国境内经新闻出版主管部门正式批准、有正式国内出版号（俗称“CN”）的教育报刊。

人有个性，报刊亦然。所谓报刊的个性，就是报刊区别于其他报刊的基本特点，形象化的说法就是性格特征。研究和分析教育报刊的基本特点也就是性格特征，不仅是教育报刊工作者的事情，也是我们每一个教育写作者应当做的功课。在了解教育报刊的个性特征前，我们先来分析一下教育报刊的基本特征。

（一）教育性

广义而言，任何媒体都具有一定的教育性，但是，对于教育报刊来说，教育性或者教育功能则是其首要的和主要的功能。教育媒体是传播工具，又不只是传播工具，它还是教育的媒介和资源。在一定的意义上，教育报刊不仅服务教育而且归属教育，特别是学生报刊不仅要对读者进行信息和知识的传播，更有责任对读者进行思想启蒙和价值影响。与社会报刊对人的教育与影响不同，教育报刊的教育性主要体现在对读者影响的目的性、系统性和专业性。教育报刊也要追求经济效益，但首先要追求社会效益。教育报刊的社会效益主要表现为育人的效益。教育报刊的属性要求它比其他报刊承担更多的社会责任，因为我们的读者要么是教育工作者，要么是未成年的学生。教育工作者肩负着传承薪火、播种文明的责任与使命；而未成年的学生，思想还未成熟，缺少免疫力，更需要主流思想和文化的示范引导。因此，教育报刊的生产者绝不可忘记自己肩负的使命和责任，将自己编辑的报刊等同于普通的文化商品。当然，这并不是说为了教育性，教育报刊就可以板着面孔进行说教；相反，为了教育的有效性，更应当讲究传播的艺术，按照媒体的规律和市场的要求来编辑出版。教育报刊强调寓教于乐，但寓教于乐不同于寓乐于教，绝不可像有的社会媒体特别是娱乐报刊那样，追求以“拳头加枕头”的低下格调来取悦读者，这样就不是教育而是教唆了。

（二）专业性

教育是一门传统的科学和艺术，长期的发展和积淀，它已经拥有了严整的理论体系和逻辑架构，也形成了特定的话语系统和专业词汇，也就是说教育已具备了很强的专业性。作为传播工具和教育资源双重属性的教育报刊，服务教育又归属教育，当然也具有很强的教育专业性。大众媒体的通俗性告诉我们，无论是象牙之塔的社会精英还是街头的引车卖浆者，只要他具备基本的阅读能力，都能够无障碍地进行阅读、接受信息。但是，教育报刊的阅读则不同，它的专业性决定了阅读对象的特殊性。教育报刊的读者不仅要具备基本的阅读能力，而且必须具备一定的教育专业背景与素养，才能无障碍阅读，实现对传播内容的理解和把握。而任何专业背景和素养都不是与生俱来，要通过长期的教育训练和实践方可获得。另一方面，教育报刊的专业性特征也对自身的传播提出了更高的要求：教育报刊对教育信息和文化的传播与解读应当有别于一般大众媒体，具有科学客观的态度和精深的专业的解读水准，而不是浮在表面跟随大众人云亦云。只有这样，教育报刊才能掌握教育专业传播的话语权，占领专业传播的制高点，树立自己的权威性和不可替代性。

（三）实用性

与供大众休闲阅读的社会文化生活类报刊不同的是，教育报刊具有很强的实用性，通过对它的阅读能给师生的工作和学习带来便利。常说报刊是人们的精神食粮，但有的是闲趣食品，有的是主食。教育报刊当然属于后者，它是师生发展自己、滋养精神生命不可或缺的精神主食。对于教育者而言，通过阅读教育报刊，不仅能够获取信息，还可以借鉴他人的思想、经验和方法，不断提升自己的工作水平和能力。教育管理和教学类报刊大多具备这样的特点和功能。教育报刊是学习的资源和凭借，其中的学习辅导类报刊更是直接跟踪教学的进程，阅读它们不仅是课堂学习的拓展和延伸，还是发展认知、升华思想、提高生命价值的重要载体和渠道之一。无论是对教师还是学生，教育报刊都如同生产工具一样重要，它的功能不是为了维持人们简单的物质生存，而是为了打好自身精神发展的底子，开发人的发展潜能。教育报刊的实用性从一定意义上看还表现为工具性。也就是说，教育报刊不像其他报刊那样可有可无，而是师生工作、学习离不开的中介。教育报刊是教师的工作参谋、学生的学习资源，是师生共同的精神伴侣，在师生的学习工作和生命成长中是必不可少和不可替代的。很难想象，一个没有教育报刊作为工作助手和参谋的教育工作者会陷入怎样的迷茫和平庸，一个从未阅读过教育报刊的学生在其生命成长过程中会留下多少精神的空白和缺憾。

（四）商品性

教育报刊，虽然具有意识形态的属性和宣传的功能，应当把社会效益放在第一位，但是，同时它又是文化产品。与那些用于内部交流的资料不同的是，教育报刊是用来进行市场交换的。因此，商品属性是教育报刊不可回避的一个属性。按照文化体制改革的要求,除了极少数报刊之外,我国大多数报刊出版单位都要有文化企业这个属性。教育报刊,除了承载宣传教育的功能之外,还要承担文化商品的功能。它需要通过市场交换来发挥其功能,并获取再生产所需的资源。换言之,教育报刊在追求社会效益的同时也是要追求经济利益的。发行量、广告、服务活动、品牌影响都是报刊获得市场利益的要素。文化产品要获得市场的认可,很重要的一点就是产品的创新性。具体到用稿标准方面,就是稿件的论题要新鲜,要有新的思想观点或者新的实践经验,才能吸引读者关注的目光。否则,教育报刊也像有些百年老店一样,多少年重复生产同样的产品,那是无法在市场生存立足的。

教育性、专业性、实用性、商品性,这都是教育报刊区别于其他报刊的基本特征,还不能算是真正的个性特征。如果要准确投稿,仅仅有对教育报刊共性的了解还是不够的,必须深入了解你所期望投稿的教育报刊的个性特征,也就是了解它的内容定位、目标读者、办刊特色甚至栏目设置等等,这样虽不能做到为该报刊量身定做,但至少可以做到投其所好,避免投寄的稿件遭遇石沉大海的命运。

如果说,基本特征是教育报刊与其他报刊的区别的话,个性特征则是指教育报刊之间的区别。教育报刊之间的区别是怎样形成的?最基本的原因来自各报刊不同的目标读者和内容定位,也就是报刊编辑出版单位对市场细分的要求。

与社会文化生活类报刊的大众传播方式相比,教育报刊当然是小众传播,更准确地说,教育报刊是典型的分众传播。大众传播追求的是广大受众群体中普遍希望接受的信息和认同的价值,而分众传播追求的是不同集群受众的信息需求和价值认同。教育报刊的读者看起来是个庞大的受众群体,包含广大的教师、学生、家长和教育管理者,但是,除《中国教育报》这类教育新闻综合类报刊将这个群体普遍需求的信息与价值作为自己的目标定位外,绝大多数教育报刊为了实现与自身定位相匹配的精确有效传播,都要对教育这个庞大的读者群进行深入细分,确定与自身报刊相匹配的目标读者,并为他们量身定做适合的内容,这就是所谓的分众传播。当然,有些社会报刊也会细分读者，但是它们多以性别、年龄、职业等自然标准作为依据对读者进行细分，比如，《女友》《中国青年》《银行家》就分别是按照性别、年龄、职业为标准进行细分的。而教育报刊则不然，它最常见的做法是以教育的专业标准对报刊内容和读者进行细分。这种专业标准就是教育的类别、学段、学科和年级。以教育类别为标准进行细分和定位的，如《职业教育》《现代特殊教育》，这样的刊名一看就知道其读者定位和内容定位。仅仅以学段为标准进行细分和定位的一般为综合教育管理类报刊，因为相同的学段会遭遇大体相同的问题，集中刊发这个学段的内容才能在目标读者群中引起共鸣。比如，《中国高等教育》这样的期刊是面向高等教育管理者的，《人民教育》《基础教育》《中小学管理》这样的期刊是面向基础教育管理者的。以学科标准进行细分和定位的皆为教学类报刊，比如《中学语文教学》《小学语文教师》《小学数学研究》等，当下，我国中小学课程是按学科设置的，教学类教育报刊按学科分类和定位，比较容易达到精确传播的目的，也适合读者订阅与使用。按年级划分的多为教辅类报刊，一个年级一个版本，便于体现学科的系统性和知识传授的阶梯性。当然，按照现行的出版管理法规，这种一号多版当属违规行为，但是，正是考虑到教育报刊特别是学生读者的特点，管理部门对这种“技术犯规”采取了默认的态度。在我国现存的教育报刊当中，单纯以一种标准对读者和内容进行细分的教育报刊确有存在，但只是少数，更多则表现为把几条标准叠加起来对读者和内容同时进行细分。比如《中学语文教学》，是面向中学的，这是关于学段的定位；又是面向语文的，这是关于学科的定位。了解这些，也就向了解教育报刊的个性特征进了一步，就可以为我们手中的稿件找到适合的“婆家”奠定了基础。

教育报刊还有一种分类标准，就是按照主管主办单位的行政级别，把报刊分为中央（国家级）的和地方的。所谓国家级，就是指党中央国务院主办主管的报刊，如《人民日报》《求是》杂志。当然，教育类专业报刊是没有这样的级别的。对于中央国家机关有关部委、群众团体、学会、协会举办的教育专业报刊，如《中国教育报》《人民教育》《教育研究》《中国教育学刊》等报刊，民间习惯上也称之为国家级报刊。省、市党委政府以及所属的厅局、学会等机构主管主办的报刊习惯称为省、市级报刊，像《上海教育》《上海教育科研》《江苏教育》《江苏教育报》《江苏教育研究》等就属于这个级别。一般而言，中央级的报刊比地方性的报刊质量要求会高一些，稿件录用的标准相对地方的报刊要严一些。实际上，报刊的主管、主办是个非常复杂的问题，国家新闻出版主管部门从来也没有依照行政级别将报刊区分为国家级和省、市级，报刊的质量也不能与所谓的行政级别直接划等号。报刊质量的高低关键不是看主管、主办单位行政级别的高低，而是要看办刊单位是否专业，办刊人是否具有专业的态度和专业精神。现在，也有一些非教育出版部门纷纷跨越行业的门槛，主办教育类报刊，尽管其所谓的级别很高，但这类报刊与教育专业部门的报刊相比，质量显然逊色得多。

谈到报刊的质量与个性，还有一点不能不提及，这就是所谓核心期刊问题。业内所谓核心期刊，首先是指北京大学图书馆建立的期刊数据库。当代中国报刊达上万个品种，有限的订阅经费怎样用于订阅最该订阅的报刊？上个世纪 90 年代，北京大学图书馆等单位借鉴国外图书情报管理的科研成果，研制出一个所谓中文核心期刊的目录，供图书馆在订阅报刊时参考。这个标准经过 20 多年的研究与发展，已经成为衡量期刊学术水平和影响力的重要标准。这个标准采用定量分析与定性分析相结合的办法，按照载文量、被摘量、被引量、影响因子等指标进行数据统计和分析处理，得出所谓中文核心期刊的名录。通常情况下，就学术影响来说，核心期刊的确是比非核心期刊高出不少。因此，在核心期刊发表论文成为各地进行文章质量认定的重要标准。但核心期刊不是终身制，而是一个动态的过程，这个目录每 4 年重新发布一次。实际上，现在很多教育期刊自己标注的所谓核心期刊，是名不副实的，最多不过曾经是核心期刊而已。要了解谁是真正的核心期刊并不难，只需查阅最新版本的中文核心期刊目录就会一目了然。

业界还有所谓“C”刊的评价标准。所谓“C”刊，就是 CSSCI 来源期刊，这是由南京大学中国社会科学研究评价中心开发研制的数据库，用来检索中文社会科学领域的论文收录和文献被引用情况。民间俗称这个数据库为“南大核心”。这个数据库遵循文献计量学规律，按照期刊的影响因子、被引总次数等指标和学科专家的意见，也就是按照定量分析和定性分析相结合的办法从全国近3000种期刊中评审出学术性强、编辑规范的500多种期刊进入目录的来源期刊。CSSCI来源期刊目录每年更新一次。不过，2014～2015的来源期刊“教育学”这个类别中，基本上都是高校和研究机构主办的期刊，连《人民教育》都未能进入目录，可见这个来源期刊目录基本属于学院派的圈子游戏，对中小学教师是不适用的。

教育报刊的出版运行节奏也是投稿者需要了解的个性之一。因为很多教学类报刊都是配合教材和教学进程的，因此，我们在投稿时不仅要考虑教材的版别，而且要考虑出版的周期。配合教学进度的稿件最好能够在相应的教学进程之前大约三到四个月投稿，这样才能适应出版的节奏。

现在，好多报刊为了追求经济效益，实行一号多版，有些面向学生的报刊为了讨好教师，也纷纷推出所谓“教师版”，这是为作者投稿扩展了空间，同时众多学生刊的教师版的出现也给投稿者增加了识别的难度。因此，作者要把握教育报刊的个性，做到准确投稿，还得了解报刊的版别情况，是学生版还是教师版，是理论版还是实践版，是正刊还是增刊。一本期刊太多的版面必然导致鱼龙混杂、质量参差，因此，我们必须增强识别能力，要把稿件投寄到适合的报刊版别，投到那些出版规范的主流教育报刊。

第三节　目中有人：三招破解用稿难

不少一线作者都有这样的感叹：写稿难，用稿更难！的确，用稿难是个不争的事实。辛辛苦苦、绞尽脑汁，好不容易写成的稿子投出之后，大多泥牛入海，毫无音讯。“本刊限于人力，来稿一律不退……”冷冰冰的几行字将责任推得干干净净。屡投不中的作者常常以为，现在的报刊，都是人情稿、关系稿的天下，哪有普通作者的一席之地！客观地说，当下说哪个报刊能够完全杜绝关系稿、人情稿，几乎是不可能的，但排除那些专门靠版面费挣钱的报刊,没有哪一家主流的教育报刊,是只依靠关系稿、人情稿来支撑版面的。报刊归根结底是要靠质量求生存、求发展的,仅靠关系稿、人情稿根本达不到这个目标。还有一种观点认为,用稿难是因为报刊用自己编辑、记者的内稿太多了,因此,普通作者没有机会了。其实,除少数新闻性报刊自采稿相对较多外,大多数教育报刊主要是依靠外稿支撑版面。据笔者统计,像《江苏教育报》《江苏教育》这类报刊在业界就算是自采稿多的了,但也不会超过20%。所以,有来稿尤其是好稿件是教育报刊求之不得的事情。好稿不仅给报刊支撑了版面,而且会成为报刊的卖点,扩大报刊的影响力。一份《实践是检验真理的唯一标准》,也是外来稿,给《光明日报》带来多少影响力?而且,从经济的角度看,采用外稿还能减少人力、财力支出,降低报刊的运行成本。与投稿作者感觉不同的是,报刊的编辑总是感叹好稿少。一般来说,省级教育报刊自由来稿中能够采用的肯定是百里挑一。造成稿件不适用的原因除来稿本身的水平之外,还有些是因为编者与作者之间缺少沟通造成的。作者不了解报刊的定位特点和读者对象,不了解报刊的选稿标准与流程,因此出现作者感叹用稿难、编者感叹好稿少这种相悖的情况。从作者方面来说,要提高投稿的命中率,除了从根本上提高稿件质量之外,还要做到“目中有人”。具体而言,可以从以下三个方面入手。

第一,换位思考,站在编辑的角度想事情。

有人认为,编辑与作者是一对矛盾的关系,其实不然。作者和编者是报刊生产合作者的关系,区别在于编内与编外、职业与业余。职业编辑负有将编内、编外作者的文章即所谓内稿与外稿,按照产品标准和要求组装集成的责任。所以,我们的作者也应当具备一定的编辑意识,要站在编辑的角度来思考问题:“如果我是编辑,这篇稿件质量达标吗?它适合放在哪个栏目?”作者还得了解编辑的工作特点和工作流程。一般而言,期刊编辑是按照栏目进行分工,报纸编辑是按照版面进行分工。这些责任编辑的栏目或者版面是什么特点?需要什么样的稿件?这些情况投稿者如果能够弄清楚,对于有针对性地投稿并提高用稿率肯定大有裨益。树立编辑意识,还得考虑编辑工作繁杂的特点,尽量让投稿给编辑带来方便而不是麻烦,减少编辑人员的工作量，这样的投稿善解人意，当然能赢得编辑的好感。

第二，目中有人，站在读者的角度看稿件。

既然承认了报刊的市场属性，报刊就要服务自己的客户，这个客户的终端就是读者。所谓写稿要目中有人，这个人就是读者。有的作者写稿、投稿总考虑自己的稿子怎样，最多会考虑编辑的态度，他们没有想到真正决定稿件命运的其实是读者。现在的教育报刊都已经是文化商品，编辑出版者也是通过报刊这个精神文化产品为读者服务，从读者和市场中获得维持或扩大再生产所需的资源。从这个意义上来说，读者是报刊的上帝，也是作者的上帝。报刊的编辑出版者只有通过自己的产品来供读者阅读消费，让他们获得一种使用与满足，他们才会持续购买这一产品。因此，作者们在写稿投稿时，也要像编辑们那样，心中有读者、眼中有市场，而不是只有自己手里的文章。要考虑我的文章投出去谁会对此感兴趣，谁愿意阅读，他们阅读这篇文章能从中获得什么利益。看得远的作者就应当研究读者心理需求，千万不能只埋头写作，读者意识和市场意识也要成为作者心中盘旋的问题。我们说投稿要“目中有人”，这个“人”主要是读者，是市场，而不是编者。

第三，推门入户，设法闯过第一关。

按照我国的出版制度规定，一篇稿件最终刊发出来，要闯过三关：初审关、复审关和终审关。初审是第一道工序，由责任编辑负责。复审是第二道工序，责任编辑将编辑加工的稿件送给部门负责人审阅。终审是最后一道工序，所有稿件经总编终审之后，就可以直接上版面了。三道工序，每一道都是关口，稿件都有可能被淘汰下来。看起来，决定稿件能否上版面的最后仲裁是终审这一关，但实际上，初审虽然不能决定稿件的最终命运，却是关涉稿件命运的最重要的环节。因此，了解生产流程，把握初审责任编辑的选稿、编稿标准是至关重要的。一般而言，编辑的工作流程是这样的：首先采取扫描阅读的方式，对众多的来稿进行浏览，如果扫描阅读中发现有亮点的文章，则做上记号，放在一边，或再细看一遍，然后确定是否可以进入备选稿件的行列。如果进入备选文库，则做上记号，保存起来。之后，根据栏目要求和编辑出版计划，确定文章大体的安排刊期。到需要编辑时再从备选文库中挑出来进行编辑,并按照审稿的标准进行初审,仔细推敲是否符合政治标准、业务标准和栏目的标准,然后再按照版面或栏目的要求进行编辑加工直至送审。在这一过程中尽管还会有些进入初选的文章被筛选掉,但大部分文章经编辑后会刊发出来。因此,要提高投稿的命中率,非常重要的是在初选时能够进入编辑视野,并作为备用稿储存起来。

第四节　投其所好:编辑眼中的好文章

怎样的稿件才是编辑眼里的好文章?编辑选稿时用什么样的标准来衡量?根据长期以来的工作经验,笔者认为,编辑初选稿件,很大程度上是凭直觉判断而不是拿所谓政治业务标准全面衡量。直觉判断不是没有标准,而是一种带点朦胧、有些感性的标准,是偏重于某一方面的标准而不是全面的标准。只要编辑觉得稿件某些方面有亮点,就可能获得青睐而进入被"编辑模式"。编辑初选稿件经常使用的是以下一些判断标准。

要论题新鲜的,不要论题陈旧的。编辑拿到文章首先是看论题,如果论题新鲜就可能多看几眼。有时即便写作水平一般,但如果文章发现了新问题,或涉足了新领域,或提出了新思想,都会让编辑眼睛一亮。相反,如果论题陈旧,又缺少新的发现,即便文字打磨得无懈可击,也不会进入备选稿件的行列。比如,《基于大数据的学习分析提升教学品质》《教师培训的论坛剧模式探析》都属于论题新颖的文章,前者讲到教师对学生考试数据的处理与运用对于提升教学品质的意义,后者告诉我们的是上海在传统的教师培训模式的基础上,出现了一个新的模式——论坛剧模式(就是把教师经常遭遇的问题情境再现出来,供教师参与互动和讨论)。这些选题都是非常新颖的,即便是质量一般编辑也会多看一眼。当然,如果没有新的选题,新的角度也行。比如《研究型教师需要研究》《教师眼中的"教师研究"》《如果只有课程标准:教学变革的新命题》都是从新角度对老问题进行论述的文章,同样被发表出来。

要老题新探的，不要老生常谈的。有些选题看起来不新鲜，但是，文章能在老话题上说出新观点，或者在老题材上挖出新内涵，也能让读者感到有新风拂面。相反，如果是老调重谈，说别人早已说过的那几句话，没有新的发现，就难以进入编辑视野。有一篇《“备学生”新论》一文，就是一篇老题新探的文章。备学生，这是教学中一个非常古老的话题，但作者从“从‘保证教学顺利’到‘促进学生学习’、从‘宽泛了解学生’到‘把握四个关键点’、从‘单维度的设想’到‘整体性的研究’”三个维度论述当下“备学生”的目的、内容、方式，从文章的每一个小标题都可以看出原来的备学生与当下的备学生的对比，让人感到新老“备学生”的确有很大反差，是一篇老题新探、新意迭出的佳作。

要小题大做的，不要大题小做的。文章要小题大做而不要大题小做，切忌把一本书的题目用来写一篇文章，而应当把一篇文章的题目用来写一本书，陈平原先生所言是也。但初学写作的教师常常就是大题小做。比如《关注留守儿童，办人民满意的教育》《独生子女教育问题初探》这都是来稿的文章题目，从这些文题可以看出，这是属于大题小作、大题浅说的。留守儿童、独生子女的教育问题是系统工程，涉及很多方面，怎可能在一篇数千字的文章中论述清楚？相反，有篇文章《儿童玩伴危机及教育对策》只是讲到了独生子女现象中出现的一个问题：没有玩伴。调查分析没有玩伴对儿童成长带来的危害以及教育应当采取的对策，这个问题就属于小题大做、小题深做，也就是通常所说的切口小、开掘深。围绕独生子女缺少玩伴这一问题深入研究下去再写成文章，不仅有思考的意义，还有实践的指导价值。

要理论照耀的，不要穿靴戴帽的。中国传统的治学研究方法中有所谓“照着说”与“接着说”这样的说法，现在论文写作中“照着说”的倾向已经不太正常，喜欢照搬国外的理论来说中国教育的事儿。可有些作者只是接触了这些外国理论的皮毛，就生搬硬套。不要说有些理论在中国水土不服，即便是引用外国的理论分析问题，也要真正吃透理论，在融会贯通的基础上分析研究问题。可这些“照着说”的来稿做不到这样，只是穿靴戴帽，生搬硬套地使用，先引用一个概念，再生硬地联系一个案例，理论和案例之间缺少深入的分析阐述,犹如油水分离。比如《工作单评价的应用价值》这篇来稿就是这样,文章介绍工作单评价这一做法,单单是介绍这个做法就花费了大量的篇幅:工作单是一种有效评价科学过程的技能工具,工作单分为开放性的、结构性的、引导性的,等等,非常繁复。像这样的文章不要说一线教师,就是作为编辑阅读起来也较为费劲。一个考虑市场和读者的报刊一般不会发表这样食而不化、生搬硬套洋理论的文章。

要田野草根的,不要经院庙堂的。比如,有两篇文章,一篇是《苏格拉底的教学启发艺术》,一篇是《接了乱班怎么办?》。从文章的题目就可以看出,前者是经院式的文章,后者则来自教育的田野。文章内容也的确如此。前一篇文章充满了概念术语:价值理性、概念逆思、道德建构、诘问方式等等,从本本到本本,除了概念还是概念。后者则非常草根,文章一共分三个层次:接了乱班要做10项技术准备——和原班主任谈一次话,熟悉一遍学生姓名,提前给学生写一封信,见好开学的第一次面,制定好第一个班规,选好第一轮班干部,处理好第一个违纪学生,组织好第一次集体比赛,准备好第一次大型考试,开好第一次家长会;第二层讲了摸准学生心态等5点策略准备;最后还从反面提醒要防止出现"新官上任三把火、重症还需下猛药、破罐子破摔"等几种不当的处理方式。这类文章体现了现在大力提倡的行动研究、应用研究、田野研究、草根研究的精神,当然会受到编辑和读者的青睐。

要具有时代性的,不要追求时尚化的。教育报刊发表的文章应当具有时代精神,但这种时代性主要通过论题和内容反映,而不是通过社会流行语或网络术语来反映。有的作者受时尚化的潮流和网络语言影响很大,在文章的选题、标题等多方面总喜欢跟风,追求表面的热闹。比如"绿色"满天飞,绿色课堂、绿色语文、绿色活动……搞得满眼都是"绿色";还有到处被"文化",来稿中"文化课堂""文化校园""文化自觉""文化解读""文化管理""文化定位"之类实在是泛滥成灾;又如"诗意地栖居"也是时髦得发烫,无论是否适合,到处使用实在让人倒胃口。一般说来,社会流行语和网络语言总得经过一段时间的沉淀淘汰,富有生命力的词语才有可能进入书面语。因此,对这些过于追逐流行的文章,编辑会比较慎重地对待。比如最近关于"翻转课堂"和"慕课"、微课程等都是热词，很多人就是了解了概念的皮毛就忙着找例子说明，对这样赶时髦的文章，编辑也会比较反感，难以产生兴趣。

要提出问题的，更要解决问题的。现在不少作者长于批判性思维，文章谈到教育的问题、学校的问题，常常批判得情绪高涨，甚至失之偏激。这种文风，编辑一般不提倡，因为感性批判不能代替理性的分析和问题的研究，人类总是在提出问题和解决问题的过程中才不断前行，教育领域也是如此。因此，编辑总是希望文章在提出问题、分析问题的同时，拿出解决问题的对策，或提出有价值的建议，这样富有理性、建设性的文章入选率比较高。比如当下基础教育阶段的择校问题是个热点难点问题，很多文章是煽情地进行批判，而《治理择校的困境、归因与对策》这篇文章就有不同，文章不仅讲到了择校的困境，而且进行了原因分析，更重要的是提供了解决择校问题的思路。这显然比单纯批评择校的文章具有参考价值。

要个性化作品，不要官样文章。除非是工作指导类报刊的规定动作，一般报刊是拒绝官样文章的。比如《创新人才培养　促进科学发展》《高举素质教育的旗帜　扎实推进评价改革》，这都是我们收到的来稿题目，这样的文章无非重复了正确的“普通话”，不符合报刊创新性、学术性、实用性的要求，除特稿外一般也会“死得很惨”。

要生动具体的，不要肤浅抽象的。教育报刊不同于文件报告，它是需要读者自愿购买的，或生动具体或有实用价值的，总得有某些方面打动读者，否则读者不会掏钱。所以，编辑们希望的文章不能是肤浅的、抽象的。比如《不能以分数作为考核教师业绩的依据》与《中小学校长绩效考核的指标设计》两篇文章涉及的是相近的话题，但前者只是泛泛而谈，后者则是非常具体的做法和依据，谁好谁差不言而喻。

要讨论争鸣的，不要跟风扛旗的。洋思中学是江苏的名校，对于它离开原来的办学地点进入县城办学，很多文章大加赞赏，但是《江苏教育》发表的《拥抱洋思的不全是繁华》《洋思进城必须回答好三个问题》以及《谁在包围洋思？》等文章却大受读者欢迎，原因就在这些文章不是简单跟在后面说好话，而是冷静客观分析“洋思进城”面临的机遇与挑战。这样的逆向思维更能给人以启发。由此可见,编辑们掌握读者心理,对于那些逆向思维的文章,只要言之有理,是会厚爱一筹的。

以上我们只是简单列举了一些编辑在浏览来稿、初选文章可能采用的一些标准。这些标准处于编辑的直觉和理性的交叉地带,算不上完整全面,也不深刻,但这些客观存在的直觉的标准,就可能将你的来稿阻挡在第一关,无法实现它价值的“惊险一跃”。

第五节　打磨细节:投稿也有小窍门

怎样投稿也是有些讲究的,笔者认为,在稿件写好之后,有些最后的细节也不可忽视,它们同样关乎稿件的命运。

一、擦亮标题

标题是文章的眼睛,也是最先敲击编辑大门的文字,富有表现力的标题无疑能给人眼睛一亮的感觉,吸引编者将文章读下去。切记不要老是浅议、略谈、试论、刍论、初探……之类,即便是论文也可以将文章标题拟得生动一点。比如正题形象生动,再加副题进行内容的限定,《走过倦怠的理想——教师教育理想丧失的反思》这篇论文的标题就是这样。好标题也是需要锤炼的。比如一篇讲述教师热爱教育、热爱孩子的文章,原来的标题是《用班主任所有的爱成就学生的精彩未来》,编辑在加工的过程中,将其改为《爱到花开》,不仅与内容很贴切,而且富有韵味。当然,标题的质量高低,标准不是一个。比方下面几个标题,也非常有特色:

探究性活动课与应试教学能否“冰炭同炉”?

——记一堂被“逼”出来的活动课

让一片模糊变得清晰可见

——例谈苏教版小学语文第十二册单元整体教学

第一个标题将两种矛盾集合在一个标题里，探究性活动课的价值大家心知肚明，但是因其不能进入考试，不能服务学生看得见的成绩而往往被忽视，作者正是看到了活动课与考试成绩无关的这种“冰火不相容”的矛盾，通过“逼”出来的一堂课，探索它们之间的融合之道，并用形象的语言写出了这种融合的做法，让人感到耳目一新。第二个也是一个很有张力的题目，不仅非常形象，而且，看得出文章的分析的思路和论证的方法。

标题当然还包括小标题。长篇文章千万不要大块文章到底，让人透不过气来，或者敷衍地用“一、二、三”这样的序数方式进行简单切分，用心提炼几个闪亮的小标题，对编者和读者也是很有吸引力的。例如，《小学“绿色教育”的四个着力点分析》的4个小标题为：

瘦——管理模式的精简

皱——德育过程的精细

漏——“中心”把握的精当

透——人本内涵的精妙

这是一篇经验论文，介绍实施绿色教育的做法，但作者在文章中提炼出这几个小标题还是很用心的。不要以为研究报告都一定要按照“问题与背景、过程与方法、结论与讨论”这样的套路，即便是这样的路子也可以把小标题写得生动一些。比如，《复习课的问题透视与增效策略》一文，就使用了下面这样的小标题：

（一）问题：初中科学复习课的低效现象

（二）思考：初中科学复习课的问题、理论与目标

（三）探索：初中科学复习课的高效教学策略

其实，这也是一篇研究报告，但是，作者就没有采用程式化的结构方式，而采用了现在这样的朴素方式结构，从问题到对策，线索非常清楚明了。

二、写好摘要和关键词

学术论文一般要有摘要，摘要写在标题之后，正文之前，所以有人形象地把它比作“男人的领带”。摘要，顾名思义，就是文章内容的摘录和提要。其功能是让读者包括编者，不要进入文章主体就可以了解文章的核心内容。

可以说,摘要不仅对读者,对编辑也是非常重要的,看了摘要就可以大体了解文章的内容,在一定意义上决定了是否继续往下看。摘要包括研究的目的、方法、结果和结论四个要素,一般控制在200字左右,要做到句型简单明白,语言精当,多要完整的陈述句,不用修辞手法和夸张的言辞,不做评论。也不要引用他人的文献做摘要,因为这样会给他人检索你的文章带来不便。比方下面这篇摘要:

郭思乐教授倡导的“生本教育”理念认为,每一个儿童都是天生的学习者,我们需要为学生设计一种以学生好学为中心的教育体系,顺应他们的天性,尽最大可能引导学生充分挖掘自身潜能。而以此理念为指导,教师应站在“汉字文化”引领的高度,在小学高年级开展创造性识字教学,用多种策略激发其学习主动性和探究兴趣,把“识字”“析字”“用字”当作一项趣味盎然的语文活动持续推进,进而使学生对母语汉字更增亲近感,达到减少错别字甚至消灭错别字的目的。

不难看出,上面这个摘要是不合要求的,至少存在这样几个毛病:第一,在摘要中是不要引用别人的论述的,因为这样的引用不仅占用了有限的篇幅,而且,检索时可能不是出现你的文章倒可能是被引用者的文章。第二,摘要要讲清研究的目的、方法、结果和结论,这里只是提出教师应当如何,这只是一种态度,而研究方法特别是结果却没有清晰地反映出来。

关键词也是学术性文章不可或缺的前置内容。设置关键词是为了便于他人进行文献检索。关键词一般从文章核心概念中提取,而不是简单地看这个词在文章中出现频率的多少。关键词一般提取3～5个,编写关键词的一个比较简单的办法就是从小标题中提取,但不要从大标题中提取。因为大标题在检索中是必然出来的,这样提取关键词等于是浪费了非常有限的资源。

三、学会自我推销

学术论文都有作者署名这个前置项目,署名一般要用真名,不仅表明这篇稿件所属的知识产权,而且表示你对这篇稿件承担的责任。在署名时借机附上简短的文字,适当介绍文章的写作缘由和背景,在不经意中介绍一下自己也是一种技巧。建议尽量介绍业务的成果,介绍自己的学术背景,如发表过什么文章、有些什么样的研究成果、是什么层次的人才等。这种介绍也要适度不要过度，挑最亮的几点就可以了。千万不要洋洋洒洒太多文字。当然，邮编、邮箱、联系电话这些最好也能附上。

四、控制篇幅

文章因体裁不同，篇幅长短不一样，但都不能太长。投稿给报纸尤其如此。投给报纸的哪怕是理论文章，一般也以 1500 字为宜，最长也不能超过 3000 字，因为这样排版才好看，也符合报纸长于短文的特点。投给期刊的文章最好方便排版，每版大约 2000 字左右，所以，像教育叙事、教育随笔最好在 2000 字左右，教育论文 3500 字左右，最长不宜超过 5000 字。因为现在的报刊都有载文量的要求，除非你的文章特别有见解，否则，一般不太可能给你一个人太多的版面。

五、精确投稿到位

有的作者喜欢投稿到人，其实不如投到版面或栏目。因为版面或者栏目是报刊编辑的分工单位，投稿到版面和栏目，证明你对所投报刊是熟悉甚至是有研究的，这样就会引起编辑的无意注意。有的版面栏目不止一位编辑，投稿到达任何一位编辑手中总比石沉大海好。而且，投稿到版面或栏目，属于精确投稿，可以更快地进入编辑视野。当然，现在有了电子邮件，给精确投稿带来了便利，但切忌不要一次投很多稿件，把编辑的邮箱塞满。现在电子邮件技术发达，有的喜欢群发稿件。这样做有人幻想东方不亮西方亮，其实这种做法编辑最为反感。编辑如果将在其他报刊已经发表过的稿件再重复发出来，就是责任事故。因此，对于可能一稿多投的稿件哪怕质量尚可也不大敢采用。要提高命中率，最好表明是专投该报刊，这表示你对该报刊的尊重和信任，编辑为此就会高看一眼。

六、少用数据表格

有的作者喜欢在文章中插用数据表格来论证，增强文章的科学性，这当然可以。但是，这种表格在编辑排版中比文字要麻烦得多。因此，除非真的是文章需要，比方实证研究类文章，是靠数据说话的，必须使用表格，其他经验类文章尽量少用数据表格之类的材料，这样与人方便也是与己方便。

七、礼貌地致以问候

有的作者投稿只是一份稿件,什么其他信息也没有;有的作者善于抓住编辑的心理,除了介绍相关信息之外,还会结合编辑的工作特点与时间节奏,礼貌地问候一声,让人感到温暖。作者的善解人意,有时也能够获得编辑的好感,为文章加上印象分。

以上,我们从投稿细节方面给作者一些具体的建议,虽然这些与文章的质量关联度不大,但同样不可忽视,因为它们,也许会影响你文章的命运。

参考文献

[1] 丁昌桂.20个特级教师告诉我们什么? [N].江苏教育报,2013-6-21

[2] 洪劬颉.基于大数据的学习分析提升教学品质[J].江苏教育研究,2014(8)

[3] 彭勇文.教师培训模式论坛剧探析[J].上海教育科研,2014(8)

[4] 李广生.关于"研究型教师"的研究[J].江苏教育(管理),2008(3)

[5] 高芳祎.教师眼中的"教师研究"——一项基于文化—个人视角的考察[J].教育理论与实践,2014(1)

[6] 辜伟节.如果只有课程标准:教学变革的新命题[J].江苏教育(小学),2013(10)

[7] 曾文婕."备学生"新论[J].中国教育学刊,2013(3)

[8] 迟长伍,王世君.治理择校的困境、归因与对策[J].中国教育学刊,2014(2)

[9] 刘丽萍.探究活动课与应试教学能否"冰炭同炉"? ——记一堂被"逼"出来的活动课[J].江苏教育研究,2014(8B)

[10] 陈林静.让一片模糊变得清晰可见——例谈苏教版小学语文第十二册单元整体教学[J].上海教育科研,2014(7)

[11] 周建新,张敏芳.小学"绿色教育"的四个着力点分析[J].上海教育科研,2014(9)

[12] 陈锋.初中复习的问题透视与增效策略[J].上海教育科研,2014(5)

20位特级教师告诉我们什么?

——关于教育写作与教师专业发展的调查与分析

2011年5月,我们以"教育写作与教师专业发展"为调查主题,设计了相关项目,向全省50位特级教师进行问卷调查,收到有效问卷20份。其中,小学教师10人,占50%;中学教师8人,占40%;职业学校教师2人,占10%。语文5人,占25%;数学3人,占15%;历史2人,占10%;地理2人,占10%;教育科学5人,占25%;化学、机电、美学各1人,分别占5%。男性16人,女性4人。通过对问卷的统计与分析,我们对这些知名特级教师的教育反思与写作情况有了一定的了解,对教育写作与教师专业成长的相关性有了新的认识和发现。

一、教育写作在影响教师专业发展的众多因素中,居于非常重要的位置:它是教师专业发展的重要支点和独特路径

我们根据傅建明的《教师专业发展——途径与方法》、余文森的《校本研究九大要点》等著作中经常提及的教师专业成长的方法与路径为要素,进行相关性调查。这些要素包括专家引领、同伴互助、自我反思、教育写作、校本教研、学习培训、关键事件、磨课赛课等8项,外加一个"其他因素",请被访问者从中选出对自己专业成长最重要的三个因素,并以重要性为标准进行排序,同时简要说明理由。

调查结果显示,"教育反思"在影响教师专业成长的若干因素中居于首要的地位——这些来自一线教师的感受,与学界的认识取得了惊人的一致。被访问者还结合自己的成长经历谈到了反思的意义。比如,薛丽君认为,自我反思能够让我澄清模糊认识,不断理性前行;冯卫东说,我几乎每一天都处于反思之中,在进行着"内对话",这让我不断收获理性,获得智慧的生长点;戴林东强调,反思是创新的基石,没有反思就没有思想的进步。

“专家引领”与“教育写作”在影响专业成长的诸要素中处于并列第二的重要地位。这样的结果似乎与不少人的既有认识不太一致。实施新课程以来,一线教师对专家走过了从迷信到怀疑的过程——经历了课改初期对专家报告的新鲜与好奇的阶段之后,一线教师对有些专家的报告再也不那么有兴趣了。有的教师甚至这样调侃:听了专家报告,“会场激动,途中躁动,回到学校无法行动”。于是,有些学校开始推崇校本教研、同伴互助等所谓草根化、接地气的方法与路径。但这次调查的结果似乎颠覆了人们的常见,有些人津津乐道的同伴互助、磨课赛课在诸因素中居然分列于倒数一二位。这样的结果为我们始料未及,也非常值得我们深思。

另一个让我们颇感意外的是,“教育写作”对于专业成长的作用居然与“专家引领”处于同等重要的位置。薛丽君还形象地将这两者对专业成长的作用相提并论并进行比较:专家引领是“乘电梯”,而教育写作是“爬楼梯”。她形象地指出了这两种因素对于专业成长的不同影响,但都可以到达目标境界。调查中,被访问者们普遍认为,教育写作对于专业成长的作用是综合性的,它不仅是校本研究和教育反思的成果体现,同时,更是进行教育反思的平台和工具。运用好这一平台和工具,可以促进教师自身走向专业发展的快车道。

法国思想家埃德加·莫兰说过,“很多事情并非二元对立的,而是一个相互影响的环”。诚如斯言,不少被访问者指出,自我反思、教育写作、校本研究、学习培训……这些因素并不能截然分开,而是你中有我、我中有你,它们相互联系、相互影响着。

二、第一次发表教育文章成为教师专业成长的关键事件,不仅鼓舞着教师的专业成长,还在一定程度上指示着他们的人生发展方向

行动研究的学者斯腾豪斯曾多次指出“公开发表”的意义,他甚至认为,“未发表的研究对他人几乎没有用处”。原因之一是“未公开发表的研究得不到公众批评的滋养”。管建刚对公开发表的意义也有自己的看法:“如果没有发表带给人的刺激,恐怕会有很多人在第一阶段就坚持不下来,被淘汰,被湮没。”在公开发表当中,第一次发表意义更加重要。那么,这些特级教师们对此持有怎样的看法呢?

调查问卷中我们设计了这样的调查项:“你的第一篇公开发表的文章题目是什么?发表在哪年哪月的何种报刊?”结果显示,几乎所有的人(95%)都能够准确记住自己第一篇公开发表的文章的题目、时间和刊载媒体,好多人至今还对首次发表后的兴奋情景记忆犹新。只有一个人(5%)不记得发表的报刊和具体的时间,但还是能够记得当时文章的内容,原因是他后来改教其他学科了。距离第一次发表文章的时间最长的是39年,最短的也有8年了。为什么岁月的流水没能冲刷掉他们心中记忆的痕迹,反而历久弥新?对此,有人说得很俏皮——因为“这是我的第一次”。

其实,真正令这些教师终身难忘的原因在于:这是他们专业成长中的“关键事件”。研究表明,“关键事件”在教师的专业成长中的作用是巨大的。这里的“关键事件”,是指教师专业成长中留下刻骨铭心的记忆,能够在教师的成长中起到提供动力、促进飞跃和指示方向等重要作用的事件。有学者研究认为,“关键事件”包括成功型的、失败型的、启迪型的等多种形式。文章的第一次发表无疑是成功型的“关键事件”。好多被访问者回忆道,第一次发表后的成功和喜悦的积极情绪体验曾经较长时间伴随着他们的生活与工作,成为一种激发他们继续前行的动力。比如,沈茂德说,“由此,自信心和研究意识大增……也由此促使‘教后思’、‘行中想’这样一些研究习惯的形成”;戴林东说,“从此我觉得我还行,还能做点事”。

第一次发表成为专业成长的“关键事件”,还有一个重要的原因:这是一次人生的重要拔节,是“职业生涯的里程碑”。按照生涯发展的理论,一个人完整的职业生涯要经历入职期、成长期,再迈入成熟期、创造期和衰退期。但也有不少教师并没有所谓的创造期,他们在成熟期后就进入了职业发展的高原期。高原期的教师会出现激情不再、职业倦怠、原地踏步等职业现象。而找不到有效的发展支撑是出现高原期的重要原因之一。这次调查发现,教育科研和写作就是教师走出高原、形成新的职业高峰的有效路径。如果以此为契机,他们将会告别过去,重拾激情,再次出发,走出职业发展的新的境界。比如,周如俊说,自己教书十大几年,没有想到写作,也没有认识到写作的重要性,慢慢地觉得自己走上"高原"了。于是,开始阅读与写作,之后发表了他的第一篇文章《抓住集体就餐良机,培养学生文明行为》。现在看起来,这篇稿子也就是当时学生管理的一点感想而已,但"至今还记得稿子发表之后的难以抑制的喜悦和兴奋","那篇稿子的发表,成为我专业成长路上的重要里程碑"。

与这个第一次发表的"关键事件"相关的,还有好多有趣的故事。冯卫东说,当年在南通师专读三年级时,梦见自己的文章发表了,过了没几天,他的第一篇文章《景情水乳融 领人入佳境》,果然刊载在《语文教学之友》1984 年第 9 期上。他兴奋得一夜没睡着。后来拿到 10 元稿费,都买糖分给班上的同学们了。这次发表,"似乎对我后来的生命走向有一定的内在规定性"。因为这次发表,他获得了一种成功体验,这种发表带来的成就感和喜悦感成为他职业生涯发展的强劲动力,他沿着这条路不畏艰难、勇往直前,逐步地走向职业成功。

三、教育写作的动机各种各样,开始时并不都是为了专业成长。但一旦坚持下去,不仅促进了专业成长,而且走上了幸福的人生之路

教师为什么要进行教育科研与写作?最常见的看法,是为了专业发展。调查表明,的确,有人从一开始就是为专业成长而走上这条路的,但更多人走上教育写作这条路的初衷并没有这么清晰和"高尚"。

有的确实是因为工作的需要。祝禧说,自己走上工作岗位的 10 年间并没有发表一篇论文,也不觉得写作多么重要,也从来没有想到写作。后来,从教学岗位逐步走上了学校管理岗位,角色的变化带来了新的要求:自己不仅要教好书,还要经常给教师一些"引领",如开会、讲座等,正是在这种情况下,"我开始有意识地从已经有的教育经验中寻找话题,找到能叙事的实践故事,并把它写下来。当自己的文章变成铅字时,成功与幸福感油然而生,也就成了一发不可收的动力"。

有的是为了追求一种成就感。比如,顾广林在大学毕业 10 周年的同学聚会时看到多位同学都有了成就:有的走上了学校管理的岗位,有的进机关当上了公务员,还有的做生意发了财。此时此刻,他这个还在乡下偏僻学校教书的普通教师自尊心受到了打击,于是暗下决心,就在现有的教育工作岗位上做出点成就来。从此，他开始摸索教师的科研和写作之路。长期的努力终于结出了果实：他的第一篇文章是1999年6月发表的，当时他正从医院看病回来，在学校传达室里收到了《中小学数学》编辑部寄来的样刊。他兴奋得一遍又一遍地阅读自己的文章，“此时似乎不要吃药病也好了”。

有的是为了克服职业发展中的高原现象。周如俊说：“2004年之前，我一心想教出好成绩，认为不会写文章照样教好书。但随着时间的流逝，我逐渐产生了一种有劲使不上的感觉，甚至有一种事倍功半的感觉，我感到困惑和迷茫。无聊之中就热衷于上网。有一天，在网上看到朱永新教授开设所谓职业成功保险公司的承诺，由此受到了启发，于是尝试在网上写作一些反思随笔、教育叙事之类的‘小东西’。渐渐地，把有的拿出去，居然发表了。”于是，他坚持写下去，如今已“写”成了江苏省职业学校中为数不多的特级教师。

也有的就是为了评职称、拿奖金。戴林东说自己就是这样，从教多年都没有写文章，到了评职称的年龄，他开始写作并投稿，但写了多篇却屡投不中，不过，他并没有灰心丧气，而是“屡败屡战”。终于，他的第一篇文章在1994年第4期的《职教通讯》上发表了，从此走上了教育写作之路。严育洪说得更有趣，“我走向研究之路的起因是当时我所在的学校在全县的学校中发表文章为0，为了取得‘0’的突破，学校用10倍稿费的奖金来重奖突破‘0’的教师。那一年，我发表了两篇文章，获得了600多元的奖金。后来学校‘变卦’了，修改了条例，降低了奖励的力度。我认为这是针对我的，于是负气坚持写了下去。到后来，转化为品尝到了写作对业务的帮助，也品尝到职业的乐趣，因此一直写到今天”。

也有的是因为工作场域的影响。比如高子阳，当年他师范学校毕业之后在一所农村学校工作，看到周围的不少教师在进行教育研究和写作，于是产生了这样的想法：“我也能写作并发表文章多好啊。”

可见，尽管走上教育写作的起因和动机各不相同，有的是发自内心的需要，有的出于外在的压力，有的受到周边环境的影响。但殊途而同归，开始了教育研究与写作之后，如果选择坚持不懈，产生了兴趣，形成了习惯，就一定能品尝到职业的成功。

四、教育写作以怎样的方式、从哪些方面影响教师的专业发展?来自一线的鲜活材料揭示了教育写作影响教师专业发展的机理、特点和规律

教育写作如何影响教师的专业发展?与其他影响教师专业发展的方式相比,它的独特性在哪里?调查发现,教师的专业发展更多的是依赖自我驱动、自主发展。如果说磨课赛课、学习培训、专家引领给教师带来的是由外而内的变化,教育写作带给教师的则是一种由内而外的变化。这种变化虽然一时半会儿不易看见,但正如祝禧所说,“每一次写作都记录着自己成长的足迹,记录着自己的教育主张乃至教育思想形成的过程”,“每一次的写作都能促进自己的点滴改变”。教育写作是一段教育和人生的旅程,它带给人的变化是渐进的、潜移默化的,是不断积累、渐入胜境的过程,而不要指望一夜之间脱胎换骨、羽化成仙。她还以自己不同时期论文内容和表达方式的变化为例,证明写作给自己带来的思想和行动的深刻而不易觉察的变化。

更多人认为,教育写作的独特性在于它的实践根基和品格。比如,杨文娟认为,“离开实践的教育写作不是中小学教师的真写作”;魏光明说,“教育写作是写出来的,更是做出来的”;薛丽君则说,教育写作是基于教育工作的发现与思考,她还以自己的文章《文化策划:将学校从昨天派往明天》为例,来说明教育论文的写作是来自实践、推动实践的过程,“是学校理念如何进行转化与渗透,落实到学校工作方方面面的过程”;管建刚则从赛课、上课与写作的比较视角,对教育写作的独特性提出见解——教育写作是一种“经济”的专业成长方式,因为无论是上课、赛课,这种机会都是需要条件的,如要有别人给你机会,还要有他人的协作与帮助,而教育写作则是可以自己当家做主的事情,除了自己的精力之外,不需要其他的经济上的投入。

教育写作从哪些方面影响教师的专业发展?调查显示,它对教师专业发展的影响是多方面的。

其一,影响教师的专业态度。所谓专业态度,最核心的是对教师这个职业的价值认知。被访问者普遍认为,通过写作,带来了自身教育思想观念的变化,使自己对教师这个职业的价值和工作特点有了深刻的认识,更加感受到这份职业的乐趣,更加热爱教师这个职业。比如,戴林东说:“教育写作给我带来的首先是教育思想的变化。在教育写作过程中，我逐步形成了个性化的主体性的教育教学思想。其次是教育情感的变化。可以说，离开教育写作的教师情感，只能是感性化、浅表化的流动，而在教育写作基础上产生的教育情感是理智的、深厚的、持久的，是深入人心的激荡。最后是教育行为的变化。教育写作是思想的披沥、情感的体验，必然导致教育行为的更新，教育写作造就的人格修养，必然促进教师迈出有力的教育教学实践的步伐。”

其二，影响教师的专业习性。比如，杨文娟说，“教育写作让我学会了观察思考，让我克服了懒惰、学会了坚持——因为每一次写作都是基于真实事件的记录或者基于问题的思考，就需要平时善于观察、勤奋思考，渐渐地，洞察力和敏感度增强了”；李建成认为，教育写作给自己带来的最重要的变化是在习惯养成方面，因为有了写作，所以自己养成了阅读习惯、探究习惯；沈茂德说，写作是修炼自己的过程，是性格锤炼的过程，写作可以使自己获得动力与信心，“教育写作带来的是对校园生活的眷念，对朴素教育故事的关注，对教育案例的深度解剖，从而以真正的教育工作者的眼睛去看学生、看自己、看学校，才能总是满怀教育理想、满腔热情地寻觅着教育未知和教育规律”。

其三，提升教师的专业技能和专业智慧。比如，杨文娟说，写作“使自己从感性到理性，从实践智慧迈向理论智慧”；孙双金说，写作改变了自己的思维品质，使自己能够静下心来怡情养性；管建刚认为，不停地写作，不仅更新了自己的教育教学观念，提升了自己的教学能力和技术，也大大提高了自己的教学效能。

其四，拓展教师的专业知识，改善教师的知识结构。不少被访问者认为，教育写作是一个不断学习阅读的过程，也是一个不断认知的过程。在这个过程中，自己的知识不仅得到了整理，而且获得了更新。还有的被访者认为，写作是个思维的过程，也是一个认知活动，当你把经验、故事提炼成思想观点时，你的认知活动就提升了。这是知识内化的过程，也是知识生产建构的过程。对教育写作是知识生产的问题，范梅兰早已提出过他的解释：“写作，其实就是对教育现象的一种解释，当这种解释上升到反思阶段，形成具有一般性指导作用的价值取向并指导教师行动时，便成了实践性知识。”概而言之，教育写作让教师从传统的知识的搬运工变成了知识的转化者、生产者，让教师从感性的实践者变为理性的思考者。

那么，教育写作为什么能够给人带来如此鲜明的变化？

首先，教育写作不仅提供了一种反思的平台和工具，而且促使教师完成教育学意义上的反思过程。多位名家论述过教育反思对专业成长的意义。但教育学意义的反思不是生活中的“让我想一想”，而是包含一个完整的过程的。杜威认为，反思由五个步骤构成：(1)对自己身处其中的情境产生了“困惑、混乱、怀疑”。(2)对现有的原理或情境意义及其可能后果进行“预期推测和尝试性解释”。(3)“检查、审视、分析各种可能的方法”，这样就能界定并澄清遇到的问题。(4)对各种尝试性的假设建议进行说明。(5)采取“一项行动计划”或者对更具期望的结果“做出行动”。调查结果告诉我们，这些特级教师们正是通过教育写作这个平台和工具，对自己教育生活中发现的问题进行反思，并给出符合规律的解释或结论，从而提出解决问题的思路，并付诸自己的教育行动。如此循环推进，不断改进自己的教育教学行为。教育写作就是要记录和提纯这个过程中的得失和收获，完成系统深入的教学反思过程，并在这种深入反思的过程中增加专业理解，促进专业成长。

其次，教育写作也是专题化学习的过程。“写作是阅读下的蛋。”刘良华教授提出：“用写作促进有意义的阅读，不断扩张生命的视野。”很多被访问者在问卷中这样强调阅读与写作的关系：“读书是欠债，写作是还债。”有人甚至以自己的经验为例，认为如果要写出 1 万字，起码要阅读 4 万字以上。我们认为，为了写作的阅读是一种高效的、有意义的阅读，它不同于平常的休闲式阅读，而是一种应用性阅读与学习，是一种带着问题寻找答案的阅读与学习，还是一种专题化的深度阅读与学习。这种学习是主动的探究性学习，不同于参加培训之类的被动学习，因而也特别有效益。

再次，教育写作的过程也是研究的过程。郭元祥教授认为，“写作是与研究相伴而生的”。而基于学生发展的教学研究是与教师的专业成长相伴相生的。当然，研究有多种方式，在人文科学中，观察与写作就是一种研究的方式，也就是马克斯·范梅南所说的生活体验研究。研究能够促进教师的专业成长是不争的事实。比如高子阳说，真正的教育写作就是研究，就是对教育现象的观察与思考，就是经过思考直接把优秀的教育思想整合起来用在自己的课堂上，文章就是记录自己的教育行程、研究自己的教育史；冯卫东认为，研究有多种形态，教育写作就是其中的一种形态，它同时又是一些具体研究行为的终端，它还是对平时零零碎碎的一种研究、一种提纯。的确，研究是一个大概念，而且研究有多种形态和样式。教育写作，也是一种广义的研究，是一种有效的行动研究。

五、如何开展教育写作，如何理解教育写作与课堂教学的关系？从一定意义上说，教育写作就是形成自己的教育哲学，提出自己的教学主张

本次调查，我们也设计了一些意在了解专业发展方面取得成功的特级教师们在教学研究与教育写作方面的一手经验的调查项，如：教育写作写什么？怎么写？是从问题入手还是从兴趣入手？是写他人还是写自己？怎样处理教育写作中理论与实践的关系？

被访问者普遍认为，教育研究与写作，应当以自己的工作与生活为对象，而不应在自己的工作之外另辟领域，应当教什么就写什么。当然，写作自己的生活与工作，是广义的而不是狭义的，比如写作自己的孩子，实际上就是结合了自己的教育工作，也是结合了自己的生活。有多位教师用自己的观察、思考和写作实践证明了这一点——孙双金认为，教师应该写教育故事、教育案例，写教育思考、教育研究，他不太提倡教师写纯理论的文章，“因为基础教育的广大教师在实践一线，他们首先是教育实践家，所以应更多地写叙事案例、教育实践”。沈茂德说，教育写作还是要多写教育随笔。在教育生活中，大量的教育案例，或有启迪，或为教训，这些东西写出来，可以是有用、有趣、鲜活、真实的培训材料，也易被教师学习借鉴。王栋生在教育写作上取得了卓越的成就，他的《不跪着教书》、《致青年教师》都是教育随笔的佳作，他主张“自由写作”，不要提倡或者限制教师写什么内容，教学体验和心得、文学创作都很好，前提是热爱，只要写得愉快就行。

教育写作，是从问题入手还是从兴趣入手？这也是一个长期以来争论不休的问题，在这次调查中，被访问者们还是相持不下。有的认为，教育写作应从教师的兴趣出发,不要让写作负载太多的东西。有的认为,教育写作本身就是教师的一种职务行为,应当提倡为提高工作效能而写作,为专业发展而写作,最根本的是为了学生的发展而写作,正如有人说"如果发展了自己,而耽误了学生的写作,是应当反对的"。还有的认为,教育写作应当有问题意识,如果说脱离实际的写作是空写作,那么,没有问题的写作就是假写作。

目前,流行着这样一种观点,"名医一把刀,名师一堂课",认为对教师应当提倡上好课而不是写好文章。那么,本次调查的被访问者是怎样看待和对待教育写作与课堂教学之间的关系的呢?

冯朴认为,教学是教师的天职,也应当是教师的看家本领。但是,单有课堂的精彩是不够的,还要能将这种精彩进行记录并加以理性反思,这样既能够与人分享,也能提升自己。孙双金则赞同"名医一把刀,名师一堂课"这样的说法,其理由是:"教师的主要价值是指向学生,而课堂是教师和学生交流、传承、碰撞、启发、引导、点拨的主要阵地。从这个角度讲,教师上好课是最重要的。教师写文章的重要性位列第二。因为教师要走向名师、教育家,必须有自己的教育思想。要有思想就要有思考、有实践、有探索、有研究,就要有自己的文章。"杨文娟认为,写作与课堂教学并不矛盾。只从事教育写作,而疏忽了课堂功夫的人,不是合格的教师;只专注于课堂,而忽视了教育写作反思的人,不能成为优秀的教师。这两者必须同时合格,才能走向教育家。冯卫东则是从道德和伦理角度,阐述了他对教师上课与写作关系的认识:能否在课堂上站成一个真善美之人,是写作的前提;如果不能,他是没有资格谈写作的。同时他又认为,没有一个名师不进行教育教学研究,不进行教育教学写作。写作是他们走向成功之境的必由之阶。

(本文为江苏省教育规划"十二五"规划课题普教重点资助课题《学校内涵发展的路径选择与机制创新》的研究成果之一。为本次调查提供了有效问卷的20位特级教师是:薛丽君、高子阳、祝禧、杨文娟、孙双金、李建成、项阳、严育洪、魏光明、管建刚、顾广林、冯卫东、沈茂德、冯朴、陆军、王栋生、李万龙、马宁、戴林东、周如俊,在此向各位表示衷心感谢。)

中小学教师投稿常用教育类核心期刊目录

——根据北大图书馆2011年版(第六版)核心期刊目录选编

一、教育综合类

序号	刊名	刊期	主办单位	通讯地址
1	教育研究	月刊	中国教育科学研究院	北京市海淀区北三环中路46号
2	教育理论与实践	旬刊	山西省教育科学研究院	山西省太原市解放路东头道巷9号
3	中国教育学刊	月刊	中国教育学会	北京市西单大木仓胡同35号
4	教育科学	双月刊	辽宁师范大学	辽宁省大连市黄河路850号
5	当代教育科学	半月刊	山东省教育科学研究所 山东省教育学会	山东省济南市青年东路1号山东文教大厦(南楼8层)
6	教育学报	双月刊	北京师范大学	北京市新街口外大街19号北京师范大学英东楼343房间
7	教育探索	月刊	黑龙江省教育科学研究院 黑龙江省教育学会	黑龙江省哈尔滨市南岗区中兴街19号
8	教育评论	双月刊	福建省教育科学研究所 福建省教育学会	福建省福州市五四路217号电教大楼14层
9	教育导刊	半月刊	广州市教育科学研究所	广州市越秀区越秀北路80号
10	教育学术月刊	月刊	江西省教育科学研究所 江西省教育学会	江西省南昌市红谷滩新区赣江南大道2888号
11	课程·教材·教法	月刊	人民教育出版社 课程教材研究所	北京市海淀区中关村南大街17号院1号楼

续表

序号	刊名	刊期	主办单位	通讯地址
12	人民教育	半月	中国教育报刊社	北京市海淀区文慧园北路10号
13	教学与管理	旬刊	太原师范学院	山西省太原市黄陵路西巷5号
14	上海教育科研	月刊	上海市教育科学研究院普通教育研究所	上海市茶陵北路21号
15	教育科学研究	月刊	北京教育科学研究院 北京广播电视大学	北京市朝阳区北四环东路95号
16	教育研究与实验	双月刊	华中师范大学	湖北省武汉市洪水区珞喻路152号
17	教学月刊（中学）	旬刊	浙江外国语学院	浙江省杭州市文三路140号
18	中小学管理	月刊	北京教育学院	北京西城区德外什坊街2号
19	现代中小学教育	月刊	东北师范大学 国家基础教育实验中心	吉林省长春市净月大街2555号
20	中国特殊教育	月刊	中国教育科学研究院	北京市海淀区北三环中路46号
21	学前教育研究	双月刊	长沙师范学校 中国学前教育研究会	湖南省长沙市星沙镇徐特立路9号

二、学科教学类

序号	刊名	刊期	主办单位	通讯地址
1	中学语文教学	月刊	首都师范大学	北京西三环北路105号
2	中学语文教学参考	月刊	陕西师范大学	陕西省西安市长安南路199号
3	中小学英语教学与研究	月刊	华东师范大学	上海市中山北路3663号
4	中小学外语教学	月刊	北京师范大学	北京市海淀区新街口外大街19号

续表

序号	刊名	刊期	主办单位	通讯地址
5	历史教学	月刊	历史教学社	天津市和平区西康路35号康岳大厦16层
6	中学地理教学参考	月刊	陕西师范大学	陕西省西安市长安南路199号
7	数学教育学报	双月刊	天津师范大学	天津市西青区宾水西道393号天津师大129信箱
8	数学通报	月刊	中国数学会、北京师范大学	北京市海淀区新街口外大街19号
9	中学政治教学参考	月刊	陕西师范大学	陕西省西安市长安南路199号
10	思想政治课教学	月刊	北京师范大学	北京市海淀区新街口外大街19号
11	物理教学	月刊	中国物理学会、华东师范大学	上海市中山北路3663号
12	中学物理教学参考	月刊	陕西师范大学	陕西省西安市长安南路199号
13	中学化学教学参考	月刊	陕西师范大学	陕西省西安市长安南路199号
14	化学教育	半月刊	中国化学会、北京师范大学	北京市海淀区西四环北路11号、北京市海淀区教师进修学校
15	生物学教学	月刊	华东师范大学	上海市中山北路3663号

主要参考书目

[1]【英】怀特海. 教育的目的[M]. 庄莲平，王立中译注. 上海：上海文汇出版社，2012

[2]【美】约翰·杜威. 民主主义与教育[M]. 五承绪译. 北京：人民教育出版社，2010

[3]【美】帕克·帕尔默. 教学勇气：漫步教师心灵[M]. 吴国珍，余巍等译. 上海：华东师范大学出版社，2014

[4]【英】弗兰克·富里迪. 知识分子都到哪里去了[M]. 戴从容译. 南京：江苏人民出版社，2012

[5]【加】马克斯·范梅南. 教学机智——教育智慧的意蕴[M]. 李树英译. 北京：教育科学出版社，2001

[6]【加】马克斯·范梅南. 生活体验的研究——人文科学视野中的教育学[M]. 宋广文等译. 北京：教育科学出版社，2003

[7]【巴西】保罗·弗莱雷. 被压迫者教育学[M]. 顾建新等译. 上海：华东师范大学出版社，2014

[8] 张楚延. 教育哲学[M]. 北京：教育科学出版社，2006

[9] 桑新民，陈建翔. 教育哲学对话[M]. 石家庄：河北教育出版社，1996

[10] 石中英. 教育哲学[M]. 北京：北京师范大学出版社，2007

[11] 傅敏，田慧生. 课堂教学叙事研究：理论与实践[M]. 北京：教育科学出版社，2009

[12] 教育部师范教育司. 教师专业化的理论与实践[M]. 北京：人民教育出版社，2005

[13] 丁昌桂.读者面孔与教育平媒[M].南京:江苏教育出版社,2010

[14] 韩松,黄燕.当代报刊编辑艺术[M].上海:复旦大学出版社,2006

[15] 张文质.中国最佳教育随笔[M].上海:华东师范大学出版社,2006

[16] 郑金洲.教育的思考与言说——一位教育学者的演讲录[M].福州:福建教育出版社,2007

[17] 傅建明.教师专业发展——途径与方法[M].上海:华东师范大学出版社,2007

[18] 胡东芳.教育研究方法[M].上海:华东师范大学出版社,2009

[19] 郭志明,沈志冲主编.教师修养文萃[M].南京:江苏教育出版社,2010

[20] 刘素梅主编.教师反思与写作指导手册[M].吉林:东北师范大学出版社,2010

[21] 钱仓水等编著.教师职业文体写作及范式[M].苏州:苏州大学出版社,2001

[22] 余文森,洪明.校本研究九大要点[M].福州:福建教育出版社,2007

[23] 吕洪波.教师反思的方法[M].北京:教育科学出版社,2006

[24]【美】威廉·维尔斯曼.教育研究方法导论[M].袁振国译.北京:教育科学出版社,1997

[25] 陈向明.教师如何作质的研究[M].北京:教育科学出版社,2001

[26] 赵明仁.教学反思与教师专业发展——新课程改革中的案例研究[M].北京:北京师范大学出版社,2009

[27] 段建军,李伟.新编写作思维学教程[M].上海:复旦大学出版社,2008

[28] 张肇丰.从实践到文本[M].上海:华东师范大学出版社,2011

[29] 李臣之.教师做科研——过程方法与保障[M].深圳:海天出版社,2010

[30] 郑金洲.教师如何做研究[M].上海:华东师范大学出版社,2005

[31] 蔡清田.教育行动研究[M].南京:南京师范大学出版社,2005

[32] 张菊荣,焦晓骏.发生在教育在线的故事[M].福州:福建教育出版社,2005

[33] 周一贯.教师教学写作360°[M].宁波:宁波出版社,2010

[34] 李镇西.爱心与教育——素质教育手记[M].成都:四川少年儿童出版社,1998

[35] 李镇西.E网情深——李镇西网络教育随笔选[M].成都:四川教育出版社,2003

[36] 徐斌.无痕教育[M].北京:首都师范大学出版社,2011

[37] 沈茂德.教育,真的不能简单——一位校长的教育叙事[M].南京:南京师范大学出版社,2010

[38] 李吉林.情境教育的诗篇[M].北京:高等教育出版社,2004

[39] 冯卫东.走在研究的引桥上[M].南京:江苏教育出版社,2007

[40] 薛法根.智慧教育故事[M].南京:江苏教育出版社,2011

[41] 肖川.教育的使命与责任[M].长沙:岳麓书社,2007

[42] 薛瑞萍.给我一个班,我就心满意足了[M].上海:华东师范大学出版社,2006

文章要当宝宝养

几十年的职业生涯，尽管并不华丽，但也多次“转身”：学校—党政机关—教育专业传媒，似乎都在与两个关键词打交道，这两个词就是：“教育”“写作”。

那还是上个世纪70年代，在最基层的乡村学校工作，站在村口的老槐树下听到县里广播站播送我写的通讯报道，都曾那么激动，那么暗喜。是写作改变了我的命运，让我如今站在了教育媒体人这个队列里。曾经的基层摸爬滚打的经历，让我深知一线教师文章发表之梦是多么难圆。于是，酝酿了多年，我写成这本书，就是想与教师们分享：身处一线的我们该如何扬长避短，用反思和写作促进专业成长，丰盈自己的精神生活，成就自己的幸福人生。关于教师专业发展的著作早已俯拾皆是，有关教育写作的书籍也不算罕见。但是，关于教育写作如何促进教师专业发展、成就幸福人生的著作还比较鲜见。因此，本书如果有些不同的话，恐怕首先就在这里。同时，本书的体例结构也力求有所突破：不是按照教师专业发展，也不是按照教育写作的学科逻辑顺序来安排内容、序化结构。因为，我也想着“扬长避短”。那样的结构方式当属学院派作者的优势，我与之不同的是：在基层学校摸爬滚打过15年，又在党政机关工作过6年；做过民办教师，当过进修学校的校长，也做过地方的新闻官，1996年起又与《江苏教育》《江苏教育报》《初中生世界》等教育媒体的同仁们共同走过了18年。结合多年办刊办报、应邀讲学及进行特级教师后备人才培养的经历，我觉得从问题出发，以教师在专业发展与教育写作中遭遇的问题为线索结构全书，以现实中的问题逻辑作为本书的结构方式和内容，回答教师在反思与写作中的问题与困惑、路径与方法,这样的书也许才能得到教师的欢迎。

有人说,医生一把刀,演员一台戏,教师一堂课……言外之意,不需揣测。因此,教师要不要写作?教育写作能为教师的职业发展和人生幸福带来怎样的变化?这是应当首先澄明的问题,本书第一章“价值论”就是承担这样的任务。当然,什么是教育写作?它怎样改变教师的知识结构与精神状态?这些回归本源的思考与诘问,就是第二章回答的问题。教育写作写什么?写问题还是写亮点?写论文还是写随笔?本书提出:把问题的“口子”撕开,写作教育之痛、心灵之痛,让教育的价值流淌。这是第三章、第四章回答的问题。教育写作怎样写?写作的过程怎么样?哪里是教师写作的“最近发展区”?第五章,就是阐述将瞬间思想感情的触动转化为写作动力的机制,解剖并展示教育写作的心理奥秘。第六章提出初学写作由易到难、由浅入深的媒体选择、内容选择和文体选择三种策略。教育写作用什么体裁写?或者教育写作写成什么模样?这就是第七章——“体裁论”。本书不是静态孤立地论述体裁,而是结合反思与研究的方式,提出教育写作的三种表达方式:哲学的、科学的、文学的,同时也分别解剖了这些表达方式的代表体裁:教育论文、研究报告以及教育叙事与教育随笔。“不经公开发表的研究是毫无意义的。”所以,最后一章,我们研究公开发表的价值意义与渠道,为教育写作的成果显现,也为文章价值实现的“惊险一跃”支招,讲述了许多编辑部的“故事”,为读者提供了不少具体的意见和建议。

以上,就是本书写作构思的一些真实想法,也是本书的内容安排与结构。文稿杀青之后,也没来得及花太多时间“窖藏”,答案就这样交出去了。至于味道如何,只能恳请读者朋友的评鉴了。

有位教师说过这样的话:“文章要当宝宝养。”对此我是深有共鸣的。本书的酝酿早已超过十月怀胎的时间,不算动议,光是积累材料、构思提纲、开展调查,也已经三五年了。其间得到了很多友人及家人的关心与支持,特别是省内外几十位特级教师在繁忙的工作之余挤出时间回答我的调查问卷,他们的见识与态度让我深为感动。江苏教育报刊总社的同事们也给了我不少精神的滋养，江苏凤凰教育出版社的朋友们更以智慧相助。还有不少老师精彩的写作案例也为本书的丰富与实用增添了亮色。借本书付梓之际，向他们也向所有关心支持我的领导、朋友及亲人表达发自肺腑的真诚感谢！

丁昌桂

2014 年国庆长假于奥体中海